教师教育精品教材·学前教育专业系列　i教育·融合创新一体化教材

学前儿童社会教育与活动指导

微课版

第3版

张明红 编著

华东师范大学出版社
上海

图书在版编目(CIP)数据

学前儿童社会教育与活动指导/张明红编著.—3版.—上海:华东师范大学出版社,2020
(学前教育专业系列教材)
ISBN 978-7-5760-0254-6

Ⅰ.①学… Ⅱ.①张… Ⅲ.①学前儿童－社会教育－高等院校－教材 Ⅳ.①G611

中国版本图书馆 CIP 数据核字(2020)第 244543 号

学前儿童社会教育与活动指导(第3版)

编　　著	张明红
责任编辑	余思洋
特约审读	芳律嘉
责任校对	余慧萍　时东明
版式设计	俞　越　庄玉侠
封面设计	庄玉侠

出版发行	华东师范大学出版社
社　　址	上海市中山北路3663号　邮编 200062
网　　址	www.ecnupress.com.cn
电　　话	021-60821666　行政传真 021-62572105
客服电话	021-62865537　门市(邮购)电话 021-62869887
地　　址	上海市中山北路3663号华东师范大学校内先锋路口
网　　店	http://hdsdcbs.tmall.com

印 刷 者	常熟高专印刷有限公司
开　　本	787毫米×1092毫米　1/16
印　　张	16
字　　数	331千字
版　　次	2021年1月第3版
印　　次	2024年12月第12次
书　　号	ISBN 978-7-5760-0254-6
定　　价	42.00元

出版人　王　焰

(如发现本版图书有印订质量问题,请寄回本社客服中心调换或电话021-62865537联系)

目录
MU LU

第一章 学前儿童社会教育概述 / 1

第一节　学前儿童社会教育的发展 / 1
第二节　学前儿童社会教育的研究对象 / 8

第二章 学前儿童社会性发展的影响因素 / 13

第一节　学前儿童自身因素对社会性发展的影响 / 14
第二节　家庭对学前儿童社会性发展的影响 / 29
第三节　幼儿园对学前儿童社会性发展的影响 / 35

第三章 学前儿童社会教育的目标与内容 / 43

第一节　学前儿童社会教育的目标 / 43
第二节　学前儿童社会教育的内容 / 49

第四章 学前儿童自我意识的发展与教育 / 60

第一节　学前儿童自我意识概述 / 60
第二节　学前儿童自我意识发展的年龄特征 / 63
第三节　学前儿童自我意识的教育活动设计 / 66

微课资源列表

学前儿童社会领域的学习与发展存在五个核心经验，分别是：自我意识、人际交往能力、亲社会行为、社会认知、归属感。本书精选了与各个核心经验相呼应的幼儿园社会领域教育活动，完整呈现活动视频，供学习者参考学习。扫描本列表中的二维码，即可观看视频。

我有我的主张（大班）/ 81

该活动的目标为使幼儿建立正确的心理自我，让幼儿意识到自己在班级群体中的地位，知道每个人在群体中都是平等的，对班级的活动和环境创设都有责任和义务。

第五章 学前儿童人际交往能力的发展与教育 / 84

第一节　学前儿童人际交往概述 / 84

第二节　学前儿童人际交往能力发展的年龄特征 / 89

第三节　学前儿童人际交往能力的教育活动设计 / 97

学习合作(大班) / 106

该活动体现了幼儿人际交往中的"分工、协商、合作、配合、齐心协力",采用有趣的游戏,注重情境的创设,有效整合幼儿的已有经验与认知水平,让幼儿在游戏环境中与他人产生互动。

第六章 学前儿童亲社会行为的发展与教育 / 112

第一节　学前儿童亲社会行为概述 / 112

第二节　学前儿童亲社会行为发展的年龄特征 / 116

第三节　学前儿童亲社会行为的教育活动设计 / 120

帮助他人真快乐(中班) / 132

该活动主要关于亲社会行为中的助人行为,创设轻松愉快的情境,通过图片、视频、具体案例帮助幼儿体验帮助与被帮助的快乐。

第七章 学前儿童社会认知发展与教育 / 137

第一节　学前儿童社会认知概述 / 137

第二节　学前儿童社会认知发展的年龄特征 / 146

第三节　学前儿童社会认知的教育活动设计 / 150

他们的职业(小班) / 160

该活动体现了幼儿对父母职业的社会认知,让幼儿在体验中与各种职业产生联系,并进一步加深其对职业的认识,使其不仅知道职业的名字,还了解职业的性质和范围。

第八章 学前儿童归属感的发展与教育 / 163

第一节　学前儿童归属感概述 / 163

第二节　学前儿童归属感发展的年龄特征 / 165

第三节　学前儿童归属感的教育活动设计 / 173

夸夸我的班级(中班) / 183

该活动旨在通过游戏环节激发幼儿的班级归属感,潜移默化地引导幼儿在之后的日常生活中更加关注自己的班级,包括身边的人和发生的事。

| 第九章 | 学前儿童问题行为的干预与矫正 / 185

第一节　学前儿童问题行为的表现特征及
　　　　其成因 / 185
第二节　学前儿童问题行为的干预技术 / 194

附录 1　《幼儿园教育指导纲要(试行)》/ 211

附录 2　《3—6 岁儿童学习与发展指南》/ 219

后记 / 248

第一章 学前儿童社会教育概述

 学习目标

1. 了解学前儿童社会教育的发展历程。
2. 理解学前儿童社会教育的意义。
3. 知道学前儿童社会教育的本质。

经过大约一个世纪的时间,学前儿童社会教育从零星的、片段的思想逐渐发展成为系统的、具体的理论体系,并在学前教育中取得了合法地位。从学前儿童社会教育的历史发展来看,它还是一门较为年轻的、介于儿童发展心理学与学前教育学之间的、具有边缘性质的学科,以研究儿童的社会性发展为主要目标,以增进社会认知、激发社会情感、引导社会行为技能为主要内容。本章主要通过梳理学前儿童社会教育在国内外的发展历程,厘清学前儿童社会教育的定义,在此基础上介绍学前儿童社会教育领域常用的一些研究方法等。

第一节 学前儿童社会教育的发展

一、我国近现代学前儿童社会教育的发展

纵观我国学前教育近现代发展历史,可以发现学前儿童社会教育从最初只有片段的、缺乏系统的思想,逐步发展形成完整的、较为系统的观念,并出现在幼儿园课程之中。这其中经历了漫长而又曲折的过程,主要有以下三个阶段。

(一)第一阶段:20世纪初—20世纪中叶

1904年1月,清朝政府颁布了我国第一个学前教育法规——《奏定蒙养院章程及家庭教育法章程》(以下简称《章程》),规定"以蒙养院辅助家庭教育""收三岁以上至七岁之儿童",

这是我国有史以来第一次将学前教育列入学制系统。其中,第二章第一节"保育教导要旨"中有四条要求,第一、三条提出了培养幼儿身心健康、个性良好、行为端正的目标与要求;第二、四条则提出了量力适宜、正面教育、运用榜样和环境的原则与方法。这一保育教导要旨凸显了蒙养院应实施保育教育的目标和任务。第二章第二节规定应设置幼儿易懂的、有趣的、与小学迥然有别的条目,如设"游戏、歌谣、谈话、手技"等,这些活动均应围绕幼儿爱众乐群、涵养德性的宗旨进行,尤应以游戏和谈话为主。由此足见《章程》对学前儿童社会教育的重视程度。之后创办的蒙养院和幼稚园基本上遵循《章程》的要求,在设置的有关科目中,直接呈现或间接蕴含了《章程》的目标、内容与方法等。但是,当时我国的幼教法规、章程很大程度上照搬照抄日本的法规与章程,受日本幼教的影响非常大。

拓展阅读

蒙养院的介绍

1837年,"幼儿教育之父",即德国学前教育家福禄贝尔(Froebel)在德国勃兰根堡创立了世界上第一个被命名为"幼儿园"的社会性幼儿教育机构。"幼儿园"寓意为"儿童的花园",体现了人类对于儿童价值的认可。让儿童得到快乐的愿望逐渐在世界上引起共鸣。德国政治家将其介绍到英国,通过英国的博览会传入美国,并由传教士带入日本。19世纪末,中国留学生为了挽救危难中的祖国,把带有日本特点的福禄贝尔幼儿园引入中国。

为了落实"新政""兴学育才"的内容,清政府在1902年8月的"上谕"中,命令各县州"多设蒙养学堂"。1904年1月颁行"癸卯学制",把蒙养院作为国家基础教育的一段。其中的《奏定蒙养院章程及家庭教育法章程》对蒙养院作出了许多具体规定。自此以后,全国各地陆续办起了学龄前幼儿教育机构——蒙养院,先是湖北、湖南,然后是上海、江苏、广东等地。

"蒙养"二字是中国的传统说法,所谓"蒙以养正",就是重视人生的正本慎始,主张当婴幼儿智慧开蒙之际就对其施加正面影响,开发其智慧,促使孩子更好地成材。创立蒙养院,按照清光绪三十一年(1905)制定的《湖南蒙养院教课说略》的说法,就是要达到"将贫贱家儿童养成美材,富贵家父母当不虑其子弟同处染坏气习;有此感情,将来小学堂不分贫富贵贱,可施共同教育"的目的。

端方作为晚清出洋考察宪政的五大臣之一,认为"东西各国之富强莫非发源于教育",遂成为我国创办蒙养院的第一人。《奏定蒙养院章程及家庭教育法章程》对蒙养院的"硬件设施"作了详细规定：

"蒙养院房舍，以平地建造为宜，断不可建造楼房，致儿童登降有危险之虞。蒙养院当备有保育室、游戏室及其他必需之诸室。保育室面积之大，当合每幼儿五人占地六平方尺。庭园面积之大，至小者当合幼儿一人占地六平方尺。凡……必需之器具，视其经费酌量置备，但只可简朴，不可全缺。"

关于"保育之法"则规定：

"游戏分为随意游戏与同人游戏两种。随意游戏者使幼儿各自运动，同人游戏者合众幼儿为诸种之运动，且使合唱歌谣，以节其进退；要在使其心情愉快活泼，身体健适安全，且养成儿童爱众乐群之气习。"

"又使于蒙养院附近之庭院内，播草木花卉之种于地，浸润以水与肥料，使观察其自发生以至开花结实等各形象。保育教导幼儿之时刻，每一日不得过四点钟(合饮食之时刻在内)；此外余时，可听其自便，惟伤生之时须随时防范。"

关于课程设立方面，据《湖南蒙养院教课说略》记载，该院设立了7门课程。

谈话：分修身话和庶物话两种。前者示做人之道，须浅而有趣，"如中国二十四孝故事之类，其中颇有趣味"；后者示事物之名称，教师简单地向孩童解释其大概的意思，"如犬能守户、鸡能司晨等事，令孩童听之心中自然有所感触"。

行仪：选择合适而有趣的行为让幼儿模仿，教师及时地随事指导。

读方：即识字。

数方：教幼儿学习单双数、加减法等。

手技：即通过配插"恩物"使幼儿掌握轻重、大小、长短的概念，并发展其思维。"恩物"共有十一种，包括"木积"，"系取木方，按图堆积各种屋宇坊表舟车桥梁之形"，有点像现在的积木；"板排"，"系取木板排配各器具什物式"；"箸排"，即用竹签排字形，如"一""二""三""大""小""工"等；另外还有"纸织""纸折""纸剪""缝取""画方"等。

乐歌：伴以歌舞，既培养美感，又涵养性情；配合体操，则可以强健四肢。比如可以"将本省名山大川胜迹名区，乡贤名宦，动植各物，制为浅显歌词，谱出新腔，令学童歌唱以乐和之"。《湖南蒙养院教课说略》对乐歌尤其重视，称"盖关系于国民忠爱思想者，如影随形，此化育之宗也""凡立学堂不设乐歌，是为有教无育，是为不淑之教"，将乐歌放在教育的重要地位。

游戏：开展室内外游戏，以使儿童的生活兴趣更丰富，调养其性情。

《湖南蒙养院教课说略》指出，谈话、行仪为"德育之始基"，读方、数方、手技为"智育之始基"，乐歌、游戏为"体育之始基"，并强调各科要有机结合，相互渗透。

五四时期的思想解放运动带动了教育战线的改革,也涌现出一批学前教育革新家,其主要代表人物是陈鹤琴、张宗麟等人。他们开辟了学前教育中国化、科学化的道路,并开始创建我国学前儿童社会教育。陈鹤琴先生非常关注学前儿童的社会教育,他把"社会"和"生活"作为组织幼儿园课程的两大中心。他提出著名的"五指活动"课程,即儿童健康、儿童社会、儿童科学、儿童艺术、儿童语文五个方面,其中儿童社会包括朝夕会、周会、纪念日集会、每天的谈话、记忆政治常识等。在他的活教育理论体系中,更是把"做人"作为三大纲领之一,即"做人,做中国人,做现代中国人"。他认为:做一个真正的人,必须热爱人类,热爱真理,以"世界一家"的思想为人类最终目标;做一个中国人必须热爱自己的国家,热爱自己的同胞,为自己国家的兴旺发达而努力;做一个现代中国人,必须考虑中国现代社会对人的要求,勤奋学习,掌握知识,为祖国的繁荣富强而努力。张宗麟先生在20世纪30年代初出版了《幼稚园的社会》一书,这是我国学前教育史上最早全面深入地论述学前儿童社会教育课程及其实施的著作。该书详细论述了幼儿社会生活的思想,十分强调幼儿生活的社会倾向。总之,这一阶段,社会教育、社会课程作为幼儿园教育、幼儿园课程的有机组成部分逐渐得到确立,社会课程的结构、体系以及实践都得到了较大的发展。

拓展阅读

陈鹤琴简介

陈鹤琴(1892—1982),中国著名儿童教育家、儿童心理学家,教授,南京师范学院(现南京师范大学)院长。1892年出生于浙江省上虞县百官镇(今属上虞区),早年毕业于清华学堂,留学美国五年,1919年获得哥伦比亚大学硕士学位;五四运动期间回国后,长期从事师范教育与儿童教育工作,在儿童心理的研究与幼儿教育的研究方面取得了丰硕的成果。陈鹤琴回国后,最初任南京高等师范学校教授,国立东南大学成立后,任教授兼教务主任。在此期间,他致力于研究儿童心理学、家庭教育学和幼儿教育学。1923年,他创办了鼓楼幼稚园(现南京市鼓楼幼儿园),作为理论研究的实验基地。陈教授毕生从事儿童心理与教育的教学和研究。他非常重视实验与实践。1927年,他在国立东南大学任教期间,在南京建立教育实验区,为推广小学教育进行实验。陶行知先生创办晓庄乡村师范学校时,他担任校董会董事并兼任该校第二院院长,为推广乡村幼儿园进行实验、作出贡献。

图1-1　陈鹤琴

(二) 第二阶段:20世纪中叶—20世纪90年代中期

1996年,国家教育委员会正式颁布《幼儿园工作规程》(以下简称《规程》),这是学前儿童社会教育发展第二阶段的主要标志[①]。在中华人民共和国成立以后的很长时间内,幼儿园课程结构中取消了社会领域课程,而以"常识"或"思想品德"课程来代替。实际上,"常识"包括"社会常识"和"自然常识"两个部分。其中,"社会常识"更多地体现了社会内容中的知识层面,局限在对社会环境中的社会机构、社会成员等方面的认知上,因而不可能做到全面促进学前儿童的社会认知及社会性发展。因此,以"常识"课程来替代"社会教育"课程是不科学的。

同样,学前儿童社会教育也不等同于"品德教育"。品德作为个人依据一定的社会道德行为规则,在行动时所表现出来的某些稳定的特征,只是社会教育发展目标中的一部分,是社会道德在人身上的具体化。因此,作为个人社会品质的灵魂,品德不可能泛指或涉及所有个人生活的社会属性,它只能包含在社会性之中。这样,"品德教育"也只能包含在社会教育之中了。社会教育是以情感——社会性为发展目标的。社会性是指人在形成自我意识、进行社会交往、内化社会规范、进行自我控制以及进行其他社会活动时所表现出来的心理特征。由此可见,品德不是社会性发展的全部,而是社会性中与社会道德有关的部分,社会性比品德的内涵更为广泛。在学前儿童社会教育中,有很多不涉及品德但与学前儿童社会性发展密切相关的内容。如果我们将二者割裂开来,在实践中就会使两者都得不到应有的发展。

1996年版本的《规程》中提出幼儿园保育和教育的四大目标,其中之一便是学前儿童社会领域教育,如"萌发幼儿爱家乡、爱祖国、爱集体、爱劳动、爱科学的情感,培养诚实、自信、好问、友爱、勇敢、爱护公物、克服困难、讲礼貌、守纪律等良好的品德行为和习惯,以及活泼开朗的性格"。《规程》还对幼儿园的品德教育进行了正确的定位,指出"幼儿园的品德教育应以情感教育和培养良好行为习惯为主,注重潜移默化的影响,并贯穿于幼儿生活以及各项活动之中"。1996年版本《规程》的颁布,对建立与完善幼儿园社会领域课程提供了法规、政策及理论上的支持。

(三) 第三阶段:20世纪90年代中期—现今

2001年7月,国家教育部颁发《幼儿园教育指导纲要(试行)》(以下简称《纲要》),这是学前儿童社会教育发展第三阶段的主要标志。《纲要》是对幼儿园课程具有直接指导意义的纲领性文件。《纲要》将幼儿园课程相对划分为健康、语言、社会、科学、艺术五大领域,其中的社会领域部分将社会教育的目标、内容和要求、方法和途径等进一步具体化,使幼儿园社会

[①]《幼儿园工作规程》于2015年修订,经2015年12月14日第48次部长办公会议审议通过,自2016年3月1日起施行。

教育课程的设计和实施有了明确的原则和方向。从此,学前教育学界开展了大量的理论和实践研究,许多学前教育工作者创造性地设计和实施了一系列社会教育活动,有效地促进了我国学前儿童社会教育活动教学和科研的开展。

为深入贯彻《国家中长期教育改革和发展规划纲要(2010—2020年)》(以下简称《教育规划纲要》),落实《国务院关于当前发展学前教育的若干意见》,帮助广大幼儿园教师和家长了解3—6岁儿童学习与发展的基本规律和特点,全面提高科学保教水平,2012年10月9日教育部印发了《3—6岁儿童学习与发展指南》(以下简称《指南》)。《指南》从其研制过程到最后文本的形成,充分体现了科学性、民主性、先进性、时效性、操作性等特点。在学前教育跨越式发展的历史新阶段,研究制定《指南》,是贯彻落实《教育规划纲要》和学前教育"国十条"[①]的重要举措。《教育规划纲要》明确提出:遵循幼儿身心发展规律,坚持科学保教方法,保障幼儿快乐健康成长。"国十条"明确要求"国家颁布幼儿学习与发展指南"。《指南》的印发对于有效转变公众的教育观念,提高广大幼儿园教师的专业素质和家长的科学育儿能力,防止"小学化"倾向,全面提高学前教育质量具有重要意义。

拓展阅读

为什么要颁布《3—6岁儿童学习与发展指南》

为遏制超前教育,2012年10月9日教育部正式印发了《3—6岁儿童学习与发展指南》(以下简称《指南》),以提高广大幼儿园教师的专业素质和家长的科学育儿能力,防止学前教育"小学化"倾向。教育部还特别强调,严禁幼儿园提前学习小学内容。

《指南》从五个领域描述幼儿的学习与发展,分别是:健康、语言、社会、科学、艺术。每个领域按照幼儿学习与发展最基本、最重要的内容划分为若干方面。《指南》分别对3—4岁、4—5岁、5—6岁三个年龄段末期的幼儿应该知道什么,能做什么,大致可以达到什么发展水平提出了合理期望。

此外,《指南》还根据幼儿的学习与发展目标,针对当前学前教育普遍存在的困惑和误区,列举了一些能够有效帮助和促进幼儿学习与发展的教育途径和方法,同时也指出了错误做法对幼儿终身发展的危害,为广大家长和幼儿园教师提供了具体的、可操作的指导。

---

① "国十条"即《国务院关于当前发展学前教育的若干意见》中,针对学前教育事业科学发展提出的十条意见。

二、世界学前儿童社会教育的发展

学前儿童社会教育的理论和实践研究是近 30 年来国际学前教育界关注的热点问题之一。从 20 世纪 80 年代开始,许多国家对 20 世纪 60—70 年代以"智力开发"代替早期教育的倾向进行了深刻的反思。1985 年,在日本召开的日、欧、美幼教峰会上,人们审视和反思了早期教育中将学前儿童的发展等同于智力发展的错误倾向,呼吁教育从"以智育为中心"转向促进学前儿童富有个性的全面发展,特别是社会性和情感的发展。从此,世界各国都非常重视学前儿童的社会教育,把社会领域课程作为幼儿园课程的重要组成部分之一。在许多国家新颁布的学前教育纲要和其他相关文件中,学前儿童社会性发展和培养都被放在突出的位置上。

日本非常重视学前儿童的社会教育。1989 年,日本文部省颁布了新的《幼稚园教育要领》,提出了幼稚园教育的五大目标:一是培养幼儿健康、安全、幸福的生活所必需的生活习惯、态度,为培养健全的身心打下基础;二是培养幼儿对他人的爱心与信任感,启迪自主意识及与他人合作的态度,萌发良好的道德品行;三是培养幼儿对自然界与周围事物的兴趣及关心,启迪丰富的情操和思考问题的能力;四是在日常生活中培养幼儿对语言的兴趣与关心、乐于听说的积极态度及对语言的感受力;五是通过多种多样的体验,培养丰富的感受与创造性。以上的目标几乎都与学前儿童社会教育有密切的关系。

1998 年 6 月,在日本《教育新闻》公布的教育课程审议会报告中,进一步明确了从幼儿期开始的"心灵的教育",即从幼儿园到高中的"宽松"教育,提出"培养儿童的生存能力",以及"适应社会的变化,自己发现课题,自主学习,主动思考,自主判断、行动,更好地解决问题的素质和能力;丰富的人性,自律、合作、关心他人,有一颗感动的心"等。在其课程标准的修订中,又提出了"培养具有丰富人性、社会性,具有在国际社会中生活的自觉意识的日本人"等具体目标。而幼儿园的任务则是"重视幼儿的需要、自发性、好奇心等,培养做人所必需的基础素质"。从中不难看出日本对儿童个性和社会性培养的重视程度。

美国则将学前儿童的全面和谐发展与学校教育的成败联系在一起。全美最大的学前教育家组织——全美幼儿教育协会于 1996 年颁布的《0—8 岁儿童早期教育适宜性发展方案》中明确指出:"一个高质量的早期教育机构应该能够提供一种促进儿童身体、社会、情感、认知发展,安全的保育环境。""适宜的教育应当顾及儿童所有领域的发展。""忽视非智力因素的发展,违背了儿童身心发展的规律。不能使每个儿童全面发展,常常是学校教育失败的基本原因。"美国的幼儿园课程中有一个"社会研究"的领域。美国的社会研究委员会认为,"社会研究"可以被定义为一个课程领域,它的目标源自现代民主社会中公民的本质。它从社会科学和其他学科中提取教育内容,反映了幼儿个人的、社会的及文化的经验。幼儿的社会学习必须是具体的,使幼儿投入到做事及感受、体验的过程之中。社会学习必须帮助幼儿成为家庭、社区、国家及世界中积极主动的、能胜任的成员。社会学习的本质是人类活动,是生活中自然发生的部分,它包含内容和过程两个方面的学习,强调信息处理过程,强调决策和问题解决,关注自身价值的实现。

英国于1998—1999年提出的相关教育改革议案中指出,要加强道德教育、培养基本的公民意识,使所有儿童形成诚实、自强、有责任心和尊重别人的价值观,形成适合现代社会的行为规范和伦理道德。在学校课程和评定当局公布的5岁儿童应达到的目标中,放在首位的是品德和情感教育。

法国学前教育的第一目标就是发展和谐人格,促进儿童情绪的成熟与社会化。1995年颁布的《幼儿学校教学大纲》中,强调把幼儿作为一个"人"来培养,发展他们的主动性、参与性。法国学前教育主要是把幼儿引向社会化,使他们从参与同伴与成人的活动中认识自己,认识环境,了解人际关系,学会克制自己的情绪,禁止过分情绪化,排除攻击性;知道与人合作,建立良好的人际关系,养成团结生活的习惯,塑造健全的人格;学习自己的文化,分辨并欣赏别人的文化等。这些目标要通过一系列的课程活动来实现,如参观、访问、沟通、实验、操作以及其他形式多样的协作活动。

法国的这种全人教育思想在韩国政府1995年通过的《新教育体制改革方案》中也有充分的体现。韩国把培养健康、有审美情趣、有道德和自主的人作为全人教育的目标。

新西兰教育部提出了早期教育的五大目标,即健康、归属感、价值感、人际交往和探索。从中可以看出新西兰在学前教育领域非常重视培养儿童、家庭、社会的和谐关系,培养儿童安定的情感。

我国在2012年10月印发的《指南》中,社会领域从人际交往和社会适应性两个维度出发,着重强调了三点:一是培养幼儿的交往愿望和交往能力;二是学习自尊、自主、自信;三是关心和尊重他人,逐步适应群体生活,遵守基本的行为规范。

由此可见,学前儿童社会教育是国际学前教育界共同关注的重要课题。我们在继承和发扬我国学前儿童社会教育优秀传统的同时,应充分借鉴和吸收国外有关学前儿童社会性发展与教育的先进理论与实践,不断完善和发展我国学前儿童社会教育课程体系,提高学前儿童社会教育的成效。

第二节　学前儿童社会教育的研究对象

学前儿童社会教育是一门研究学前儿童社会性发展的现象、规律及其教育和训练的学科,是以发展儿童的社会性为主要目标,以增进儿童的社会认知、激发社会情感、引导社会行为技能为主要内容的教育。要想真正了解学前儿童社会教育的研究对象,必须掌握个性、社会性和社会化这三个概念及其相互关系。

一、个性

个性主要是指在生物基础上受社会生活条件制约而形成的独特而稳定的、具有调控能力的、具有倾向性的各种心理特征的总和。个性的结构是多层次、多方面的,是由复杂的心理特征经独特结合而构成的整体。

学前儿童个性发展的心理结构主要包括自我调控、个性倾向性和个性心理特征等三个系统。自我调控系统是个性形成和发展的前提,是个性发展和成熟的动力基础。它主要是指自我意识对个体心理和行为的调节、控制系统,可使人的活动具有目的性、自觉性、计划性和能动性,包括自我意识、自我情感体验和自我行为调控三个方面。个性倾向性系统是个性结构中最活跃的因素,是人活动的内在动力,标志着个性活动的方向性和指向性。它主要是指决定一个人的态度和对现实的积极性、选择性的动力系统,包括需要、动机、兴趣、理想、信念、价值观、人生观和世界观。个性心理特征系统是指个人稳定的心理特点,包括性格系统、气质系统和能力系统。在日常生活中,我们会发现,每个人都是独特的。世界上绝对没有两个完全相同的人,即使是孪生兄弟或姐妹,你可能从相貌上分不清谁是谁,但一旦熟悉他们,就会从其言谈举止上将他们进行区分。即使初次见面,只要和他们接触一会儿,注意观察其神态、动作、语言以及待人接物的态度,就可以发现两者的不同之处。他们之间的这种不同,并不表现在相貌上,而是存在于行为的各个方面,这其实就是人与人之间个性的差异。

在同一情境中不同气质个性的人会有不同的表现。比如四个人去剧院看戏,但是都迟到了。胆汁质的人会和检票人争吵,企图闯入剧院,他辩解说,剧院里的钟快了,他不会影响别人,并企图推开检票员进入剧院;多血质的人立刻明白了,检票员不会放他进入剧场,就想办法通过大厅,顺利跑到楼上去了;黏液质的人看到不让他进入剧场,就想第一场总不会太精彩,在小卖部再等一会,幕间休息再进去;忧郁质的人会觉得运气不好,偶尔看一次戏,就那样倒霉,接着就回家了。

二、社会性

从儿童发展心理学和学前教育学的观点来看,学前儿童社会性发展既受心理因素的制约,又受社会因素的制约。社会性是一种心理特征,它于儿童社会化过程中形成,帮助其在生物特性的基础上,与社会生活环境相互作用,逐渐掌握社会规范,形成社会技能,学习社会角色,获得社会的需要、态度、价值,发展社会行为,以独特的个性与人相互交往、相互影响,适应周围的社会环境,由自然人发展为社会人。

学前儿童社会性发展的心理结构主要包括社会认知、社会情感、社会行为技能、自我意识、道德品质和社会适应等方面。社会认知是指儿童对自我与社会中的人、社会环境、社会规范等方面的认知;社会情感是指儿童在社会生活、社会交往中的情感体验,包括积极情绪、情绪表达与控制、依恋感、愉快感、羞愧感、同情心、责任感等;社会行为技能是指儿童在与人交往和参与活动时所表现出来的行为技能,包括交往的技能,倾听交谈的技能,非言语交往的技能,辨别和表达自己感情的技能,合作、轮流、遵守规则、解决冲突的技能;自我意识是指儿童对自我以及自我与周围关系的意识,包括自我认知(自我概念、自我形象、自我评价、独立性等)、自我情感体验(自尊心、自信心、自我价值感、成就感、进取心等)、自我控制(自制力、自觉性、坚持性、自我延迟满足等);道德品质是指社会道德现象在儿童身上的反映,即儿童内化了的道德规范以及良好的道德行为习惯,包括关心他人、乐群、合作、诚实、分享、助人、有礼貌、守纪律等;社会适应是指儿童接受新环境、适应矛盾冲突情境的能力,包括初步形成对新环境的适应能力,对陌生人的适应能力,对同伴交往的适应能力,独立地克服困难、处理社会生活中简单问题的能力,学会做事,学会生活。

我国学者杨丽珠等的一项研究表明,我国儿童的社会性主要由以下七个因素构成:①社会技能,包括遵守群体规则、对侵犯性行为的自我控制、诚实、行为坚持性、竞争与合作等;②自我概念,包括独立性、自我归因、自我评价、自我形象、自尊心和自信心、独立解决问题的能力等;③意志品质,包括自控能力、面临两难情境时的果断性、克服困难的能力、自我服务能力等;④道德品质,包括移情、利他心、同情和怜悯、互惠和分享、遵守社会规则、同情和依恋父母等;⑤社会认知,包括对行为动机和后果的分辨能力、对同伴意见的理解和采纳能力、角色承担能力、对成人要求的理解和采纳能力、对社会和道德规则的理解能力等;⑥社会适应,包括对新环境的适应能力、对陌生人的适应能力、对同伴交往的适应能力等;⑦社会情绪,包括在特殊情况下的情绪状态及与同伴交往时的情绪状态等。

学前儿童社会性的发展是儿童社会化的产物,而个性是个体生物因素和社会化的综合结果,因此,二者有着本质的区别。具体地说,个性是个体经常出现的、比较固定的、本质的心理特征的总和,社会性则是个体在与社会生活环境相互作用的过程中所表现出来的心理与行为特性。同时,学前儿童的社会性和个性又有显著的联系。学前儿童的个性和社会性发展所涉及的领域是不同的,两者只有协同发展,才能有益于儿童健康成长,从而使其更好更快地适应社会。

三、社会化

儿童社会化及儿童社会性教育是学前教育界共同关注的课题之一。社会性、人格品质是个体素质的核心组成部分,它是通过社会化的过程逐步形成与发展的。社会化是个体在特定的社会和文化环境中,通过与环境的交互作用,逐渐形成适应该社会的、社会成员所公认的行为方式,由自然人发展为能够适应社会生活的社会人的过程。社会化是一个将社会规范逐步内化的过程,是经过个体与社会环境的相互作用而实现的。在学前教育中,通常所说的儿童社会化,是指儿童在一定的社会条件下逐步独立地掌握社会规范,正确处理人际关系,从而适应社会生活的心理发展过程。

社会化与个性化相辅相成,是儿童心理发展过程的两个不同方面。儿童的社会化是一个积极主动的发展过程。由于每个人都具有自己独特的活动、经验和遗传基础,因此每一个儿童都以自身的认知结构和经验系统去接受社会化,都以自己特有的风格、速率和程度进行社会化。从这个意义上说,儿童的社会化本质上是儿童心理的社会分化,即个性化。儿童社会化使其个性良好地适应社会生活,个体的社会化程度越高,对社会生活的适应性也就越强。儿童自出生以后,随着认知能力和自我意识的发展,逐渐从依靠简单反射应付环境到能适应社会生活,这是一个人从自然人向社会人发展的过程。因此,儿童的社会化本质上也是儿童内部心理感知扩大化、反映复杂化和表现间接化的过程。

个体的社会化具有一系列特点,其表现为:第一,个体的社会化有其遗传素质作为基础。人类的遗传素质是由上代人为下代人提供的、有利于人类从事社会活动的特殊素质。它是通过人类长期社会实践而不断受到社会影响的,为适应人类的活动而逐渐形成与发展起来的一种特殊功能。因此,这种素质本身也就包含了人类实践活动的社会因素,并以生物体内的物化形式遗传给后代。所以,人类这些特殊的遗传素质体现了对环境因素的内化作用,从而为个体的社会化奠定了生物学基础。第二,个体的社会化通过个体同与之有关系的其他个体及团体的相互作用而实现。儿童从呱呱坠地就开始与社会上的人发生联系,进行交往,接受影响。第三,个体的社会化是共同性与个别性的统一。同一国家、同一民族、同一地区,其社会成员有一些共同的心理倾向,比如有些人比较注重情感,家族意识较重;另一些人则富有进取心和冒险性,家族意识比较淡薄。又如我国南方人为人比较精细,情感比较细腻;而北方人则为人比较豪爽,情感比较粗犷。但是,个体的社会化又有其独特的一面,因为社会化是随着每个人所具备的遗传特性、生理需要和状态而有选择地形成的。人们即使生长在相同的环境中,他们的社会行为和社会意识也不尽相同。第四,个体的社会化贯穿其一生。个体自出生时,就开始接受社会对其施加的影响。在人生的每一个时期,从婴儿期、幼儿期、儿童期、青少年期、成年期,一直到老年期,无时无刻不在接受社会的影响,因而不断地进行着社会化。在不同时期,社会化的内容、要求以及进程等是不同的。

社会化的内容可以分为政治社会化、民族社会化、法律社会化、性别角色社会化、道德社会化等。政治社会化的个体,总是赞成或反对某一种政治制度。任何时代、任何国家都非常重视从儿童早期就开始培养忠于自己的国家以及社会制度的公民。民族社会化,就是使自然人成为具有民族意识的人的过程,使每个人都能尊重本民族的风俗习惯与民族传统,具有民族自豪感。法律社会化,是使人们能按照法律制度来调节自己的行为。不同的国家、不同的社会有不同的法律制度,学习法律知识可以使个体更好地遵守国家的法律。性别角色社会化,就是按照社会上一定的性别角色要求来支配自己的行为。道德社会化,就是使人们按照社会道德标准来支配自己的行为,此处的道德标准是指在社会中为了维护人们的共同利益,协调彼此关系,而产生的调节人们行为的标准。

个体在一生中所经历的社会化有许多不同的类型,有早期社会化、预期社会化、发展社会化、反向社会化和再社会化等。早期社会化是发生在生命早期的基本的社会化,主要使儿童掌握语言、学习本领,使儿童将社会规范与价值标准内化,与周围人建立一定的感情,了解他人的思想与观点。预期社会化是引导人们学习今后将要扮演的角色,如各级各类的职业技术学校制定的培养目标、课程设置、开展的活动等,这都是对学生进行的职前培训,使他们将来能胜任相应的角色。发展社会化是在早期社会化的基础上进行的,在新的社会规范和新的社会要求的基础上,个体承担新的任务,扮演新的角色,对已有的社会规范、社会要求等加以补充、改组和替换等。反向社会化是指年轻一代将新的社会文化知识和社会经验传递给年长一代,现代社会这种现象十分普遍。再社会化是指个体舍弃过去接受的某些社会规范和价值标准,重新学习社会当前所要求的社会规范与行为方式的过程。再社会化经常在人们部分或全部脱离了他们以前的社会生活环境的情况下出现。

主要参考书目

1. 孙培青. 中国教育史(第四版)[M]. 上海:华东师范大学出版社,2019.
2. 周玉衡、范喜庆. 学前教育史[M]. 上海:复旦大学出版社,2009.

本章练习题

1. 请阐述学前儿童社会教育的发展历史。
2. 学前儿童社会教育的研究对象有哪些?请举例阐述。

第二章 学前儿童社会性发展的影响因素

 学习目标

1. 了解影响学前儿童社会性发展的自身因素。
2. 了解影响学前儿童社会性发展的主要家庭因素。
3. 了解幼儿园对学前儿童社会性发展的影响。

进入20世纪90年代后,心理学家、教育家以及家长等都越来越关注情感智慧,即情商。一个人的成败以及对生活的态度,无不和其情感智慧相联系,而情感智慧和社会性发展之间又有许多相通之处,社会性发展能够促进儿童身心的发展,社会性发展教育儿童学习如何做人。

《指南》中指出:"家庭、幼儿园和社会应共同努力,为幼儿创设温暖、关爱、平等的家庭和集体生活氛围,建立良好的亲子关系、师生关系和同伴关系,让幼儿在积极健康的人际关系中获得安全感和信任感,发展自信和自尊,在良好的社会环境及文化的熏陶中学会遵守规则,形成基本的认同感和归属感。"幼儿园是有目的、有计划地对儿童进行教育的专门机构,相较家庭而言,幼儿园的教育更有目的性,资源也更为丰富。现阶段幼儿园中的儿童多受到精心的照料,存在着多位成人照顾一个儿童的现象,特别是家中祖辈对儿童更是宠爱有加、百依百顺。而幼儿园生活中有着许多不同性格、年龄的儿童,而且幼儿园教师与家长的情感维度也不同,同时幼儿园内还有专门的集体活动和个别化活动,这些都十分有利于儿童的社会学习。为了促进儿童社会性发展,必须全面融合家庭、幼儿园和社会三方面的因素,在了解儿童社会性发展特点的基础上,有意识地促进其相关能力和特质的发展。

第一节　学前儿童自身因素对社会性发展的影响

一、气质对学前儿童社会性发展的影响

(一) 气质的涵义

气质是一个人所特有的心理活动的动力特征,是个性和社会性发展的生物基础,它使人的整个心理活动带上个人独特的色彩,制约着心理活动发展的特点。气质和人的生理解剖特点直接相关,儿童生来就具有个人的气质特点。跟其他个性心理特征相比,气质具有更大的稳定性。儿童个体差异的最初表现就是由气质所决定的。对婴幼儿的气质类型,有各种划分标准。

1. 传统的气质类型

传统的划分方法,以高级神经活动为标准,是由古希腊医生希波克拉底(Hippocrate)提出的。他把气质分为四种类型:抑郁质、胆汁质、黏液质、多血质。黏液质儿童表现为安静、迟缓、有耐心。抑郁质儿童表现为敏感、善于观察、想象力丰富、情感深刻而持久,但多愁善感、情感脆弱、畏缩而孤僻。胆汁质儿童有较高的反应性和主动性,脾气暴躁、不稳重,但直率、精力旺盛。多血质儿童反应性高,行动敏捷,可塑性强;主动性高,精力充沛;注意力容易转移,热情易消退。巴甫洛夫(Pavlov)发现的四种高级神经活动类型,与传统的气质类型相吻合。

2. 根据基本生活活动模式划分的气质类型

切斯(Chess)等人通过对大量儿童的考察和追踪,发现有一些行为模式是从出生开始贯穿至整个儿童时期的。他们根据一系列的标准,把儿童(主要是婴儿)划分为三种类型。(1)易带的孩子。大多数儿童属于这一类,约占75%,他们对成人的抚养活动给予大量的积极强化,因而在整个儿童时期都受到成人的极大关怀和注意。(2)难带的孩子。这一类的儿童很少,约占10%。他们的心情总是不好,在游戏中也不愉快。成人需要费很大的气力才能使他们接受抚爱,由于成人的抚爱经常得不到正面的反馈,成人和孩子之间关系往往不密切,孩子缺少教养活动。(3)迟缓的孩子。这一类儿童约占15%。他们常常安静地退缩,对新事物适应缓慢。在没有压力的情况下,对新刺激缓慢地发生兴趣,慢慢地活跃起来。随着年龄的增长,这一类儿童的发展情况因成人抚养和教育情况的不同而分化。美国的托马斯(Thomas)对儿童的气质进行了长达20多年的研究,提出气质有9个维度。他提出婴幼儿的心理发展有五个方面的特点:①生物节律性和可预测性;②对新异刺激的趋避性;③对新经

历和常规改变的适应性;④情绪反应强度;⑤典型心境。并把儿童的气质也划分为三种类型,与切斯的划分类型基本吻合,即容易照看型、难以照看型及缓慢发动型。

(二) 气质与个性、社会性发展的相互关系

气质是个性和社会性发展的生物基础,但是通过环境的影响,气质维度也会发生变化。在人的个性心理特征中,气质是最早出现的,其变化也是最为缓慢的。儿童出生时已经具备一定的气质特点,即黏液质、胆汁质、多血质和抑郁质这些特点在整个儿童时期是相对稳定的。气质无所谓好坏,但由于其能影响儿童全部的心理活动和社会行为,如果不加以正确对待,将会成为形成不良个性的影响因素。我们可以说,没有可以离开个性的气质,也没有缺乏气质的个性。

儿童的气质特点往往会影响成人对儿童的态度。各种类型的气质都有其积极和消极的方面,正确的教育能够引导儿童发展良好的个性特征。因此,成人对儿童的抚养和教育措施必须充分考虑每个儿童的气质特点。比如,对于在某一方面较弱的儿童应格外加以悉心照料,多加鼓励;对于难以适应环境的儿童,在送入幼儿托育机构的过程中应该多加帮助。这些对儿童个性的形成和社会性的发展都是十分重要的。

拓展阅读

纽约纵向研究(NYLS)3—7岁儿童气质问卷介绍

一、测查方法

共有9个维度,每个维度有8个条目,共包括72个条目。每个条目均在"从不"到"总是"的7个等级上对儿童的日常行为表现进行评定。

二、测查题目

(1) 洗澡时,把水泼得到处都是,玩得很愉快。

(2) 和其他小孩子在一起玩时,显得很高兴。

(3) 嗅觉灵敏,对一点点难闻的味道很快就能闻到。

(4) 面对陌生的成人会感到害羞。

(5) 做一件事时,例如,画图、拼图、做模型等,不论花多少时间,一定要做完才肯罢休。

(6) 每天定时大便。

(7) 以前不喜欢吃的东西,现在愿意吃。

(8) 对食物的喜好反应很明显,喜欢的食物很喜欢,不喜欢的食物很不喜欢。

(9) 心情不好时,可以很容易地用笑话逗他开心。

(10) 遇到陌生的小朋友时,会感到害羞。

(11) 不在乎很大的声音,例如:其他人都抱怨电视机或飞机的声音太大时,他好像不在乎。

(12) 如果不准宝宝穿他自己选择的衣服,他很快就能接受,并穿成人要他穿的衣服。

(13) 每天要定时吃点心。

(14) 当宝宝谈到一些当天所发生的事情时,显得兴高采烈。

(15) 到别人家里,只要去过两三次后,就会很自在。

(16) 做事做得不顺利时,会把东西摔在地上,大哭大闹。

(17) 逛街时,他很容易接受成人用别的东西取代他想要的玩具或糖果。

(18) 不论在室内还是室外活动,宝宝常常在跑,而很少慢走。

(19) 喜欢和成人上街买东西(例如去市场、商场、超市)。

(20) 每天上床后,差不多一定时间内就会睡着。

(21) 喜欢尝试新的食物。

(22) 当妈妈很忙,无法陪他时,他会走开去做别的事,而不会一直缠着妈妈。

(23) 很快地注意到各种不同的颜色(例如会指出哪些颜色不好看)。

(24) 在游乐场玩时,很活跃,停不下来,会不断地跑,爬上爬下或扭动身体。

(25) 如果他拒绝某些事,例如理发、梳头、洗头等,几个月后,他仍会对这些事表示抗拒。

(26) 当他在玩一样喜欢的玩具时,对突然发出的声音或身旁他人的活动不太注意,顶多只是抬头看一眼而已。

(27) 玩得正高兴而被带开时,他只是轻微地抗议,哼几声就算了。

(28) 经常提醒父母完成答应他的事(例如什么时候带他去哪里玩等)。

(29) 和别的小孩一起玩,会不友善地和他们争论。

(30) 到公园或别人家玩时,会去找陌生的小朋友玩。

(31) 晚上的睡眠时间不一定,时多时少。

(32) 对食物的冷热不在乎。

(33) 对陌生的成人,如果感到害羞的话,很快(约半小时之内)就能克服。

(34) 会安静地坐着听别人唱歌、读书或讲故事。

(35) 当父母责骂他时,他只有轻微的反应,例如:只是小声地哭或抱怨,而不会大哭大叫。

(36) 生气时,很难转移他的注意力。

(37) 学习一项新的体育活动时(例如溜冰、骑脚踏车、跳绳等),他肯花很多的时间练习。

(38) 每天肚子饿的时间不一定。

(39) 对光线明暗的改变相当敏感。

(40) 和父母在外过夜时,在别人的床上不易入睡,甚至持续几个晚上还是如此。

(41) 盼望去上托儿所、幼儿园或小学。

(42) 和家人去旅行时,能很快地适应新环境。

(43) 和家人一起上街买东西时,如果父母不给他买想要的东西(例如糖果、玩具或衣服),便会大哭大闹。

(44) 烦恼时,很难抚慰他。

(45) 天气不好,必须留在家里时,会到处跑来跑去,对安静的活动不感兴趣。

(46) 对来访的陌生人,会立刻友善地打招呼或接近他。

(47) 每天食量不定,有时吃得多,有时吃很少。

(48) 在玩玩具或游戏并碰到困难时,很快地就会换别的活动。

(49) 不在乎室内、室外的温度差异。

(50) 如果他喜欢的玩具坏了或游戏被打断了,他会显得不高兴。

(51) 在新环境中(例如:托儿所、幼儿园或小学),两三天后仍无法适应。

(52) 虽然不喜欢某些事,例如:剪指甲、梳头等,但是一边看电视或一边逗他时,他可以接受这些事。

(53) 能够安静地坐下来看完整的儿童影片、球赛、电视长片等。

(54) 不喜欢穿某件衣服时,会大吵大闹。

(55) 假日的早上,他仍像平常一样按时起床。

(56) 当事情进行得不顺利时,他会向父母抱怨别的小朋友(说其他小孩的不是)。

(57) 对太紧、会扎人或不舒服的衣服相当敏感,且会抱怨。

(58) 他的生气或懊恼很快就会过去。

(59) 日常活动有所改变时(例如:因故不能去上学或每天固定的活动改变),很容易就能适应。

(60) 到户外(公园或游乐场)活动时,他会静静地自己玩。

(61) 玩具被抢时,只是稍微地抱怨而已。

(62) 第一次到妈妈不在的新环境中(例如:学校、幼儿园、音乐兴趣班)时,会烦躁不安。

(63) 开始玩一样东西时,很难转移他的注意力,很难使他停下。

(64) 喜欢做些较安静的活动,例如:劳动、看书、看电视。

(65) 玩游戏输了时,很容易懊恼。

(66) 宁愿穿旧衣服,而不喜欢穿新衣服。

(67) 身体被弄脏或弄湿时,并不在乎。

(68) 对于和自己家里不同的生活习惯很难适应。

(69) 对于每天所经历的事情,反应不强烈。

(70) 吃饭的时间延迟一小时或一小时以上也不在乎。

(71) 烦恼时,给他做别的事,可以使他忘记烦恼。

(72) 做事时,虽然给他一些建议或协助,他仍然依照自己的意思做。

三、评分标准

表 2-1 评分标准 1

活动水平			规律性			趋避性			适应度			反应强度		
题号	小	大	题号	无规律	有规律	题号	退缩	接近	题号	低	高	题号	微弱	强烈
1	1 2 3 4 5 6 7		6	1 2 3 4 5 6 7		4	7 6 5 4 3 2 1		7	1 2 3 4 5 6 7		8	1 2 3 4 5 6 7	
18	1 2 3 4 5 6 7		13	1 2 3 4 5 6 7		10	7 6 5 4 3 2 1		15	1 2 3 4 5 6 7		16	1 2 3 4 5 6 7	
24	1 2 3 4 5 6 7		20	1 2 3 4 5 6 7		21	1 2 3 4 5 6 7		25	7 6 5 4 3 2 1		27	7 6 5 4 3 2 1	
34	7 6 5 4 3 2 1		31	7 6 5 4 3 2 1		30	1 2 3 4 5 6 7		33	1 2 3 4 5 6 7		35	7 6 5 4 3 2 1	
45	1 2 3 4 5 6 7		38	7 6 5 4 3 2 1		42	7 6 5 4 3 2 1		40	7 6 5 4 3 2 1		43	1 2 3 4 5 6 7	
53	7 6 5 4 3 2 1		47	1 2 3 4 5 6 7		46	1 2 3 4 5 6 7		51	1 2 3 4 5 6 7		54	1 2 3 4 5 6 7	
60	7 6 5 4 3 2 1		55	1 2 3 4 5 6 7		62	7 6 5 4 3 2 1		59	1 2 3 4 5 6 7		61	7 6 5 4 3 2 1	
64	7 6 5 4 3 2 1		70	7 6 5 4 3 2 1		66	7 6 5 4 3 2 1		68	7 6 5 4 3 2 1		69	7 6 5 4 3 2 1	

表2-2 评分标准2

情绪本质		坚持度		注意分散度		反应阈	
题号	负向　正向	题号	低　　高	题号	不易　　易	题号	低　　高
2	1 2 3 4 5 6 7	5	1 2 3 4 5 6 7	9	1 2 3 4 5 6 7	3	7 6 5 4 3 2 1
14	1 2 3 4 5 6 7	12	7 6 5 4 3 2 1	17	1 2 3 4 5 6 7	11	1 2 3 4 5 6 7
19	1 2 3 4 5 6 7	22	7 6 5 4 3 2 1	26	7 6 5 4 3 2 1	23	7 6 5 4 3 2 1
29	7 6 5 4 3 2 1	28	1 2 3 4 5 6 7	36	7 6 5 4 3 2 1	32	1 2 3 4 5 6 7
41	1 2 3 4 5 6 7	37	1 2 3 4 5 6 7	44	7 6 5 4 3 2 1	39	7 6 5 4 3 2 1
50	7 6 5 4 3 2 1	48	7 6 5 4 3 2 1	52	1 2 3 4 5 6 7	49	1 2 3 4 5 6 7
56	7 6 5 4 3 2 1	58	7 6 5 4 3 2 1	63	7 6 5 4 3 2 1	57	7 6 5 4 3 2 1
65	7 6 5 4 3 2 1	72	1 2 3 4 5 6 7	71	1 2 3 4 5 6 7	67	1 2 3 4 5 6 7

四、气质类型的划分标准

(一) 难养型

(1) 规律性、趋避性、适应度、情绪本质中至少三项低于平均值;

(2) 反应强度高于平均值;

(3) 至少两项偏离超过一个标准差。

(二) 易养型

(1) 如果反应强度高于平均值,则其他项中最多有一项低于平均值;

(2) 如果反应强度不高于平均值,则其他项中最多有两项低于平均值;

(3) 没有任何一项偏离超过一个标准差。

(三) 启动缓慢型

(1) 至少三项低于平均值且趋避性或适应度有一项低于一个标准差;

(2) 活动水平不可高于二分之一个标准差;

(3) 情绪本质不可低于一个标准差。

五、某测查结果展示

表2-3 3岁儿童气质得分标准

维度	男(193人)	女(164人)
	X±SD	X±SD
活动水平	4.03±0.86	3.98±0.83
规律性	4.58±0.85	4.63±0.85

续表

维度	男(193人)	女(164人)
趋避性	4.64±0.93	4.80±0.89
适应度	5.05±0.78	5.12±0.75
反应强度	3.97±0.87	4.04±0.85
情绪本质	4.58±0.63	4.79±0.62
坚持度	3.99±0.57	4.04±0.61
注意分散度	4.40±0.72	4.50±0.76
反应阈	3.26±0.85	3.04±0.80

表2-4 4岁儿童气质得分标准

维度	男(184人)	女(213人)
	X±SD	X±SD
活动水平	3.89±0.78	3.80±0.83
规律性	4.64±0.83	4.48±0.91
趋避性	4.84±0.82	4.75±0.85
适应度	5.16±0.83	5.06±0.80
反应强度	3.90±0.84	3.87±0.95
情绪本质	4.62±0.60	4.76±0.73
坚持度	4.03±0.61	4.08±0.62
注意分散度	4.37±0.71	4.44±0.76
反应阈	3.04±0.80	3.14±0.79

表2-5 5岁儿童气质得分标准

维度	男(224人)	女(235人)
	X±SD	X±SD
活动水平	3.92±0.79	3.60±0.89
规律性	4.49±0.82	4.49±0.89
趋避性	5.00±0.86	5.00±0.81

续表

维度	男(224人)	女(235人)
适应度	5.25±0.74	5.16±0.70
反应强度	3.73±0.81	3.60±0.80
情绪本质	4.58±0.63	4.70±0.64
坚持度	4.06±0.58	4.08±0.61
注意分散度	4.35±0.73	4.58±0.72
反应阈	3.25±0.70	3.10±0.72

表2-6 6岁儿童气质得分标准

维度	男(195人) X±SD	女(221人) X±SD
活动水平	3.74±0.89	3.51±0.91
规律性	4.53±0.84	4.57±0.89
趋避性	5.10±0.86	5.14±0.79
适应度	5.24±0.77	5.26±0.80
反应强度	3.64±0.83	3.58±0.83
情绪本质	4.65±0.68	4.84±0.60
坚持度	4.15±0.59	4.11±0.60
注意分散度	4.28±0.67	4.44±0.70
反应阈	3.36±0.76	3.27±0.74

表2-7 7岁儿童气质得分标准

维度	男(230人) X±SD	女(208人) X±SD
活动水平	3.84±0.85	3.54±0.93
规律性	4.65±0.82	4.52±0.86
趋避性	5.06±0.83	5.03±0.82
适应度	5.16±0.75	5.21±0.77

续表

维度	男(230人)	女(208人)
反应强度	3.57±0.75	3.52±0.82
情绪本质	4.64±0.64	4.80±0.60
坚持度	4.13±0.65	4.12±0.57
注意分散度	4.23±0.78	4.43±0.78
反应阈	3.49±0.75	3.27±0.77

(三) 气质对学前儿童社会性发展的影响

气质对学前儿童社会性发展的影响主要包括以下四个方面。

1. 气质对儿童身体发育的影响

研究表明,难抚养型的儿童的父母,其疾病状况更易在生病中表现出来,而易抚养型的儿童则相对容易在起病初期被忽视。另外,前者遭受意外损伤和虐待的情况居多。由此可以看出,气质对儿童的身体发育是有很大影响的。例如:有的孩子具有严重的食物过敏,因此食欲总不是很好,而且因为没有足够的营养也总是病殃殃的样子,性子比较别扭,对什么东西都提不起兴趣,这也会削弱其和成人的互动质量。因此,对于这一类儿童,必须要给予充分理解和耐心,多一些鼓励,发掘其兴趣点,一点点地引导其活跃起来。

2. 气质对儿童社会认知的影响

气质类型可以影响人的认知活动。气质除了对儿童的身体发育有重要的影响外,还对儿童的社会认知有非常重要的影响。这种影响首先体现在儿童的认知活动方面。我国著名心理学家、北京师范大学林崇德教授经过多年的研究发现:多血质和胆汁质的儿童在解题速度以及灵活性方面明显高于抑郁质和黏液质的儿童,多血质和胆汁质的儿童的情绪、情感感受性较强,抑制力和控制力就比较弱,所以他们较难从事一些需要细致性和持久性的智力活动;反之,黏液质和抑郁质儿童的情绪、情感感受性比较弱,对自我的体验相当深刻,非常善于自我反省,所以他们的控制力和抑制力较多血质和胆汁质的儿童就会稍强,因此他们也比较适合从事一些需要细致性和持久耐力的智力活动。

气质特征可以影响人的记忆效果。研究表明,对于数量多、难度大的识记材料,高级神经活动类型为强型的儿童记忆效果比弱型的儿童记忆效果要好；此外，高级神经活动为强型的儿童记忆无意义音节的效果也比较好。反之，在记忆大量有意义音节或文章方面，高级神经活动类型为弱型的儿童要比强型的儿童记忆效果好。此外，在运动觉记忆方面，对于不太复杂的任务，高级神经活动为弱型的儿童要更善于记忆此类任务；而对于复杂的任务，强型的儿童记忆起来则相对比较容易。

3. 气质对儿童性别角色的影响

所谓性别角色，是指特定社会对男性和女性社会成员所期待的适当行为的总和。性别社会化是指在特定的文化中，儿童获得适合某一性别的价值观、动机和行为的过程。儿童在2岁左右就初步形成了一些性别角色知识。男孩的性别角色知识发展的速度高于女孩，且其性别角色知识也远比女孩更丰富和详细。在社会行为方面，女孩对年幼儿童的抚养性行为显著多于男孩，而男孩的支配和攻击性行为多于女孩。

无论在哪个阶段，男孩与其父母间的交往总是不同于女孩与其父母间的交往。男孩对父母的管教较多表现出抗议、不依从的行为。早在10个月大时，男孩在要求母亲的注意时就表现得更为执拗。1—2岁的男孩更喜欢进行那些被父母禁止的活动，如接触一些物品、爬高等。4—5岁的男孩违抗父母的意愿较多，表现出更强的自我意识和独立性，比较喜欢坚持自己的做法，表现得更为叛逆，女孩则更容易表现出协商、肯定的一方面，与父母较易形成积极的互动关系。

追踪研究发现：(1)女孩参加社交活动多于男孩，男孩对物体和事物更感兴趣，而女孩则对人更感兴趣。(2)男孩比女孩具有更强的攻击倾向。(3)女孩之间的合作性的活动较男孩要多。(4)女孩喜欢找年龄比自己小的玩伴，对比自己年幼的儿童会表示关心和帮助。(5)男孩女孩对玩具也有不同的偏好：男孩通常喜欢玩汽车、建筑积木等玩具，而女孩则偏好洋娃娃和其他软体动物玩具。儿童选择玩具的性别差异很早就表现出来。例如，英国心理学家史密斯(Smith)与其合作者对家庭情景中的儿童游戏的观察研究表明，14个月的婴儿即表现出上述不同的性别偏好。当然，这种偏好不是绝对的。(6)儿童在游戏活动中也很早就表现出性别差异。在社会性游戏中，儿童在绝大多数情况下选择同性别的儿童作为游戏的玩伴，同时在游戏中对同性伙伴做出的社会性行为也显著多于对异性伙伴。研究发现，3岁的儿童已经明显表现出上述特征。不同性别的游戏伙伴在游戏方式上也存在差异：与女孩和女孩的游戏相比，由男孩和男孩组成的游戏团队更容易因争夺玩具而发生冲突。当男孩和女孩之间发生这类冲突时，女孩通常是放弃对玩具的争夺而退到一边，观看男孩独自一人玩玩具，但当女孩和女孩之间发生玩具争夺冲突时，这种情况则很少发生。

4. 气质对亲子关系的影响

气质与亲子关系有着密切的联系。亲子关系是指父母与子女之间的相互关系。气质对亲子关系的影响具体表现在以下几个方面。

（1）影响父母的反应性和敏感性。

易抚养型的儿童的气质特点会对亲子关系产生积极的影响。这类儿童生理活动有规律，容易适应新的环境，容易接近陌生人，容易接受新的事物。他们活泼、愉快、爱玩。这类儿童通常会得到成人极大的关注，因此与父母的亲子关系比较融洽和亲密。他们会表现出更强的社会合作性特点，当他们想要一种新玩具，而成人表示拒绝时，他们会在适当的时候向成人妥协或者选择另一种可以接受的方式，比如玩其他的玩具等，因此会和成人有一个更好的互动。

难抚养型的儿童的气质特点会对亲子关系产生消极的影响。这类儿童生理活动没有规律，进食时烦躁不安，经常哭闹，睡眠不规律，对新的环境表现出强烈的退缩、不安，适应迟缓。他们的主导心境是不愉快的，与成人的关系也不亲密。这类儿童具有发生心理问题的潜在危险，在面临复杂问题时容易暴露出气质的消极倾向，会导致以下情况的出现：首先，父母会认为是自己的失职，感到惭愧和内疚；其次，父母会因此而责怪孩子，导致亲子关系逐渐恶化；再次，父母对孩子的吵闹反应会感到束手无策。例如，当他们想要一种新玩具，而成人表示拒绝时，他们往往会采取无休止的哭闹或是破坏性的行为，例如用乱扔东西来表达自己的不满和愤怒，十分固执，不达目的誓不罢休，继而使父母产生厌烦和倦怠的心理。

男孩相对于女孩来说，亲子冲突发生较多，男孩更可能违背父母的意愿，但尚未有研究探讨过这种冲突在父子之间发生较多，还是在母子之间发生较多。大量的研究发现，当家庭处于压力之中时，男女孩受到压力的影响程度是不同的，不良的家庭关系对男孩的消极影响大于女孩。

（2）影响学前儿童的依恋模式。

依恋（Attachment）一般是指个体对某一特定个体长久持续的情感联系。在发展心理学中，依恋是指学前儿童与成人（父母或其他看护者）所形成的情感联结。从外在的行为特征来看，安全型儿童情绪健康、稳定、自信、友善、乐于探索，反映了亲子关系的和谐、情感的包容；回避型儿童似乎缺乏对爱的反应，倾向排斥、独立，情绪活动水平低，反映了亲子间情感联系的缺乏；拒绝型儿童情绪不稳定，排斥与接纳并存，依附性较强，缺乏自信，反映了亲子关系的矛盾性以及情感需要的冲突，使儿童难以实现自我统一；无组织或无定向型儿童，其行为充满矛盾且缺乏目的性，依恋的指向性差，这不仅反映了亲子关系的不稳定、不一致，而且反映了儿童自身需要结构的不和谐。

> **拓展阅读**
>
> ### 经典依恋实验——"陌生情景实验"
>
> 美国心理学家安思沃斯(Ainswoth)设计的"陌生情景实验"是研究学前儿童分离焦虑、陌生焦虑的经典实验。他把儿童的依恋分为性质不同的三种模式：焦虑—回避型依恋；安全型依恋；焦虑—抗拒型依恋。其研究得出依恋类型与儿童的自身特点有着密切的关系。儿童自身的特点(如气质)对其依恋性质有重要影响，使性质相同的依恋表现出不同的动力特征。

一些心理学家在研究中发现，早期儿童的行为特征、活动水平、挫折耐受力与生活的节律性有明显的个性差异。一些儿童很难照料，异常活跃，拒绝父母的亲近，不易抚慰，形成稳定依恋的时间较晚，而且在依恋关系中与成人联系的方式也与一般儿童有所不同，如多采取注视与交谈，而较少有身体接触与联系。这些"异常"的行为并不能归因于父母早期的抚养方式，而应归因于儿童的先天特征，尤其是气质。气质在依恋形成与发展中的意义在于：它是影响儿童行为的动力特征的关键因素，在很大程度上赋予儿童依恋行为特定的速度和强度，制约着儿童的反应方式和活动水平。

毋庸置疑，学前儿童的行为特征和个性水平以及对父母养育行为的反应都对亲子关系起着重要的作用，从而影响着儿童社会化的进程。心理学家贝尔(Bell)曾对儿童社会化的一系列研究进行了重新解释。他认为，儿童的气质特点决定了其以后的攻击性或顺从性，父母是根据儿童的气质特点来调整纪律训练方式的。换句话说，贝尔认为，父母倾向于对他们自己的孩子使用最有效的任何抚养方式，有些儿童自身的气质特点使其对特定的纪律训练方式能作出较好的反应，另一些儿童的气质特点则对另一种训练方式反应比较好。

> **拓展阅读**
>
> ### 婴儿和父母的互动质量对于幼儿社会性发展的影响
>
> 很多研究表明：喜欢让人抱的婴儿往往会强化父母与其交往的积极情绪，不喜欢让人抱的婴儿则会形成与父母之间消极的态度和情绪。如果婴儿的微笑多于哭泣，父母会感到轻松愉快；如果婴儿是平静而有规律的，父母不会感到筋疲力尽。如果婴

儿的反应是温和的,父母就会经常安慰婴儿,反之则易产生厌恶和烦躁的情绪。如果儿童对父母所做出的行为具有明显的攻击和不依从趋向时,父母对儿童的命令、惩罚等消极反应明显增多,而当儿童的行为具有亲社会趋向时,父母则更多地作出积极的反应。

二、自我意识对学前儿童社会性发展的影响

自我意识的发生发展也是个性形成的重要组成部分。自我意识是主体对自己的反映过程。认识的客体就是主体本身,"自我"既是反映者,又是被反映者。儿童在社会性发展的过程中,只有对自己有一定的认识和了解,才能逐渐地对自我的认知、态度、情感和行为作出适当的调节。自我意识包括三种形式,即自我认识(狭义的自我意识)、自我评价和自我调节。自我认识的对象包括自己的身体、自己的动作和行动、自己的内心活动。

自我意识是通过认识外界(包括别人)而产生的。要认识自我,必须同时区分非我。也就是说,只有在自己和别人的关系中才能认识自己。自我意识是复杂的认知过程的综合。它依赖于动机和感知、注意和记忆,更依赖于语言和思维的发展。它可以使主体有关的生活体验积极化,从而系统地、有目的地去寻找新信息。学前儿童社会性发展在自我意识方面主要表现在独立性上。独立性的发展,体现了儿童心理反应的能动性的发展。儿童最初的能动性表现为简单的选择性。新生儿对某些刺激物作出反应,对另一些刺激物不作反应,是最初选择性反应的表现,而最初的选择性主要是由生理决定的。儿童心理的发展,改变着主体与客体(周围环境)的关系。列昂节夫(Leontief)提出,自觉地、独立地使一种行动服从另一种行动是在儿童期开始的。

1岁前,儿童的一切行动是依赖成人并通过成人来实现的。这时候,儿童不会表达自己的愿望,一般也不抗拒成人的意志。如果不愿意服从成人的要求,儿童只有用哭喊或手足动作表示反抗。当儿童1岁以后,他开始知道自己的名字。比如,成人叫他"宝宝",他也学会把自己称为"宝宝",像叫别的事物一样。此时,儿童开始认识自己的身体,认识自己身体的各部位,也意识到自己身体的感觉。他可以告诉你"这是宝宝的眼睛"或"宝宝饿了"等。但是,这时儿童只是把名字理解为自己的代号,在遇到同名的孩子的时候,他就会感到困惑。

> **拓展阅读**
>
> ### 儿童独立性的发展
>
> 当宝宝快1岁的时候,才开始能把自己的动作和动作的对象区分开来,以后进一步能把自己和自己的动作区分开来。例如,宝宝开始知道由于自己扔皮球,皮球就滚了。宝宝从其中认识了自己和事物的关系,认识了自己的存在和自己的力量,这就使他产生了一种"自豪"之感。这表明,1—3岁儿童出现了独立性的需要。独立性需要的产生和动作的发展,与"我"字的掌握密切联系。"我"字的出现,是儿童自我意识发生的标志。1—3岁儿童的独立性,主要体现在要求"自己来做"的动作上。但是,这个年龄的儿童主要还是需要在和成人的共同生活中行动。
>
> 宝宝大约2—3岁时,开始掌握代名词,如"你""我"。掌握代名词是一个困难的过程,因为代名词有明显的相对性。别人对你说"你",而你对自己则说"我",反过来也是一样。比如,别人问:"你吃不吃?"你自己只能回答"我吃"或"我不吃",而不能回答"你吃"或"你不吃"。要学会这一点,就必须进行复杂的抽象和概括,就要把过去已经形成的用第三人称的名字(如宝宝)那种简单的固定的联系打破,代之以新的具有灵活性的联系。3岁后,"我"的意识进一步发展,儿童表现自己的积极性很高,力求满足自己的需要并改变周围环境。儿童出现对自己的社会性的"我"的意识,自尊心明显地发展起来,进而追求在人际关系中取得一些地位。

儿童自我意识的不断发展,对其自身的社会性发展有着非常重要的影响。我们应当遵循他们每个阶段自我意识发展的不同特点和内容,从而促进儿童的社会性发展。

三、性格对学前儿童社会性发展的影响

性格是个性中最重要的心理特征,表现在对客体现实的稳固态度和惯常的行为方式中。性格和气质有着密切的联系,两者相互渗透,相互制约。不同的气质类型可以形成相同的性格特征,相同的气质类型也可以形成不同的性格特征。性格主要受后天环境的影响且在出生头几年逐渐形成。气质对性格的形成起着有力的促进作用。不同的性格对儿童的社会化发展也有着不同程度的影响。比如,活泼开朗的儿童容易在幼儿园或其他场所得到大家的喜欢,而沉默寡言的儿童则更容易受到忽视。

儿童的性格是在儿童与周围环境相互作用的过程中形成的。在婴儿的环境中,最主要的客体是照顾他的成人。一般来说,母子(女)关系在婴儿性格的萌芽过程中起着最重要的作用。母亲的良好照顾,会使婴儿从小得到安全感,形成对母亲的信任和依恋,为以后良好

性格的形成打下基础。性子急的孩子饿了就立刻大哭大闹,这使成人不得不马上放下一切其他事情,急忙给他喂奶。而对那些饿了只是细声哼哼唧唧的婴儿,成人则可能先把手头的事情做完,再去喂奶。日积月累,前一种儿童可能形成不能等待别人、其要求必须立即得到满足的态度和行为习惯。

成人的抚养方式和教育在儿童性格的最初形成中有决定性意义。比如,成人总是把东西放得整整齐齐,把衣服扣子扣好,手脏了立刻去洗等,这会潜移默化地影响婴儿,使之养成好整洁、爱劳动等行为习惯。又如,婴儿看见糖就拿起来吃,甚至大把大把地抓到自己身边,这时如果不加以教育,反而报以赞赏的表情和语言,那么就会使"独占"的种子得以孕育。反之,如果经常注意引导他同众人分享,则可以为其良好的性格打下基础。

最初形成的性格特征对儿童的个性形成起着重要的作用。这时性格虽然还没有定型,但它是未来性格形成的基础。在一般情况下,性格比较容易沿着最初的倾向发展下去。例如,性格比较顺从的婴幼儿,容易遵照成人的吩咐和集体规则行事,以后将仍然稳定形成与人和睦相处、遵守纪律的性格。而若最初具有任性的萌芽,要求别人处处依从其个人意愿,成人如果纵容这种性格的发展,任性的性格特征将日趋巩固直至最终定型。性格是随外界环境和教育的影响而产生和变化的。因此,我们也必须重视儿童性格的培养。

四、能力对学前儿童社会性发展的影响

能力是个性心理特征之一。它是复杂的心理结构,在不同的活动中表现出来的能力,是由多种成分结合而成的。学前儿童的能力结构主要有以下几种分类:一是运动、操作能力和智力。运动和操作能力自儿童出生时起,就已经出现。半岁左右,四肢和身体的运动能力逐渐发展,手的运动能力也开始发展成为操纵物体的能力。智力的发展则需要通过运动和操作来表现,运动和操作的发展水平越高,越依靠智力的支配。二是一般能力和特殊能力。一般能力是指在各种活动中都经常表现出来的能力,特殊能力是指从事某种专门活动所需要的能力。三是主导能力和非主导能力。主导能力又称优势能力,非主导能力又称非优势能力。

学前儿童的能力与诸多非智力因素(如知识和性格等)有很密切的关系。能力(包括智力)和知识不可分割地彼此联系着,是相辅相成的。掌握知识可以促进能力的发展,而能力是通过掌握知识发展起来的。如果儿童显露了某种绘画能力,又有机会获得相应的知识和技能,他的绘画才能就可以得到发展,而缺乏进一步掌握知识技能的机会,则最初的能力会被淹没。一个人对某个领域的知识技能掌握得越多,他在这个领域内解决问题的能力就越强。反之,缺乏必要的知识技能,将妨碍相应能力的发挥。学前儿童处于掌握知识和智力发展的最初阶段。从掌握知识的角度来看,人的知识可以分为直接知识和间接知识,两三岁是开始掌握间接知识的年龄。对学前儿童来说,知识和智力教育都是不可偏废的。

能力和性格有密切关系。一方面,性格影响能力的发展。比如,良好的意志品质、热情和勤奋的性格,不但使人的能力得到锻炼和更好的发展,而且可以弥补某些能力的不足。另一方面,能力会影响人的性格特征,如爱好倾向、自信心等,运动能力强的儿童往往喜爱体育运动。在大多数情况下,儿童能力和性格的发展是相辅相成的。因而,某些能力和特定的性格特征往往相互关联。例如,对我国超常儿童的研究表明,这些儿童具有求知欲旺盛、进取心强和坚持性强等性格特征。

第二节　家庭对学前儿童社会性发展的影响

我国著名的教育家陈鹤琴指出:"从出生到 7 岁,是人生最重要的一个时期,什么习惯、言语、技能、思想、态度、情绪都在此打下一个基础,若基础打得不稳固,那么健全的人格就不容易建构了。"儿童从出生到 7 岁这一阶段绝大部分时间是在家庭里度过的,父母是他们的第一任老师,其社会化始于家庭。有效的家庭教育能够促进儿童习得社会生活的基本行为规范,培养儿童良好的思想道德品质和独立自主的能力,促进儿童个性的形成和发展。因此,家庭结构、家庭生活环境、家庭关系、家长的教养观念等都不同程度地影响着儿童的社会性发展。

一、家庭结构对学前儿童社会性发展的影响

家庭结构是指一个家庭中成员的构成和人数。家庭结构的类型主要有以下几种:一是核心家庭,即父母与未婚子女一起居住;二是主干家庭,即由祖辈、父辈、孙辈三代人构成的家庭类型;三是单亲家庭或离异家庭,即父母一方死亡,或者由于种种原因导致离异等造成的家庭结构缺损。

不同的家庭结构类型对儿童的社会性发展起着不同的影响作用。在核心家庭中,由于只有两代家庭成员,家庭结构较为简单,所以家庭成员之间交往增多,容易形成亲密感情,这种亲密感情是父母对儿女实施教育的基础。在这种家庭中,父母对孩子的教育思想、教育认识容易达成一致。父母对孩子的社会化过程影响较大。但由于家庭成员少,孩子的交往对象单一,不利于形成较强的交往能力。在主干家庭中,由于祖辈、父辈、孙辈三代人生活在一起,人口较多,规模较大,层次较复杂,儿童可以同时和几代人交往,学习长辈们的相处方式,锻炼各种适应社会生活的交往能力,促进个体社会化。但在这种家庭中,家长之间容易产生冲突,从而影响孩子的成长。这两种家庭结构又被称为"完整家庭"。

单亲家庭或离异家庭又被称为"缺损家庭"。生长在这类家庭中,儿童的社会化所受

的影响取决于儿童的性别、年龄、不与父亲或母亲一起生活的原因以及父母的态度。有调查显示，父母离异对儿童造成的伤害要大于自然死亡带来的伤害。这类儿童在同伴关系、自控能力、亲子关系等社会性发展方面往往出现不良的现象。如果父母离异了，但在教育孩子问题上仍能进行沟通，双方能就孩子成长过程中的问题及时交流，这样对孩子的负面影响将会大大降低。

近些年来，世界各国均出现了家庭结构核心化和子女数量减少的趋势。在我国，由于人口政策的实施和变迁，家庭结构也不断发生着巨大的变化。如今，主干家庭已占主导地位，这种家庭结构使孩子的社会化独具特色，体现出这样几个特征：第一，儿童的社会知识面拓宽，知识量增多；第二，儿童的自我意识不断上升，民主、平等的处事原则在心里萌发；第三，儿童的生活自理能力较低；第四，儿童的同伴交往能力减弱，解决人际冲突的能力偏低。在面对新一代儿童的社会性培养问题时，我们建议：多为孩子提供与同伴交往的机会，引导孩子理智地解决与同伴之间的冲突，培养他们人际交往的能力；把儿童当作一个独立的人来对待，不要事事包办，应让他们接受生活的锻炼和挫折。

拓展阅读

挫折教育的重要性

在现实生活中，许多家长都愿意帮助孩子取得成功，害怕看到失败，一看孩子有困难家长就沉不住气，急于伸手帮忙。有的家长甚至常常不知所措地跟在孩子后面，总是包办代替，始终不让他们独立活动，不给他们任何尝试错误、克服困难的机会，使孩子形成了很强的依赖性，不会自主地解决问题。这都使孩子的生活缺乏劣性刺激，也是孩子身心日益脆弱的重要原因。所以在教育中应适当实施劣性刺激。

(1) 施加批评。由于孩子在家庭所处地位特殊，若终日在赞扬声中长大，则在与他人相处时会目中无人，所以在教育孩子的过程中，应适当施加批评。

(2) 增加辛苦和劳累。让孩子参加适当的劳动，从小体验辛苦和劳累，家长不能一味满足他们的一切欲望。

(3) 给予挫折教育。不让孩子受挫折，他们长大后就会缺乏克服困难的能力和勇气。若受父母过分保护，孩子则不知挫折是什么滋味，遇到挫折时易产生心理问题。为了使孩子很快地认识世界，更好地成长，要使他们依靠自己的能力生活，要在他们的生活中给予必要的挫折教育，让他们从中积累经验。

二、家庭生活环境对学前儿童社会性发展的影响

儿童的社会性发展与他所处的生活环境有很大的关系。生活的地区、家庭的经济条件、社区的人文环境等,都影响着学前儿童的社会化进程。农村孩子的物质资源相对匮乏,但居住场所较为广阔,玩耍的空间较大,同村的很多儿童在一起玩耍,这样可以促进同伴间的交往。相较而言,城市的孩子接触的事物多,视野广阔,丰富多彩的物质生活和各种各样的传媒文化促进着孩子的社会性发展,但现在的城市居住条件拥挤,独门独户自成一统的格局,限制了儿童的户外活动和邻里之间的交往,影响了儿童与同龄伙伴的交往。而儿童正是在与同龄伙伴平等、密切的交往中,学会遵守规则、合作、团结、理解、体谅等,这些都是将来进入社会必不可少的品质和能力。所以,我们必须因地制宜,根据具体情况开展学前儿童的社会性教育。

拓展阅读

云云的故事

父母尤其要努力为儿童创建一个爱读书、爱学习、求上进的家庭文化氛围。云云今年4岁,她会讲很多故事,喜欢看书,能一个人静静地翻看图画书,邻居都夸她是个聪明的好孩子。这主要得益于她的父母,他们热爱学习,经常读书,从云云一出生就为她买了很多图画书。云云效仿父母,养成了喜欢看书的习惯。吴欢(我国著名作家吴祖光之子)写得一手好字,别人问他:"从来没见你练过字,怎么还写得如此好?"吴欢说:"我从小就在爸爸的书桌上爬,至少我也是从那儿爬过来的。"耳濡目染,潜移默化,这就是家庭文化氛围对儿童的影响。家长的文化修养、言谈举止、价值观、人生观、待人接物的方式,无时无刻不在影响着孩子。作为家长,一定要以身作则,家长怎么做,儿童就会怎么学。俗话说,身教重于言传。父母的一举一动无不在为孩子树立着榜样。

然而,有些父母仅仅把对儿童的期望落实在物质方面。他们为儿童的学习准备了充足的物质条件,如丰富的多学科书籍、高档次的电脑以及营养丰富的食品等,却忽视了自身的日常行为对儿童的教育作用。有些父母闲暇时间和朋友打麻将、上网,却对孩子不闻不问。等孩子犯了错误,他们又严厉地责骂或任其犯错。在这种家庭环境中长大的孩子,将来很可能也会迷恋麻将和网络。上海曾有万名学生强烈呼吁净化家庭教育环境,呼吁信中写道:

"……爸爸妈妈,我们衷心期望在你们的共同努力下,建立一个温馨、美满的家庭——这里没有麻将声,没有谩骂声,有的是满屋的书香、朗朗的笑声。"孩子希望生活在这样的家庭里,是因为这样的家庭生活环境对孩子的社会性发展有着很大的促进作用。

三、家庭关系对学前儿童社会性发展的影响

(一)夫妻关系对儿童社会性发展的影响

伯尔斯克(Belsky)指出,在家庭这一社会子系统中,婚姻关系、养育活动和儿童的发展都进入了一个共同的关系体中,任何一方都会影响另一方。由此可见,夫妻关系不仅影响家庭中的情感气氛,还会影响父母与儿童的关系。一般而言,夫妻关系和谐,子女的安全感就强;反之,子女缺乏安全感,容易产生焦虑、紧张和自卑感,这种消极情感会给儿童的社会化造成很大的负面影响。小宇的父母因感情不和而离婚。他跟父亲生活,但父亲离婚后一蹶不振,整日打牌、喝酒、抽烟,对孩子的事不管不问,致使原本性格内向的小宇日渐郁郁寡欢,最后也走上了抽烟喝酒的道路。

近20年来,美国心理学家十分关注单亲家庭中儿童的抚养问题。一些研究认为,离婚将导致子女和父母双方情绪的压抑和不安。同时也发现,儿童对家庭环境的变化需要长期适应。我国心理学工作者在近十年的大量研究中发现,离异家庭的儿童在情绪情感上表现出不爱交际、孤僻、冷漠、敌视、自卑、自信心差、撒谎,甚至行为退化到早期等消极现象,并由此影响他们的学习、生活和社会性发展。因此,为了孩子的身心健康发展,父母有责任建立良好的夫妻关系,在促进孩子社会性发展这一问题上达成共识、形成合力。

(二)亲子关系对儿童社会性发展的影响

对于亲子关系研究较早的是美国心理学家西蒙兹(Symonds)。他提出亲子关系中的两个维度,即"接收—拒绝"和"支配—服从",以此说明亲子关系对儿童的影响。其他的代表人物还有布姆林德(Bumrind)以及安思沃斯。近年来我国心理学家围绕亲子关系与儿童社会化和心理发展也进行了一系列研究,如桑标和日本横滨国立大学合作进行的课题"亲子关系和儿童性格发展的中日跨文化比较研究",金沙的"亲子交往与儿童人格发展"等。这些研究证实了西方心理学家的有关结论,即亲子关系和早期家庭教育是儿童社会化及人格发展的核心和主要动因,对儿童的成长有着决定性的影响。

1. 亲子依恋

亲子依恋是父母与孩子之间一种亲密的情感关系。这种依恋是相互的,既有孩子对父母的依恋,也有父母对孩子的依恋。孩子对父母的依恋并非一出生就存在,通常在婴儿出生5至6个月以后出现。在特定的依恋建立的同时,婴儿对陌生人产生恐惧感。一旦离开依恋

对象，婴儿就会表现出强烈的不安、哭闹，目光左顾右盼，由此可见依恋具有安定情绪的功能。早期良好依恋的形成，对儿童一生的情绪情感都有着至关重要的作用。

国内外心理学家将亲子依恋分为积极的依恋（安全型依恋）和消极的依恋（包括回避型依恋和拒绝型依恋）。婴儿会形成哪种依恋，不仅仅取决于父母的教养活动，还与婴儿本身的气质特点有关。那些见人便笑、喜欢与人接触的婴儿，会获得父母更多的关爱；那些不容易因抚慰而安静下来的婴儿，容易遭到父母的冷落，与人交往的机会减少。母亲对婴儿的反应，是由儿童自身的气质特点以及母亲的性格倾向造成的；同时，母亲的反应又影响儿童依恋的程度和性质。要使儿童形成安全的依恋，母亲或抚养者在照顾婴儿时应充满热情，与婴儿积极交流，对婴儿发出的信息及时回应。

儿童早期形成的不同类型的依恋影响着其将来社会性的发展。积极的依恋可以使儿童自信、好奇，富有同情心和坚持性，在自我控制、社会交往与合作等方面有良好的表现。消极的依恋则导致儿童焦虑、孤独、敌对，日后在人际关系中缺乏信任感。不同依恋类型的儿童，在入园时就有不同的表现。积极依恋的儿童容易适应幼儿园生活，接受新鲜事物的能力强，容易被安抚；相反，消极依恋的儿童在父母离开幼儿园时反应强烈，很难被教师安抚，对幼儿园的生活适应较慢。

我国学者刘金花将早期亲子依恋对儿童社会性发展的影响归结如下：第一，亲子依恋为儿童提供了情绪安全的基地，也为日后父母教育儿童打下基础。第二，依恋的强烈程度不能决定儿童发展的方向。如果父母能按照社会化的目标鼓励和教育儿童，依恋强烈的儿童就能沿着社会化的目标健康地顺利地成长。但是，如果父母对儿童的期待与教育不符合社会化要求，强烈依恋的儿童就会产生不适应社会的行为。第三，儿童与父母的依恋关系不是一成不变的，它会随着家庭内部关系的变化而变化。第四，儿童个性是儿童经验的历史与现实活动统一的产物，它既是发展过程中的一个连续体，又具有相对的可塑性。年龄越小，可塑性越大，因而必须重视早期依恋对儿童的影响作用。

2. 亲子关系

亲子关系影响着儿童人际关系的发展。儿童的人际交往能力最初是在家庭中和父母交往的过程中形成的。父母如果与孩子形成一种友好、平等、民主、和睦的交往关系，孩子就会讲道理，与人和睦相处。在专制型家庭中，父母不考虑孩子的需要，一味地把自己的意志施加给孩子，这样的家庭关系容易培养出缺乏独立性和判断性或者蛮横不讲道理的孩子，使孩子很难具有良好的人际关系。父母的养育态度对儿童人际关系的发展具有决定性影响。被父母溺爱的孩子缺乏自主性，独立能力差，占有欲强，任性，难以被同龄儿童接受。父母对孩子施加过重的教育要求和学习任务，会限制孩子与同龄伙伴交往的时间和机会，其人际交往能力往往较差。某高中学生李松，性格内向，学习努力，但成绩一般。他在课间课后总是一个人埋头读书,不爱运动,不愿参加集体活动。教师家访时,发现他的这些情况与其和父母的关系有关。他从小生活在爷爷奶奶家,与爷爷奶奶有很深的感情,但和父母缺乏亲子依恋。上小学后,他被父母接回家中。母亲工作忙,很少过问他的学习情况。父亲则只要求他好好学习,很少与他交流。李松的心里话不想和父母讲,加上缺乏朋友,最终导致他性格内向,少言寡语,自我封闭。

正常的亲子关系是儿童社会性发展的前提,所以父母应了解亲子关系的特点和作用,努力建立正常、理想的亲子关系,避免和矫正不良的亲子关系,使儿童的身心得到健康的发展。建立良好的亲子关系,首先要建立正常的亲子依恋。婴幼儿的主要照料者必须和孩子建立亲密的关系,避免对孩子冷漠、不关心,努力和孩子形成积极的依恋关系,这是将来形成良好亲子关系的前提。其次,要把握住对孩子的爱。现在普遍为主干家庭,这种家庭结构往往导致父母对孩子关怀过度,溺爱有加,对孩子的学业期望过高等,这些都不利于儿童的社会性发展。因此,父母有必要对子女理智地施爱,合理地提出教育要求。第三,经常与孩子进行沟通。理想的亲子关系是以两代人之间正常的心理沟通为基础的。然而,调查显示,在多数家庭中亲子之间的沟通存在障碍。父母必须认识到亲子沟通的重要性,多花时间倾听孩子的心声,以坦诚、民主的态度对待孩子,成为孩子的良师益友。

(三) 家庭其他成员之间的关系对儿童社会性发展的影响

首先,家庭中的祖孙关系是影响儿童社会化的重要因素。如果祖辈会理智地管教孙辈,宽严适度,这样自然对儿童的社会性发展起促进作用。如果祖辈对孙辈娇惯、溺爱,教育无方,甚至与孩子父母的教育态度不一致,形成分力,就无法使儿童形成正确的是非判断能力,从而缺乏独立性、自控性和良好的行为习惯等。其次,家庭中的同胞关系也是影响儿童社会化的重要因素。同胞之间存在着示范与模仿、爱护与尊重、攻击与顺从、交流与沟通、教育与游戏等关系。通常情况下,年长子女在与年幼子女的互动过程中,会自觉或不自觉地传递已有的价值观念和初步的生活能力,对弟弟妹妹起示范和教化的作用。此外,同胞之间经常会发生争抢物品、身体攻击等行为,儿童在此过程中可以习得自我保护能力,也可学会如何进行沟通和协商,以更好地适应将来的社会竞争。

四、家长的教养观念对学前儿童社会性发展的影响

家长的教养观念是指家长在养育子女的过程中,对孩子的发展和教育等方面所持有的观念和看法。家长的教养观念受其文化素质、社会观、人生观、价值观、经济地位的影响,通常包括家长的人才观、亲子观、儿童观、教子观等。家长的教养观念通常体现在教养态度、对子女的期望、教养方式和教养行为中。我国学者张文新总结了家长的教养观念对儿童社会性发展的作用模式,如图2-1所示。

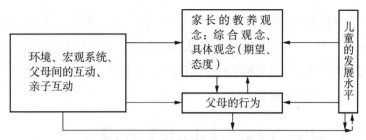

图 2-1　家长的教养观念对儿童社会性发展的作用①

家长的教养观念制约着家长的教养方式,是影响儿童社会性发展的重要因素。家长的教养方式可以分为权威型、宽容型和专制型三类。与专制型和宽容型家庭相比,权威型的父母对孩子提出的要求是"严格而合理的",他们会在对孩子说"不"之前给予孩子表达自己观点的机会,在说"不"之后告诉孩子不能这么做的理由,这样的孩子成熟、独立,具有社会责任感和成就倾向。宽容型家庭的父母基本不会对于孩子说"不",也很少会对孩子的表现表达自己的看法和观点,这样的孩子有更多的自由,社会适应能力强,但这种孩子易缺乏教育,社会责任感弱,比较散漫。专制型家庭的父母往往过分保护孩子,过多干预,过多地对于孩子说"不",且不会给孩子表达的机会和另一种解决方式的可能性,这样的严格教育往往限制了孩子自我和独立性的发展,孩子比较依赖父母,缺乏主见。父母这些不同的教养方式对孩子的社会化所起的作用截然不同。

因此,作为家长,应当注意这样几点:

第一,不断提高自身素养,更新教养观念。只重智力的传统教育观已不能适应现代社会的需要,孩子的成长不仅仅是学习,还要注重孩子的心理发展和各种能力的培养。父母应加强亲子间的沟通,采取民主的方式和孩子相处,不能让孩子只服从家长的命令。

第二,父母双方的教养观点要一致,方法要统一。在对待孩子的问题上,父母的观点要取得一致,即使出现分歧,也不可以当着孩子的面争吵。

第三,注意家园沟通,保持父母的教养观念和幼儿园的教育要求一致。如有的家长疼爱自己的孩子,生怕他在幼儿园吃亏,或被别的孩子欺负,就教育他如何和别的孩子抢玩具等。这与幼儿园教师关于"相互谦让、不欺负弱小孩子"的要求背道而驰。

第三节　幼儿园对学前儿童社会性发展的影响

在儿童期,除家庭以外,学前儿童在幼儿园的时间最多,与教师、同伴的接触最多。幼儿

---

① 张文新.儿童社会性发展[M].北京:北京师范大学出版社,1999:98.

园对学前儿童的影响既直接又重大。很多的研究表明,幼儿园的物理环境和空间使用状况对学前儿童的行为表现会有较大的影响;幼儿园的心理环境(即精神环境)更是影响学前儿童社会性发展的重要因素。我们应当充分认识幼儿园对学前儿童发展的重要作用,通过创设良好的幼儿园环境,促进学前儿童社会性发展。

一、幼儿园物理环境对学前儿童社会性发展的影响

物理环境包括幼儿园如何进行空间布置与材料运用的各方面内容。幼儿园物理环境的优劣,如活动空间的布置、活动场地的美化装饰,都会对学前儿童社会性发展产生直接影响。国内外许多学者的研究发现:幼儿园活动的空间密度高于一定的界限,可能导致学前儿童在自由选择的游戏活动中较多地产生消极的社会性行为;过分的刺激性色彩和过于复杂、夸张的布置,容易使儿童的注意力分散,或使儿童感到烦躁。此外,活动材料的种类、样式、数量配置关系以及陈列方式等,也与儿童的发展有密切的关系。不同种类的活动材料会引发不同的行为。在运用游戏、操作类材料进行活动的过程中,儿童开展交流、合作、模仿、协商等交往活动。在活动面积较大和活动材料丰富的情况下,儿童表现出来的侵犯性和破坏性行为的次数都少于活动空间小、活动材料贫乏情况下的次数。儿童物理环境创设应当以儿童发展为本,要让儿童成为环境的主人。教师在主题墙创设中需体现这样一种理念:这里的主人是儿童。教师首先关注的应是儿童的需要、儿童的兴趣,以此来准确把握主题进程,及时捕捉生活中有价值的信息,为环境建构提供有效的素材。

拓展阅读

主题墙的设计

以一次主题墙的设计为例。为吸引孩子们的注意,教师为孩子们准备了一个"故事真好听"的主题活动,设计了相关主题墙。午睡一起床,教师就把事先准备好的图书放在了主题墙上。于是,有一部分孩子关注到了图书。

幼1:"老师,小鸭和小鸡拉的什么呀?"

幼2:"书怎么会有轮子呢?"

幼3:"好漂亮啊!"

幼4:"这棵苹果树是我做的,这棵是我做的……"

幼5:"这个长颈鹿是我涂颜色的……"

看着图书上有自己的作品,孩子们纷纷挤了过去,你一言我一语,开始讨论起来,几个平时较内向的孩子也指着自己的作品兴奋地谈了起来。针对孩子们的关注点,吃完点心,教师又引导孩子们进行了进一步的观察、讨论。

师:小鸭和小鸡拉的是什么?

幼:图书。

师:图书上画的是什么?

幼:毛毛虫吃叶子。

幼:小鸭、小鸡拉着图书干什么呢?

师:小鸭和小鸡拉着图书去参加讲故事比赛呢!我们以后也学学小鸭,做个爱看书的好宝宝,每天带一本书到幼儿园。

师:长颈鹿和小猴在干嘛?

幼:摘苹果。

师:小猴为什么要爬到长颈鹿脖子上去?

幼:因为它摘不到苹果。

师:墙上怎么会这么漂亮的?

幼1:是老师做的。

幼2:还有小朋友做的。

师:以后,我们要经常练习小手画画、做手工的本领,把漂亮的作品贴在图书上,自己讲故事给大家听,好不好?

分析与思考:

主题墙上不仅仅只是一种装饰、一种主题的体现,它也是孩子们作品的展示区,有深层的教育意义可以挖掘。对于小班的儿童,有时,他们不明白教师的布置意图,还需要教师进行必要的引导,例如培养孩子们的观察力(图书上的内容)、思考能力(为什么小猴爬到长颈鹿的脖子上),激发孩子爱学习、想问、想说的情感(专心听课,小手多练本领,让自己的作品上墙,把自己的故事讲给大家听)等。

二、幼儿园心理环境对学前儿童社会性发展的影响

幼儿园心理环境主要指幼儿园的人际关系及一般的心理气氛等,体现在教师与儿童、儿童与儿童、教师与教师间的相互作用、交往方式等方面。它虽然是无形的,却直接影响着学前儿童的情感、交往行为和个性的发展。

(一) 师幼互动对学前儿童社会性发展的影响

师幼互动是指在幼儿园中贯穿于学前儿童的一日活动的互动,即教师与学前儿童之间相互作用、相互影响的行为及过程。《纲要》第二部分社会领域教育的指导要点指出:"幼儿与成人、同伴之间的共同活动、交往、探索、游戏等,是其社会学习的重要途径。应为幼儿提供人际间相互交往和共同活动的机会和条件,并加以指导。"《纲要》第三部分还指出:"关注幼儿在活动中的表现和反应,敏感地觉察他们的需要,及时以适当的方式应答,形成合作探究式的师生互动。"《指南》中也提到:"人际交往和社会适应是幼儿社会学习的主要内容,也是其社会性发展的基本途径。幼儿在与成人和同伴交往的过程中,不仅学习如何与人友好相处,也在学习如何看待自己、对待他人,不断发展适应社会生活的能力。"由此可见,师幼互动对促进学前儿童健全人格的发展有着重要的作用。良好的师幼互动,在儿童与同伴交往、亲子交往等社会性发展过程中有着积极的意义,主要表现在以下几个方面。

1. 关注学前儿童的感受,保护其自尊心和自信心

根据美国心理学家埃里克森(Erikson)的理论,儿童出生后第四年到第六年,即幼儿园阶段,是儿童形成健康的独立意识的关键时期。在这一时期,如果成人能创造良好和谐的精神环境,鼓励学前儿童发挥自主性、独创性和想象力,则有助于培养其健康心理,促进其社会性发展;反之,就会使儿童缺乏自信心,产生逆反心理,不愿与人交往。

在幼儿园中,教师是学前儿童的主要交往对象,教师的情感态度对其有着重要影响。实证研究表明:教师对儿童表现出温暖、关心、接纳等积极的情感态度,会使儿童乐于接受教师的教导,有利于促进儿童的社会性发展。教师的爱应当是无条件的,要给每一个儿童以安全感和亲近感。每一个儿童都有其独立存在的价值,有他的兴趣、爱好和发展的潜能。教师如果把儿童当作有独立人格的人,爱护他们的自尊心、尊重他们的人格,就会与他们建立起和谐、平等、互相依赖的师幼关系,进而帮助学前儿童建立起安全感、归属感,促进他们与他人、与同伴的正向交往。尊重学前儿童,不仅要平等、民主地对待他们,尊重他们的兴趣选择,还要尊重他们的人格和权利。

2. 有利于学前儿童同伴交往能力的发展

同伴关系是学前儿童社会性发展的重要指标。良好的师幼互动可以促进学前儿童间积极的互动与交往。在良好和谐的师幼互动过程中,学前儿童通过观察、模仿、学习,逐渐习得各种同伴交往的技巧,如分享、合作、协商等,从而为同伴之间的交往建立一种积极、良好的互动关系。这有利于学前儿童形成健康和发展的合作性学习氛围,促进儿童交往能力的发展。

> **拓展阅读**
>
> **师幼关系的重要性**
>
> 豪斯(Howes)等人认为,师幼关系在学前儿童人际关系网络中的重要性最高,师幼关系对学前儿童亲子关系、同伴关系有很大的影响,对学前儿童不良的亲子关系有一定的弥补作用,并影响儿童同伴交往的主动性、交往能力及社交地位等。一项关于自我意识的研究也表明,教师的评价对学前儿童自我意识和同伴关系具有决定性影响。很多孩子认为自己笨,是"因为老师这样说的";不愿和某个小朋友玩,也是因为"老师说他是坏孩子,我们不要跟他做好朋友"。因此,教师应以"大朋友"的身份参与到儿童同伴交往中,并积极引导儿童学会合作,互相帮助,助人为乐,玩具、食物与大家分享,创造儿童全面发展的环境。儿童活动交往的机会多,才有利于其活泼开朗性格的形成。

3. 有利于加快学前儿童对新环境的适应能力

国外相关研究表明,师幼关系对儿童社会适应性的发展有着重要的影响,甚至会影响学前儿童在入小学后前三年的适应能力和行为。对学前儿童而言,幼儿园是一个陌生的环境。孩子一生中最大的"分离焦虑"是在幼儿园产生的。教师要给儿童以亲切感和安全感,使儿童尽快适应幼儿园环境,并心情愉快地进行游戏,乐于与教师接近,愿意接受教师的教导。反之,儿童会无法适应幼儿园与家庭环境之间的巨大反差,会怕上幼儿园,怕见教师,整天哭闹,与同伴交往困难等。

4. 有利于学前儿童自我概念的发展

儿童对教师有一种特殊的感情。教师是他们心中最亲近的人,他们往往把教师的权威性看得比父母还高。我们常常听到孩子这么说:"这是我们老师说的!"由此可见,教师在儿童成长过程中,尤其是自我意识的发展中有着不可忽视的影响。学前儿童自我概念是其关于自身特点和本质的反映,是关于自己的比较稳定的看法。在良好的师幼互动过程中,学前儿童可以加深对自己特征的了解,包括身体、心理以及社会特征的了解。国外学者理查(Lynch)发现师幼关系与儿童自我概念的发展密切相关。他认为,儿童在集体中的地位并不取决于他们的社会经济地位,而是取决于他们的社会交往技能与自信心,而这恰恰是与师幼之间的互动、学前儿童对教师的情感、教师对自己与学前儿童关系的洞察力密切相关的。其他相关研究也发现,师幼互动对学前儿童自我评价、自我意识、自我概念的形成有重要的影响,特别是互动中教师的高期望、高评价起着决定性的作用,师幼互动的频率也可能影响学前儿童自我概念的形成和自我意识的发展。

(二) 儿童与儿童的交往对学前儿童社会性发展的影响

在幼儿园中,除了师幼之间的交往之外,发生最多的就是同伴之间的交往。虽然这是儿童与人交往的一部分,但却是极为重要且不可替代的。因为成人(父母或教师)与同伴对儿童的社会关系而言是不同的,具体区别可见下表2-8:

表2-8 成人与同伴对儿童意义的区别

成人(父母或教师)——儿童	儿童——儿童
权威、观察学习的对象	合作、平等
思考经验不同	思考经验类似
成人为主宰者,儿童无能力改变	自由地表达自己的意见,故对彼此的交往皆能有贡献
互补的	对称的
儿童习惯于遵循成人的指挥	彼此相互协商
引导儿童了解社会中的限制与期望	滋养儿童创造思考,使其增加社会敏感度

由此可见,儿童在与同伴的交往中可以学会责任,学会合作和分配,学会竞争,可以表现自我的才能。同伴由于身心特点的相似,具有交往的平等性和体验的共鸣性,其相互模仿和支持可以促进学前儿童社会行为的发展。具体地说,主要有以下几个方面的影响。

1. 有助于学前儿童摆脱自我中心性

学前儿童在与同伴交往的过程中,逐渐学会站在他人的角度思考问题,克服自私、任性的弱点,掌握合作、交往、分享等方面的基本社会技能。相关研究发现,如果没有与同伴平等交往的机会,学前儿童不可能学到有效的交往技能,不可能获得控制攻击性行为所需要的能力,也不利于学前儿童性别角色社会化和道德价值观的形成。

2. 有助于学前儿童认识自我的价值

同伴交往能使学前儿童认识自我的价值,满足心理上的需要。学前儿童之间由于经验与能力相似,兴趣与情感相通,彼此处于平等、独立的地位,同伴之间的友谊关系可以使他们获得一种归属感和安全感。而且,学前儿童在与同伴交往的过程中会不断调整和修正自己的行为,学习和掌握基本的社会行为规则,学会关心他人、与人合作和分享,这样可以促进其良好个性和品德的形成。

3. 有助于学前儿童社会认知的发展

学前儿童的社会认知主要包括自我评价和对他人的认识。皮亚杰(Piaget)认为,同伴关系是影响学前儿童社会认知发展的一个重要因素。正是这种产生于同伴关系中的合作与感情共鸣,促进了学前儿童社会认知能力的发展。在游戏中,由于对同一玩具的争抢而引起儿童之间的冲突,为找到最佳的解决方法,儿童尝试站在他人的角度上,考虑他人的感受,采取恰当的解决方法。这样可以促使学前儿童在交往中学会更多的交往技能,促进其社会认知的发展。

(三) 教师与教师的人际交往对学前儿童社会性发展的影响

教师与教师之间的人际交往,也对学前儿童的社会性发展具有多重的影响。身教始终比言教更为直接且有效。

首先,教师间的交往是学前儿童同伴交往和做出社会行为的重要榜样。教师教育孩子要互相帮助,进行合作。如果教师自己做到了,孩子就容易习得这种行为方式并且长期稳定下来;反之,教师再怎么强调要有爱心、同情心,效果也大打折扣。

其次,教师间的交往涉及幼儿园、班级是否具有良好的心理气氛。教师间如果相互关心、相互帮助,就会带来一种温情的气氛,容易激发出更多积极的社会性行为。学前儿童耳濡目染,不仅能学会体察别人的情绪情感,也能学会正确、适宜的行为方式。

所以,在创设心理环境时,要注意小至一个班的主班教师与配班教师,大至全园教师和全体教职工之间的交往。所有的教师都应当成为儿童良好社会性发展的榜样。

主要参考书目

1. [美]谢弗.发展心理学:儿童与青少年(第九版)[M].邹泓,等,译.北京:中国轻工业出版社,2016.
2. [美]丹尼斯·博伊德,海伦·比.发展心理学:孩子的成长[M].范翠英,田媛,等,译.北京:机械工业出版社,2011.

案例分析

宝宝3岁了,是个女孩子,平时在家里唱歌跳舞,和家长打闹开玩笑,吃饭穿衣上厕所,非常自如,学东西很快,知道的和学会的比起同龄的孩子来说又早又多。可是一出门,就不愿意和别人交流了。别的小朋友都在一起跑跑跳跳、打打闹闹,不论怎么鼓励她去玩,她都不去,要不就要拖上家长一起去。而且,平时看见比较陌生的人就害怕,不仅是害怕得哭,而且拉着家长赶紧走,或者干脆不靠近。在家里的优秀表现在外面一点也没有,而且很胆小,一不如意就哭。

对于宝宝的表现,请提出有效的家庭教育策略。

本章练习题

1. 学前儿童个性心理特征对其社会性的发展有哪些影响?
2. 幼儿园中哪些因素会对学前儿童社会性发展产生影响?
3. 结合自身实际,谈谈家庭对学前儿童社会性发展的影响。
4. 试述社会文化对学前儿童社会性发展的影响。

第三章 学前儿童社会教育的目标与内容

 学习目标

1. 了解学前儿童社会教育的目标。
2. 了解学前儿童社会教育目标制定的依据。
3. 了解学前儿童社会教育的具体内容。

第一节 学前儿童社会教育的目标

学前儿童社会教育是教师有目的、有计划地对幼儿施加教育影响,引导他们积极主动地参与活动,并促进其社会认知、社会情感和社会行为等方面健康发展的过程。其目的性和计划性主要表现在教师在开展社会教育时制定教育目标、确定教育内容、选择教育方法,以及评价教育效果上。其中,教育目标的制定是学前儿童社会教育开展的起点和归宿,也是整个社会教育课程设计的首要环节。对学前儿童社会教育实际工作的考察发现,只有提高教师的目标意识、加强制定目标的能力训练,才能逐渐减少教师"眼中无幼儿,心中无目标"的现象,切实提高学前儿童社会教育的质量。

一、学前儿童社会教育目标制定的依据

学前儿童社会教育目标是根据学前儿童教育的主要目标确定的,是学前儿童教育总目标的一部分。然而,要制定科学合理的学前儿童社会教育目标,必须考虑众多的相关影响因素。现代课程理论之父泰勒(Tyler)认为,课程目标制定依据三大信息来源,即学习者、当代社会生活和学科发展的需要。学前儿童社会教育目标的制定也不例外,即考虑幼儿的发展、当代社会生活对学前儿童社会教育提出的要求、学前儿童社会教育学科发展的需求这三者,

以以下四点为依据。

(一) 以《指南》和《纲要》为依据

《纲要》将社会领域作为幼儿园教育的五大领域之一,进一步以社会需要、儿童发展以及学科等因素为依据,明确提出了社会领域的教育目标,包括:(1)喜欢参加游戏和各种有益的活动,在活动中快乐、自信;(2)乐意与人交往,礼貌、大方,对人友好;(3)知道对错,能按基本的社会行为规则行动;(4)乐于接受任务,努力做好力所能及的事;(5)爱父母、爱老师、爱同伴、爱家乡、爱祖国。

《指南》又进一步明确指出:幼儿社会领域的学习与发展过程是其社会性不断完善并奠定健全人格基础的过程。人际交往和社会适应是幼儿社会学习的主要内容,也是其社会性发展的基本途径。幼儿在与成人和同伴交往的过程中,不仅学习如何与人友好相处,也在学习如何看待自己、对待他人,不断发展适应社会生活的能力。良好的社会性发展对幼儿身心健康和其他各方面的发展都具有重要影响。幼儿的社会性主要是在日常生活和游戏中通过观察和模仿潜移默化地发展起来的。成人应注重自己言行的榜样作用,避免简单生硬的说教。

《指南》和《纲要》的关系十分紧密。可以说,《纲要》是《指南》实施方向的航标灯,而《指南》是《纲要》转化为实践的桥梁。两者之间具有共同的教育观、儿童观、发展观。例如,两者在观念上都强调教育以儿童发展为本,认为游戏是幼儿园的基本活动,重视让每一个幼儿富有个性的发展等。这些共同的理念和方针是我们开展社会教育的基本依据和指导思想。

(二) 以学前儿童的社会性发展水平为依据

现代学前教育改革,一直都强调"以幼儿为本"的基本教育思想。而真正将"以幼儿为本"的教育理念落到实处,便是将幼儿的发展作为制定课程目标的主要依据。此外,引导幼儿社会性健康发展,也是幼儿社会教育的最终目的。因此,在学前阶段,儿童社会性发展有哪些潜力,最高能达到什么程度,发展所需的必要条件是否具备等问题,对确立学前儿童社会教育目标有直接的影响。如果我们在制定社会教育目标时"心中无幼儿",那么所制定的教育目标就可能过高或过低,幼儿难以达到这一水平,既无法实现促进幼儿社会性发展的根本目的,还可能阻碍幼儿社会性的发展,从而降低社会教育的质量。以幼儿的社会性发展水平作为制定社会教育目标的依据,首先必须掌握幼儿社会性发展的特点和需要,根据他们的发展进程来实施教育。有关幼儿社会性发展的研究,已经为我们提供了丰富的信息。所以,目标制定者就要经常阅读新的研究报告,把握幼儿社会学习的不同年龄阶段的特点,有的放矢地制定学前儿童社会教育的目标。除此之外,由于受遗传、家庭、环境以及幼儿自身个性特点等多种因素的影响,幼儿的社会性发展表现出显著的个体差异。因此,在制定社会教育目标时，尤其是对于制定具体教育活动目标的教师而言，需要经常观察幼儿，以便真正地了解幼儿的社会性发展水平，从而制定出科学的、合理的、可行的社会教育目标。

（三）以一定社会的培养目标为依据

从对当代生活的研究中获得教育目标，这种尝试最初主要始于科学问世和工业革命的需要。一个国家的政治、经济和社会文化水平，决定了这个国家需要什么样的人才，从而对社会的教育提出要求，并在各级各类教育领域内贯彻实行。幼儿园教育的目的是为祖国的明天培养人才，未来的一代应塑造成什么样的人，幼儿园社会教育担负着重大责任。因此，幼儿园社会教育就需要关注社会的发展，关注社会的未来乃至全世界的未来，其目标的制定要能反映出社会的要求和愿望。

在我国现阶段，随着社会经济的发展、改革的深化，人们的很多观念发生了变化，很多不良思想都可能给儿童的社会性发展带来有害的影响。因此，针对这一社会现实，幼儿园必须在教育上采取一系列措施，调整社会教育的目标，如强调合作分享、乐于助人、爱护环境等优良品质，将社会的要求融入社会教育之中。最为重要的是要引导幼儿增加对社会现实的了解，明白某些不当行为的严重后果，如不注重保护环境会带来什么严重影响等，从而逐渐塑造自己的行为，满足社会提出的要求。

（四）以学前儿童社会教育学科的发展为依据

课程目标的制定还需要考虑学科发展的需要，把握学科本身的知识体系。为了在制定课程目标时更好地解决这一问题，应当积极地向学科专家进行学习与了解。这是因为，学校的教材通常都由学科专家编写，基本上反映了他们对学校应该达到哪些教育目标的看法。所以，当课程专家制定课程目标的时候，必须要考虑学科专家的建议。因为只有两者深入融合，才可能使课程目标的制定更有操作性、更为科学化。就幼儿社会教育而言，幼儿社会发展的特点决定了幼儿社会教育内容是以幼儿的经验为主体构建的。而幼儿社会教育的内容涉及的学科众多，如历史学、社会学、经济学等，每一学科本身的基本目标、知识体系都可能对幼儿园社会教育目标的制定产生影响。

总之，幼儿园社会教育目标制定的四大依据必须相互融合，共同促进幼儿发展成为一个"整体的人"。我国幼儿教育新课程改革中的课程目标所蕴含的课程理念之一，就是要塑造这种"整体的人"。

二、学前儿童社会教育目标的结构

教育目标总是以一种较为稳定的形式加以组织的，我们称这种组织状态为结构。从纵向的角度来看，学前儿童社会教育目标具有一般的层次结构；从横向的角度来看，学前儿童社会教育目标则具有独特的分类结构。

(一) 学前儿童社会教育目标的层次结构

根据目标的概括性程度,可以将学前儿童社会教育目标分为三个层次,即总目标、年龄阶段目标和活动目标,越是高层次的目标,其概括性越高,越是低层次的目标,概括性越低,目标越具体,越具有验证性。

1. 学前儿童社会教育的总目标

学前儿童社会教育的总目标是社会教育所期望的最终结果,是学前阶段社会教育任务和要求的总和,是对幼儿社会教育目标最为概括的陈述,是其他层次目标的依据和基础。教育部于1996年颁布,2016年修订的《幼儿园工作规程》规定了有关幼儿情感—社会性发展的目标是:萌发幼儿爱祖国、爱家乡、爱集体、爱劳动、爱科学的情感,培养诚实、自信、友爱、勇敢、勤学、好问、爱惜公物、克服困难、讲礼貌、守纪律等良好的品德行为和习惯,以及活泼开朗的性格。2012年,为了使教育能够更好地契合当前新时代下的社会发展和幼儿发展,教育部在原有的《纲要》的基础上又提出了《指南》,指出了幼儿社会领域发展的两大方面:(1)人际交往:喜欢交往,能与同伴友好相处,具有自尊、自信、自主的表现,关心、尊重他人;(2)社会适应:喜欢并适应群体生活,遵守基本的行为规范,具有初步的归属感。两大目标下又有很多具体的子目标。

2. 学前儿童社会教育的年龄阶段目标

学前儿童社会教育的年龄阶段目标是总目标在各年龄段上的具体体现,也是对幼儿园各年龄班儿童社会性发展提出的具体要求。年龄阶段目标的主要特点就是将社会教育目标分化为不同的要求,形成对每一个年龄阶段幼儿逐步提高要求的具体目标,引导幼儿逐步达到社会教育的总目标。《指南》中目标的一个主要特点就是具体明确了学前儿童各年龄阶段社会性能力和品质的关键点:他们应当知道什么,能够做什么,要基本达到的发展水平是什么等。《指南》的目标和《纲要》相比,呈现出一种结构化的二维特点,在纵向上反映了同一年龄段儿童某方面社会性发展的层层推进的特点,在横向上反映了小、中、大班儿童某方面社会性发展水平从低到高的发展趋势。这些目标都是以行为为导向进行区分的,这对于幼儿教育的工作者和家长而言,是了解孩子的有效资源,据此他们可以针对孩子的发展特点提出有效的和富有针对性的教育措施。例如,同样是培养幼儿与同伴交往的能力,不同年龄段的要求是不一样的。小班时,只要求能与同伴友好相处,主动礼貌地问候小朋友;而到中班时,希望幼儿逐渐喜欢和同伴共同游戏,关心弱小同伴;到大班时,目标则是能够主动地带年幼的同伴共同游戏,体验大带小的快乐,愿意与众多的同伴合作游戏。可见,年龄阶段目标来自社会教育的总目标,是社会教育总目标的具体和深入,而且不同年龄阶段的目标之间应该是连续的、衔接的。

3. 学前儿童社会教育的活动目标

学前儿童社会教育活动目标是总目标和年龄阶段目标的具体化，是教师通过一定的方法和途径可以直接实现的目标。教育活动目标一般由教师自己制定，其最为主要的特点是可操作性强，可以通过具体的教和学的行为，通过师幼及环境的相互作用得以实现。教育活动目标是否充分反映整个社会教育的目标，教育活动目标与整个社会教育目标相比是否具有对应性，是否存在空缺或无效重复，都会在一定程度上影响幼儿园社会教育的质量，影响幼儿社会认知、社会情感和社会行为的发展。

根据上述对目标层次的分析，我们可以看出，学前儿童社会教育目标要真正落实到每个幼儿身上，有几个问题需要注意：第一，如何将高层次目标准确地转化为低层次目标；第二，在社会教育实践中，教师如何把握各个层次教育目标的内涵及其相互关系；第三，教师如何根据目标来选择相应的教育内容、方法，从而确保目标的实现。只有真正解决上述三个问题，教师才可能从实践意义上加深对教育目标的认识与理解，从根本上提高学前儿童社会教育的质量。

(二)《指南》中的学前儿童社会教育目标的分类结构

对《指南》社会领域的学习与发展目标及其在各年龄阶段的表现进行简略的分析，可以发现其内容大致包括：交往态度和交往技能；对自我及对他人的认知、态度和行为；对群体、群体生活及群体关系的感受、态度和行为三个方面。其核心价值在于逐步引导幼儿学会共同生活，建立和谐的社会(包括人际)关系，形成良好的社会性及个性品质。《指南》不仅在目标内容上体现了简单明了的特点，同时在目标的划分标准上，也有其自身特点。

《指南》采用的是分类结构划分，分类结构是教育目标的组合构成，是指对社会教育目标进行横向的归聚和划分，从而确定其不同类别。一般从目标内容的角度出发对学前儿童社会教育目标的横向结构进行划分，即对社会教育总目标所涉及的具体内容加以分析、归聚和整合，从而确定若干个相对独立的类别。进而再对每一个类别进行深入的分析研究，确定社会教育目标的分类结构，即总目标的具体化。此外，在具体的划分标准上，采用行为导向的划分方式。

1. 目标划分的标准：以行为为导向

在目标划分上，《指南》重在导向，而非提供简单的量化"指标"。"社会"这个概念从一定意义上看是一个关系系统，可粗略地分为人与人的关系和人与群体的关系：人与人的关系通过交往实现，人与群体的关系则是一个认同与适应的过程。所以，《指南》将社会性的发展划分人际交往和社会适应两个子领域。

从心理学的角度看，人际交往有如下基本功能：(1)交流与沟通；(2)组织共同活动；(3)形成和发展人与人之间的关系；(4)增进人们之间的相互了解。人际交往的这些功能对幼小儿童来说更具有特殊的发展意义,鉴于此,《指南》将人际交往列为社会领域的重要子领域,并将其子领域目标定为愿意与人交往,能与同伴友好相处,具有自尊、自信、自主的表现,关心尊重他人四个目标,体现了幼儿教育的发展性和可持续性原则。

社会适应是个体在与社会环境相互作用中,不断地学习或修正各种行为和生活方式,最终达到与社会环境保持和谐与平衡的过程,也是个体逐步接受所在社会群体的生活方式、行为规范和价值观的过程。儿童生活的社会群体和机构(家庭、幼儿园、社区等)常常具有一定的组织结构、行为规范和文化特征,会通过角色期望、行为规范、习俗传统等方式影响儿童;儿童作为一个具有主体性的成员也会有选择地接受这些影响,积极地适应社会。

由此可以发现,《指南》的人际交往领域目标从个体出发,描述幼儿应达成的社会交往行为目标,而社会适应领域目标则是从群体出发,描述幼儿在群体中应达成的行为目标。两者之间具有明确可观察的行为指标,借助这些指标,可以很迅速有效地对幼儿社会交往水平或者是可能出现的问题进行初步的鉴定和评估。

2. 以行为为导向划分的优势分析

以行为为导向的划分除了在目标的描述上具有观察性和客观性,还强调了社会适应和人际交往并重,体现出了很大的优势和教育战略价值。

首先,《指南》强调了幼儿园教育的目标性,突出了教育与发展之间的辩证关系,具体而言就是,教育必须遵循发展规律,不能拔苗助长。在此基础上,教育同时也应当科学地引导发展,促进发展。以人际交往目标"能与同伴友好相处"为例:对于小班的目标是"与同伴发生冲突时,能听从成人的劝解";中班为"与同伴发生冲突时,能在他人帮助下和平解决";大班为"与同伴发生冲突时能自己协商解决"。这三个年龄阶段的目标之间是层层推进的关系,既体现了鲜明的年龄特征,但也体现了教育引导发展的原则。

其次,《指南》梳理了幼儿发展的显性行为,凸显了幼儿园教育与幼儿学习的"最近发展区"。以社会适应目标"具有初步的归属感"为例,分别对3—4岁,4—5岁,5—6岁三个年龄段的显性行为进行描述,即对家庭和亲人归属感(3—4岁)、对幼儿园和班级归属感(4—5岁)、对集体和家乡归属感(5—6岁)。并以进一步的行为目标描述这一年龄段的最近发展区,例如3—4岁的幼儿知道和自己一起生活的家庭成员及其与自己的关系,体会到自己是家庭的一员等。这些归纳和梳理可以让幼儿园教师和家长对于幼儿的发展水平一目了然地进行了解,并可以进一步了解孩子可能存在的薄弱环节,以便及时进行教育和指导。

其三,《指南》提炼了学前儿童社会性发展的核心经验,给学前儿童社会教育指明了方向。《指南》将社会性发展分为两大板块,人际交往和社会适应。其中,人际交往分为自我意识、人际交往能力、亲社会行为;社会适应分为社会规则和归属感。这样的划分清晰明了且十分简洁,可以让教师和家长对于孩子发展的重点有一个大致的了解,为其之后的教育指明了大致的方向。具体以下列目标为例。

表3-1 《指南》社会领域人际交往目标1:愿意与人交往

3—4岁	4—5岁	5—6岁
1. 愿意和小朋友一起游戏。 2. 愿意与熟悉的长辈一起活动。	1. 喜欢和小朋友一起游戏,有经常一起玩的小伙伴。 2. 喜欢和长辈交谈,有事愿意告诉长辈。	1. 有自己的好朋友,也喜欢结交新朋友。 2. 有问题愿意向别人请教。 3. 有高兴的或有趣的事愿意与大家分享。

并提出了如下教育建议:

(1) 主动亲近和关心幼儿,经常和他一起游戏或活动,让幼儿感受到与成人交往的快乐,建立亲密的亲子关系和师生关系。

(2) 创造交往的机会,让幼儿体会交往的乐趣。如:

- 利用走亲戚、到朋友家做客或有客人来访的时机,鼓励幼儿与他人接触和交谈。
- 鼓励幼儿参加小朋友的游戏,邀请小朋友到家里玩,感受有朋友一起玩的快乐。
- 幼儿园应多为幼儿提供自由交往和游戏的机会,鼓励他们自主选择、自由结伴开展活动。

资料来源:《上海市学前教育课程指南(试行)》

第二节 学前儿童社会教育的内容

学前儿童社会教育的内容主要是指学前儿童社会领域所包含的特定的现象、事实、规则及问题等基本的组成成分,它们依照一定的原则,形成一个有机的整体。学前儿童社会教育的内容是幼儿园社会课程的主体部分,是幼儿园社会课程发挥其功能的关键因素,是实现社会课程目标的重要保证和手段,是教师设计和实施社会教育活动的主要依据。它既要贯彻社会对儿童发展的要求,又要反映出社会教育理论研究的最新成果,更要符合儿童个性和社会性发展的规律,立足于儿童综合素质的早期培养,促进儿童的社会化。

一、选择学前儿童社会教育内容的依据

一般来说,课程内容的选择是一个需要审慎从事的过程,人们一直在实践和理论方面对

它的目的和方法进行辩论。这个过程是充满理性的过程，选择者必须说明选择的各种理由。学前儿童社会教育内容的选择是社会课程设计的一项重要工作，也是社会课程设计中最为繁杂的工作。学前儿童社会教育内容除了要与学前儿童社会教育目标一致外，还应当与社会价值观的要求、幼儿自身的需要、兴趣和身心能力相一致。因此，学前儿童社会教育内容的选择应该有以下三个依据。

（一）以学前儿童社会教育目标为依据

学前儿童社会教育目标是一切学前儿童社会教育活动的指针。选择社会教育内容，作为课程设计的一项重要工作，必然会受到目标的指导和制约。由于社会教育目标规定了社会教育获得所应达成的具体结果，即幼儿情感—社会性发展的必然状态，因而所选择的教育内容应该是为实现这一结果服务的。也正是通过一个个具体的、与特定教育目标相对应的教育内容及其教学，才能达成教育目标。因此，幼儿社会教育目标，尤其是《指南》和《纲要》中的目标是社会教育内容选择的首要依据，依照幼儿社会教育目标及其分解形式选择教育内容是确保全面实现目标的根本所在。因此，在选择社会教育内容的过程中，应努力避免对教育目标的遗漏、偏颇及无效重复，应力争使所选的教育内容能最有效地实现教育目标。任何只重内容，不重目标，或以活动形式等一系列因素确定社会教育内容的方式都是不足取的。

（二）以社会现实为依据

我们之所以将社会现实作为选择学前儿童社会教育内容的依据，主要有以下三个理由。

1. 学前儿童社会性发展离不开社会现实

幼儿对他人、对自己、对事物、对社会关系的认知都源于社会现实，社会现实为幼儿社会认知提供了依据，也为幼儿社会教育提供了内容。另外，幼儿社会性情感的发展也离不开一定的社会生活现实，幼儿是通过现实生活及其表象来增加社会认知、发展社会情感及完善社会行为的，社会生活现实与幼儿的社会性发展有着千丝万缕的联系。正是因为越来越深入地走进社会生活，幼儿高级的社会情感迅速地发展起来，出现了道德感、美感和理智感。无数事实表明，与现实生活联系越紧密的内容，越容易被幼儿接受和掌握。

2. 已有的知识体系是学前儿童社会教育内容的重要部分

社会现实中存在的已有相关知识体系应该成为选择教育内容的依据。这些知识应该包括社会学知识、伦理学知识、地理学知识、经济学知识、文化学知识、心理学知识和历史学知识等，比较全面、科学地构成了学前儿童社会教育的内容。贴近学前儿童社会现实的科学知识进入社会教育课程的可能性更大，被幼儿接受的可能性也更大一些。

3. 学前儿童社会教育内容需要反映社会生活的发展变化

当今社会，科技的发展、经济的进步使得人们从价值观念、社会理想到社会成员之间的关系，从社区中各种物化的社会产品到人们的生活方式、行为方式都发生着很大的变化。而学前儿童社会教育内容的选择必须充分了解和反映生活的变化，才能起到引导幼儿主动适应变化着的社会的作用。把人类对社会和世界发展的美好愿望以及人类对自己缺乏理性的行为的反省以一定的形式反映在学前儿童社会教育内容之中，通过教育，使人类的下一代更珍惜社会、自然，热爱这个世界，并为这个世界美好未来的建设做好充分的准备。

（三）以幼儿的发展为依据

根据幼儿的社会性发展水平选择社会教育内容，主要表现在两个方面：其一，以幼儿社会性发展特点为依据。教育必须针对学前儿童的发展特点这一内因施加影响，才能发挥作用，见到成效。而由于幼儿现有的生活经验和学习能力制约着社会教育内容的广度和深度，因此在选择社会教育内容时，必须立足于幼儿已有经验，并有的放矢地适当扩展，使得教育内容真正被幼儿掌握。由于学前儿童的认知发展处于前运算阶段，以形象思维为主，所以对于一些观念性、规则性的教育内容，就需要通过各种生动、具体的形式加以呈现，使得幼儿更容易理解和接受。另外，由于学前儿童社会性发展的具体结构存在很大的个体差异。因此，在选择教育内容时一定要根据幼儿社会性发展的需要、社会性发展的不同侧面，使教育内容更有效地促进幼儿的发展。其二，以促进幼儿社会性发展为依据。学前儿童社会教育的根本目的是要引导发展、巩固发展、促进发展，而不是等待发展。

幼儿社会教育的内容几乎涉及幼儿社会生活的各个方面，归纳起来，主要有自我教育、人际交往教育、社会认知教育和多元文化教育四个方面的内容。因此，无论从什么角度确定学前儿童社会教育的内容，无论对这些内容如何概括分类，在选择教育内容时都要以"幼儿及幼儿的生活"为出发点。这也就意味着：首先，生活经验是学前儿童社会教育内容的来源；其次，学前儿童能与之"对话"的学科知识才有引入社会教育内容的价值。

二、《纲要》和《指南》对学前儿童社会教育内容的相关规定及解析

《纲要》是进行幼儿园教育工作的依据。因此，在了解学前儿童社会教育内容之前，必须把握《纲要》对于学前儿童社会教育内容的相关规定。《纲要》在社会领域明确提出了如下内容和要求：

（1）引导幼儿参加各种集体活动，体验与教师、同伴等共同生活的乐趣，帮助他们正确认识自己和他人，养成对他人、社会亲近、合作的态度，学习初步的人际交往技能。

（2）为每个幼儿提供表现自己长处和获得成功的机会，增强其自尊心和自信心。

（3）提供自由活动的机会，支持幼儿自主地选择、计划活动，鼓励他们通过多方面的努力解决问题，不轻易放弃克服困难的尝试。

（4）在共同的生活和活动中，以多种方式引导幼儿认识、体验并理解基本的社会行为规

则,学习自律和尊重他人。

(5) 教育幼儿爱护玩具和其他物品,爱护公物和公共环境。

(6) 与家庭、社区合作,引导幼儿了解自己的亲人以及与自己生活有关的各行各业人们的劳动,培养其对劳动者的热爱和对劳动成果的尊重。

(7) 充分利用社会资源,引导幼儿实际感受祖国文化的丰富与优秀,感受家乡的变化和发展,激发幼儿爱家乡、爱祖国的情感。

(8) 适当向幼儿介绍我国各民族和世界其他国家、民族的文化,使其感知人类文化的多样性和差异性,培养理解、尊重、平等的态度。

《指南》中的社会领域目标被概括为两大方面:一个方面是人际交往:愿意与人交往,能与同伴友好相处,具有自尊、自信、自主的表现,关心、尊重他人。另一个方面是社会适应,包括喜欢并适应群体生活,遵守基本的行为规范,具有初步的归属感。两大目标下又有很多具体子目标(具体目标请见表3-2至3-8)。例如:第一,引导幼儿参加游戏和其他各种活动,体验和同伴共处的乐趣;第二,加强师生之间、同伴之间的交往,培养幼儿对人亲近、友爱的态度,教给他们必要的交往技能,使其学会和睦相处;第三,为每个幼儿提供表现自己的长处和获得成功感的机会,增强其自尊心和自信心;第四,提供自由活动的机会,支持幼儿自主地选择和计划活动,并鼓励他们认真努力地完成任务;第五,在共同的生活和活动中,帮助幼儿理解行为规则的必要性,学习遵守规则;第六,教育幼儿爱护玩具和其他物品,用完收拾;第七,引导幼儿接触和认识与自己生活关系密切的不同职业的成人,培养幼儿尊重不同职业人们的劳动;第八,扩展幼儿对社会生活环境的认识,激发其爱家乡、爱祖国的情感。

通过以上的比较可发现,其实两个文件在社会领域的学习与发展目标内容是基本一致的。《指南》将所有目标内容归为两个子领域(两类),提纲挈领,条理更加清楚,重点更加突出,更能够反映社会领域对幼儿学习与发展的核心价值,突出幼儿的主体地位,体现问题的实质,如归属感的提法,就是实际问题的体现。

1. 人际交往

表3-2 目标1:愿意与人交往

3—4岁	4—5岁	5—6岁
1. 愿意和小朋友一起游戏。 2. 愿意与熟悉的长辈一起活动。	1. 喜欢和小朋友一起游戏,有经常一起玩的小伙伴。 2. 喜欢和长辈交谈,有事愿意告诉长辈。	1. 有自己的好朋友,也喜欢结交新朋友。 2. 有问题愿意向别人请教。 3. 有高兴的或有趣的事愿意与大家分享。

教育建议:

(1) 主动亲近和关心幼儿,经常和他一起游戏或活动,让幼儿感受到与成人交往的快乐,建立亲密的亲子关系和师生关系。

(2) 创造交往的机会,让幼儿体会交往的乐趣。如:

- 利用走亲戚、到朋友家做客或有客人来访的时机,鼓励幼儿与他人接触和交谈。
- 鼓励幼儿参加小朋友的游戏,邀请小朋友到家里玩,感受有朋友一起玩的快乐。
- 幼儿园应多为幼儿提供自由交往和游戏的机会,鼓励他们自主选择、自由结伴开展活动。

表3-3 目标2:能与同伴友好相处

3—4岁	4—5岁	5—6岁
1. 想加入同伴的游戏时,能友好地提出请求。 2. 在成人指导下,不争抢、不独霸玩具。 3. 与同伴发生冲突时,能听从成人的劝解。	1. 会运用介绍自己、交换玩具等简单技巧加入同伴游戏。 2. 对大家都喜欢的东西能轮流、分享。 3. 与同伴发生冲突时,能在他人帮助下和平解决。 4. 活动时愿意接受同伴的意见和建议。 5. 不欺负弱小。	1. 能想办法吸引同伴和自己一起游戏。 2. 活动时能与同伴分工合作,遇到困难能一起克服。 3. 与同伴发生冲突时能自己协商解决。 4. 知道别人的想法有时和自己不一样,能倾听和接受别人的意见,不能接受时会说明理由。 5. 不欺负别人,也不允许别人欺负自己。

教育建议:

(1) 结合具体情境,指导幼儿学习交往的基本规则和技能。如:

- 当幼儿不知怎样加入同伴游戏,或提出请求不被接受时,建议他拿出玩具邀请大家一起玩;或者扮成某个角色加入同伴的游戏。
- 对幼儿与别人分享玩具、图书等行为给予肯定,让他对自己的表现感到高兴和满足。
- 当幼儿与同伴发生矛盾或冲突时,指导他尝试用协商、交换、轮流玩、合作等方式解决冲突。
- 利用相关的图书、故事,结合幼儿的交往经验,和他讨论什么样的行为受大家欢迎,想要得到别人的接纳应该怎样做。
- 幼儿园应多为幼儿提供需要大家齐心协力才能完成的活动,让幼儿在具体活动中体会合作的重要性,学习分工合作。

(2) 结合具体情境,引导幼儿换位思考,学习理解别人。如:

■ 幼儿有争抢玩具等不友好行为时,引导他们想想"假如你是那个小朋友,你有什么感受",让幼儿学习理解别人的想法和感受。

(3) 和幼儿一起谈谈他的好朋友,说说喜欢这个朋友的原因,引导他多发现同伴的优点、长处。

表 3-4 目标 3:具有自尊、自信、自主的表现

3—4 岁	4—5 岁	5—6 岁
1. 能根据自己的兴趣选择游戏或其他活动。 2. 为自己的好行为或活动成果感到高兴。 3. 自己能做的事情愿意自己做。 4. 喜欢承担一些小任务。	1. 能按自己的想法进行游戏或其他活动。 2. 知道自己的一些优点和长处,并对此感到满意。 3. 自己的事情尽量自己做,不愿意依赖别人。 4. 敢于尝试有一定难度的活动和任务。	1. 能主动发起活动或在活动中出主意、想办法。 2. 做了好事或取得了成功后还想做得更好。 3. 自己的事情自己做,不会的愿意学。 4. 主动承担任务,遇到困难能够坚持而不轻易求助。 5. 与别人的看法不同时,敢于坚持自己的意见并说出理由。

教育建议:

(1) 关注幼儿的感受,保护其自尊心和自信心。如:

■ 能以平等的态度对待幼儿,使幼儿切实感受到自己被尊重。

■ 对幼儿好的行为表现多给予具体、有针对性的肯定和表扬,让他对自己优点和长处有所认识并感到满足和自豪。

■ 不要拿幼儿的不足与其他幼儿的优点作比较。

(2) 鼓励幼儿自主决定,独立做事,增强其自尊心和自信心。如:

■ 与幼儿有关的事情要征求他的意见,即使他的意见与成人不同,也要认真倾听,接受他的合理要求。

■ 在保证安全的情况下,支持幼儿按自己的想法做事;或提供必要的条件,帮助他实现自己的想法。

■ 幼儿自己的事情尽量放手让他自己做,即使做得不够好,也应鼓励并给予一定的指导,让他在做事中树立自尊和自信。

■ 鼓励幼儿尝试有一定难度的任务,并注意调整难度,让他感受经过努力获得的成就感。

表3-5 目标4:关心尊重他人

3—4岁	4—5岁	5—6岁
1. 长辈讲话时能认真听,并能听从长辈的要求。 2. 身边的人生病或不开心时表示同情。 3. 在提醒下能做到不打扰别人。	1. 会用礼貌的方式向长辈表达自己的要求和想法。 2. 能注意到别人的情绪,并有关心、体贴的表现。 3. 知道父母的职业,能体会到父母为养育自己所付出的辛劳。	1. 能有礼貌地与人交往。 2. 能关注别人的情绪和需要,并能给予力所能及的帮助。 3. 尊重为大家提供服务的人,珍惜他们的劳动成果。 4. 接纳、尊重与自己的生活方式或习惯不同的人。

教育建议:

(1) 成人以身作则,以尊重、关心的态度对待自己的父母、长辈和其他人。如:

- 经常问候父母,主动做家务。
- 礼貌地对待老年人,如坐车时主动为老人让座。
- 看到别人有困难能主动关心并给予一定的帮助。

(2) 引导幼儿尊重、关心长辈和身边的人,尊重他人劳动及成果。如:

- 提醒幼儿关心身边的人,如妈妈累了,知道让她安静休息一会儿。
- 借助故事、图书等给幼儿讲讲父母抚育孩子成长的经历,让幼儿理解和体会父爱与母爱。
- 结合实际情境,提醒幼儿注意别人的情绪,了解他们的需要,给予适当的关心和帮助。
- 利用生活机会和角色游戏,帮助幼儿了解与自己关系密切的社会服务机构及其工作,如商场、邮局、医院等,体会这些机构给大家提供的便利和服务,懂得尊重工作人员的劳动,珍惜劳动成果。

(3) 引导幼儿学习用平等、接纳和尊重的态度对待差异。如:

- 了解每个人都有自己的兴趣、爱好和特长,可以相互学习。
- 利用民间游戏、传统节日等,适当向幼儿介绍我国主要民族和世界其他国家、民族的文化,帮助幼儿感知文化的多样性和差异性,理解人们之间是平等的,应该互相尊重,友好相处。

2. 社会适应

表3-6 目标1:喜欢并适应群体生活

3—4岁	4—5岁	5—6岁
1. 对群体活动有兴趣。 2. 对幼儿园的生活好奇,喜欢上幼儿园。	1. 愿意并主动参加群体活动。 2. 愿意与家长一起参加社区的一些群体活动。	1. 在群体活动中积极、快乐。 2. 对小学生活好奇和向往。

教育建议：

（1）经常和幼儿一起参加一些群体性的活动，让幼儿体会群体活动的乐趣。如：参加亲戚、朋友和同事间的聚会以及适合幼儿参加的社区活动等，支持幼儿和不同群体的同伴一起游戏，丰富其群体活动的经验。

（2）幼儿园组织活动时，可以经常打破班级的界限，让幼儿有更多机会参加不同群体的活动。

（3）带领大班幼儿参观小学，讲讲小学有趣的活动，唤起他们对小学生活的好奇和向往，为入学做好心理准备。

表3-7 目标2：遵守基本的行为规范

3—4岁	4—5岁	5—6岁
1. 在提醒下，能遵守游戏和公共场所的规则。 2. 知道不经允许不能拿别人的东西，借别人的东西要归还。 3. 在成人提醒下，爱护玩具和其他物品。	1. 感受规则的意义，并能基本遵守规则。 2. 不私自拿不属于自己的东西。 3. 知道说谎是不对的。 4. 知道接受了的任务要努力完成。 5. 在提醒下，能节约粮食、水电等。	1. 理解规则的意义，能与同伴协商制定游戏和活动规则。 2. 爱惜物品，用别人的东西时也知道爱护。 3. 做了错事敢于承认，不说谎。 4. 能认真负责地完成自己所接受的任务。 5. 爱护身边的环境，注意节约资源。

教育建议：

（1）成人要遵守社会行为规则，为幼儿树立良好的榜样。如：答应幼儿的事一定要做到、尊老爱幼、爱护公共环境，节约水电等。

（2）结合社会生活实际，帮助幼儿了解基本行为规则或其他游戏规则，体会规则的重要性，学习自觉遵守规则。如：

- 经常和幼儿玩带有规则的游戏，遵守共同约定的游戏规则。
- 利用实际生活情境和图书故事，向幼儿介绍一些必要的社会行为规则，以及为什么要遵守这些规则。
- 在幼儿园的区域活动中，创设情境，让幼儿体会没有规则的不方便，鼓励他们讨论制定规则并自觉遵守。
- 对幼儿表现出的遵守规则的行为要及时肯定，对违规行为给予纠正。如：幼儿主动为老人让座时要表扬；幼儿损害别人的物品或公共物品时要及时制止并主动赔偿。

（3）教育幼儿要诚实守信。如：

- 对幼儿诚实守信的行为要及时肯定。

- 允许幼儿犯错误,告诉他改了就好。不要打骂幼儿,以免他因害怕惩罚而说谎。
- 小年龄幼儿经常分不清想象和现实,成人不要误认为他是在说谎。
- 发现幼儿说谎时,要反思是否是因自己对幼儿的要求过高过严造成的。如果是,要及时调整自己的行为,同时要严肃地告诉幼儿说谎是不对的。
- 经常给幼儿分配一些力所能及的任务,要求他完成并及时给予表扬,培养他的责任感和认真负责的态度。

表3-8 目标3:具有初步的归属感

3—4岁	4—5岁	5—6岁
1. 知道和自己一起生活的家庭成员及与自己的关系,体会到自己是家庭的一员。 2. 能感受到家庭生活的温暖,爱父母,亲近与信赖长辈。 3. 能说出自己家所在街道、小区(乡镇、村)的名称。 4. 认识国旗,知道国歌。	1. 喜欢自己所在的幼儿园和班级,积极参加集体活动。 2. 能说出自己家所在地的省、市、县(区)名称,知道当地有代表性的物产或景观。 3. 知道自己是中国人。 4. 奏国歌、升国旗时能自动站好。	1. 愿意为集体做事,为集体的成绩感到高兴。 2. 能感受到家乡的发展变化并为此感到高兴。 3. 知道自己的民族,知道中国是一个多民族的大家庭,各民族之间要互相尊重,团结友爱。 4. 知道国家一些重大成就,爱祖国,为自己是中国人感到自豪。

教育建议:

(1) 亲切地对待幼儿,关心幼儿,让他感到长辈是可亲、可近、可信赖的,家庭和幼儿园是温暖的。如:

- 多和孩子一起游戏、谈笑,尽量在家庭和班级中营造温馨的氛围。
- 通过和幼儿一起翻阅照片、讲幼儿成长的故事等,让幼儿感受到家庭和幼儿园的温暖,老师的和蔼可亲,对养育自己的人产生感激之情。

(2) 吸引和鼓励幼儿参加集体活动,萌发集体意识。如:

- 幼儿园和班级里的重大事情和计划,请幼儿集体讨论决定。
- 幼儿园应经常组织多种形式的集体活动,萌发幼儿的集体荣誉感。

(3) 运用幼儿喜闻乐见和能够理解的方式激发幼儿爱家乡、爱祖国的情感。如:

- 和幼儿说一说或在地图上找一找自己家所在的省、市、县(区)名称。
- 和幼儿一起外出游玩,一起看有关的电视节目或画报等;和他们一起收集有关家乡、祖国各地的风景名胜、著名的建筑、独特物产的图片等,在观看和欣赏的过程中激发幼儿的自豪感和热爱之情。
- 利用电视节目或参加升旗等活动,向幼儿介绍国旗、国歌以及观看升旗、奏国歌的礼仪。
- 向幼儿介绍反映中国人聪明才智的发明和创造,激发幼儿的民族自豪感。

三、学前儿童社会教育的具体内容

学前儿童社会教育的内容并不是指那些写在书本上的内容,或者是由教师直接教给幼儿的那些知识和技能。一切有助于达到教育目标,能使儿童获得必要的情感体验、知识经验和生活方式经验的东西,都可以作为学前儿童社会教育的内容。我们将学前儿童社会教育的内容分为四个相互联系的方面,包括人际交往、社会环境、社会规范认知和多元文化。

人际交往是儿童社会性发展的重要内容,学前阶段幼儿的人际交往活动主要包括亲子交往、同伴交往、师幼交往以及与社会其他成员交往这四种类型。

社会环境分为宏观环境、中间环境与微观环境,三种环境中的各种因素总以直接或间接的方式与幼儿发生着互动,影响幼儿的生活以及各方面的发展。学前儿童社会教育中社会环境的教育内容主要包括幼儿对家庭的认知、对幼儿园的认知、对社会机构的认知、对家乡和祖国的认知。

社会规范认知是学前儿童社会认知发展的一个重要方面,也是儿童社会化的主要任务之一。主要内容包括基本道德规范、文明礼貌行为规范、公共场所行为规范、群体活动规范、人际交往规范等。

多元文化在培养幼儿的归属感、了解我国各民族文化的同时,注重培养幼儿世界各国多元文化的认知理解、认可接纳和尊重。

主要参考书目

1. 刘晓东,卢乐珍,等.学前教育学(第二版)[M].南京:江苏教育出版社,2009.
2. 蔡迎旗.学前教育概论[M].武汉:华中师范大学出版社,2006.

案例分析

近年来,幼儿园的兴趣班如雨后春笋般兴起。轮滑、手工、美术、足球、跆拳道、书法、舞蹈、钢琴等课程应有尽有。有些家长趋之若鹜,不少家长让孩子参加了至少2个兴趣班,一些孩子参加的兴趣班甚至达到了3个以上。更离谱的是,有些宝宝才2岁,老师就三天两头让家长报兴趣班。家长无奈地摇头道:"她连中午吃什么都说不清楚,哪里知道自己有什么兴趣呢?"

乍一看,现在的孩子们可真幸福,只要有兴趣,想学什么有什么。但仔细一琢磨,其实不然。这些兴趣班大多一周上两个半天的课,每门课程一个学期近300元学费,多个兴趣班交叉起来,每天下午的时间都被这些"额外教育"占据。换句话说,如果你的孩子没有参加兴趣班,而别的孩子都参加了,那每天下午你的孩子只能一个人孤零零地在教室里。更有家长表示:"老师让报英语班的孩子进教室,让没报的孩子在外面吹风,太不合理了!"。

对于当前家长热衷于将幼儿送入各种不同的兴趣班这一社会现象,结合本章内容,谈谈你的观点。

 本章练习题

1. 阐述学前儿童社会教育目标的制定依据。
2. 阐述学前儿童社会教育的目标及其分类结构。
3. 试结合具体实例阐述学前儿童社会教育的研究内容。

第四章　学前儿童自我意识的发展与教育

 学习目标

1. 了解学前儿童自我意识的有关概念。
2. 理解学前儿童自我意识发展的意义。
3. 知道学前儿童自我意识的年龄特征及自我教育的活动特征。

婴儿从出生起既是一个独特的人，又是一个社会的人。人除了认识客观世界外，还要认识自己的一切，自我意识的发展是一个循序渐进的过程，受到先天条件、环境和文化等各方面因素的影响。其中，社会交往和观点采择能力的发展对于儿童自我意识的形成有着密切关系，儿童不仅通过他人的外显行为了解其特点，形成对他人的了解和态度，也通过他人对自己的态度和评价形成自我概念和意识。"自我只存在于一定的与他人的相互关系中"（米德），在某种意义上，"自我概念是他人反馈的函数"（库利）。①

第一节　学前儿童自我意识概述

一、自我的定义

自我也称为自我意识，是对自己存在的觉察，即自己认识自己的一切，包括认识自己的生理状况（如身高、体重、形态等）、心理特征（如兴趣爱好、能力、性格、气质等）以及自己与他人的关系（如自己与周围人们相处的关系、自己在集体中的位置与作用等）。总之，自我意识就是自己对于所有属于自己身心状况的认识、体验与控制，也是作为主观的"我"对客观的"我"的觉察，是对自己个人身心活动的觉察。

---

① 王振宇，等.儿童社会化与教育[M].北京：人民教育出版社，1992：248—249.

在现代心理学的发展历史中,对自我的研究要追溯到 19 世纪的美国心理学家威廉·詹姆斯(William James)。他认为,自我是我们所有经验的中心,人的自我具有两重性。在与他人的相互作用中,人们逐渐把世界分为主观的"我"和客观的"我"两个方面,前者是体验、思考和认识世界的主体,后者是被思考和被反映的对象。詹姆斯认为,个体的主观自我是一个由多种成分构成的动力系统,如家庭自我、工作自我、学习自我、交往自我等。它具有两个基本特征:一是区别于他人的"分离感",即意识到自己作为一个独立的个体,在身体、情感和认知方面都具有自身的独特性;二是跨时间、跨空间的"稳定的同一感",即一个人知道自己是长期地持续存在的,不随环境及自身的变化而否认自己是同一个人。而个体的客观自我由三个要素,即物质的客我、社会的客我和精神的客我组成。这些多重的自我身份以某种方式整合在一起,从而形成一个人稳定而统一的自我。

二、自我发展的理论主要学派

(一)精神分析理论

强调自我在心理结构中的地位及自我与欲望的关系。在精神分析学派早期的研究中,特别注重研究自我发展的社会、人际关系基础以及儿童早期母婴关系对自我的影响。20 世纪 70 年代以后,许多精神分析理论家更多关心的是人们如何形成自我意识并保护其完整性不受损害。这些研究者被称为客体关系理论家。根据他们的观点,真正影响一个人精神发展过程的是在出生早期婴儿与父母,尤其与母亲的关系。初生的婴儿正是在与母亲或母亲替代者的密切交往中逐渐获得了有关自我和以母亲为代表的客观世界的完整印象,并最终形成较完善的心理功能,建立正常的人际关系。成年期的自我可以追溯到婴儿期和童年期就已具有的自我、他人以及自我与他人关系的交互作用,强调早期经验和潜意识的重要性。

图 4-1 弗洛伊德

卡弗(Carver)和沙伊尔(Scheier)指出,儿童最初与重要他人(多为父母)建立何种关系会影响他今后的社会关系,儿童将童年初期的客体关系质量(温暖或是冷漠的)内化为个体人格的成分,并概化至其他关系中,成为他以后与人交往的基础,构成他终身的人际交往的核心客体关系。

(二)人本主义理论

强调现象学取向,主张根据人们如何看待自己和周围的世界来理解个体。人本主义心理学家罗杰斯(Rogers)认为,每个人对待世界的方式都是独特的,受到自己成长经历和

图 4-2 罗杰斯

身心特点的影响。个体的知觉构成一个现象场,包括有意识的知觉和潜意识的知觉。现象场的关键部分是自我,即"主体的自我"或"现实的自我"。在罗杰斯的理论中,自我概念是一个有组织的、一致的感知模式。同时,每个人又有一个理想的自我,即个体最希望成为的自我。在罗杰斯看来,对父母评价的感知是儿童时期自我概念形成的基础,儿童依据个人的价值判断去接纳与自我相一致的经验,拒绝或歪曲与自我不一致的经验。

三、自我的结构

自我的结构是多维度的,可以从内容和形式两方面来认识。从形式上看,自我是由知、情、意三方面统一构成的高级反映形式。"知"即自我认识,属于自我的认知成分。主要是指个体对自己身心特征和活动状态的认知和评价,包括自我感觉、自我形象、自我概念、自我分析、自我评价等,其中自我概念和自我评价是自我认识的主要方面。"情"即自我情感体验,属于自我的情感成分。主要是指个体对自己所持有的一种态度,包括自我感受、自尊感、自信心、羞耻感、自豪感、自卑感、内疚感和自我欣赏等,其中自尊感是自我情感体验的主要方面,也影响着自我认识和自我调控两个方面。"意"即自我调控,属于自我的意志成分。主要是指个体对自己思想、情感和行为的调节和控制,包括自我监督、自我掌握、自我控制、自我改造、自我教育和自我完善等,其中自我控制是自我调控的主要方面。自我的结构示意见图4-3。

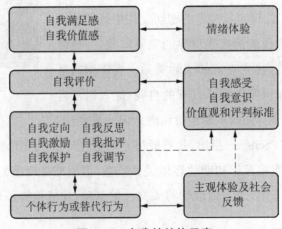

图 4-3 自我的结构示意

从内容上看,自我由物质自我、社会自我和心理自我三方面内容构成。物质自我即生理自我,是指个体对自己的身体外貌、衣着装束、言谈举止、家庭环境和家庭成员以及所有物的认识与评价。社会自我是指在人际交往中个体对自己所承担的角色、权利、义务、责任等,以及自己在群体中的地位、声望和价值等的认识与评价。心理自我即精神自我,是指个体对自己的智力、情感与人格特征以及所持有的价值取向和宗教信仰等的认识与评价,见表4-1。

表4-1 自我的内涵

自我	自我认识	自我情感体验	自我控制
物质自我	对自己的身体外貌、衣着装束、言谈举止、家庭环境和家庭成员以及所有物的认识与评价	自豪感或自卑感	追求身体的外表、物质欲望的满足,维持家庭的利益等
社会自我	对自己所承担的角色、权利、义务、责任等,以及自己在群体中的地位、声望和价值等的认识与评价	自豪感或自卑感	追求名誉地位,与他人竞争,争取得到他人的好感等
心理自我	对自己的智力、情感与人格特征以及所持有的价值取向和宗教信仰等的认识与评价	自豪感或自卑感	追求信仰,注意行为符合社会规范,要求智慧与能力的发展

资料来源:时蓉华.现代社会心理学(第三版)[M].上海:华东师范大学出版社,2013:30.

第二节 学前儿童自我意识发展的年龄特征

个体的自我意识并非与生俱来,也不单纯是生物成熟的结果,个体的自我是在其与周围环境长期的相互作用的过程中形成和发展起来的。儿童在出生后的前三年,他们的自我就逐渐开始发生了,而个体的自我意识从发生到相对成熟,大致经历了二十五年左右。个体的自我意识的真正成熟使得个体能独立地按一定的目标和准则评价自己的品质和能力,能较全面地评价自我,辩证地看待自我,有目的地塑造自我、改造自我,实现自我完善。

一、学前儿童自我发生与形成的标准

我国学者指出,学前儿童自我的发生与形成具有以下标准:一是儿童从动作对象中能够区分自己的动作,并逐步意识到自己的动作、动作的目的和动机,这就产生了初级的自我意识;二是儿童能把自己和自己的动作分开,知道自己是活动的主体;三是儿童能使用自己的名字,即儿童能用自己的名字或他人对自己的称呼,如"宝宝"来称呼自己。这说明儿童产生了概括自己的愿望和关于动作表象的自我感觉;四是儿童能使用第一人称"我"来代表自己。

这表明儿童已经完成从自己的表象向抽象的发展,儿童的自我意识逐步形成。

> **拓展阅读**
>
> 自我意识产生的标志——神奇的"点红实验"
>
> 当我们照镜子时,我们知道镜中的人是我们自己。你可能认为这个事实简单而无需言明。但实际上除了少部分的灵长类,绝大部分动物都没有这一本领。观察一只猴子在镜前的表现,人们会发现它在拼命地想要和镜中的"自己"交流接触,样子滑稽而可笑。相比较而言,大猩猩面对镜子时则会很从容地整理毛发。显然,大猩猩知道镜子中的是自己。对于这些能够认出镜中自己的动物,心理学上认为他们拥有所谓的自我意识,即意识到自己是独立于其他客体的存在。
>
> 那么人类的行为如何呢?在婴儿未察觉的情况下(例如熟睡时),往婴儿鼻子上抹上胭脂,观察他们照镜子时的情形。结果发现,十个月左右的婴儿基本无视镜中的自己,而更大一点的婴儿,例如十四五个月的婴儿,他们有些会看着镜子,甚至摸自己抹了胭脂的鼻子。说明这一阶段的婴幼儿的自我意识开始萌芽,他们开始意识到自己作为一个独立的个体存在,而这对于幼儿的发展而言,具有革命性意义,在此基础上,婴幼儿开始真正意义上的对于自身和周围世界的探索。

二、学前儿童自我发展的大致顺序

儿童自我发展的顺序一般表现为自我认识—自我命名—自我评价,也就是由"主体我"发展成为"客体我",并且开始具有简单的自我评价。0—1岁婴儿的自我发展主要集中在自我认识方面,即把自身和物体分开,把自己和他人分开。这标志着儿童主体我的产生。1—2岁婴儿处于言语发生阶段,他们逐渐由单词句向双词句发展,语言的逐步掌握加快了儿童自我的形成。他们的自我发展主要集中在自我命名方面,即从用第三人称称呼自己逐渐向第一人称"我"转换,如儿童常常用别人称呼自己的方式称呼自己,说"宝宝自己来"或者"宝宝吃橘子",或是自己的名字称呼自己,如"嘟嘟要……",而幼儿园的孩子逐渐学会用"我"来称呼自己,表明儿童已经完成从自己的表象向抽象的飞跃,这标志着儿童客体我的产生和自我意识的形成。2—3岁婴儿逐步具有一定的口语表达能力和思维能力,他们的自我发展主要集中在自我评价方面,开始逐步能把自己与他人加以比较,例如"宝宝乖"。这标志着儿童简单的自我评价的产生。

> **拓展阅读**
>
> ### 0—2岁儿童自我的发展
>
> 国外心理学的有关研究发现,2岁以前儿童自我发展的情况如表4-2所示:
>
> **表4-2　0—2岁儿童自我的发展**
>
> | 年龄 | 自我认识 |
> |---|---|
> | 0—3个月 | 对人特别是婴儿感兴趣,在自己的身体与他人的身体之间开始有区分 |
> | 3—8个月 | 利用动作一致性线索认出自己,对自己与他人的区分更加巩固 |
> | 8—12个月 | 利用动作一致性线索和自身外部特征认出自己,开始认识到自己是永久存在的,具有稳定的连续的特征 |
> | 12—24个月 | 巩固基本的自我特征,如年龄、性别,能单独用部分特征线索认出自己,可以不需要动作一致性线索 |
>
> 资料来源:周宗奎.儿童社会化[M].武汉:湖北少年儿童出版社,1995:25.

三、学前儿童自我发展的一般趋势

儿童从生来并无自我意识,直到把自己和自己的动作区分开,把自己作为活动的主体,才开始意识到自我的存在和力量。当儿童开始使用"我"这个词,标志着自我意识的发生。之后随着生活范围的扩大、语言的发展,幼儿的社会性、认知开始发展,自我评价、自我体验、自我控制开始发生,能在一定程度上调节、控制自己的行为。随着儿童年龄的增长,儿童的自我会不断地发展变化,主要呈现出以下一些发展趋势。

一是儿童自我认知的内容从反映外部的、可以直接观察的、具体的、有明确参照系统的内容向与其相反的方向发展。如婴儿在婴儿期最初产生的是生理自我,儿童期逐渐形成行为自我和社会自我,青春期对心理自我的认知才获得充分的发展。例如:当被问到"说说你自己吧"时,三四岁儿童会回答"我是嘟嘟""我五岁"。五六岁儿童会说"我是一个聪明的人""我喜欢画画"。前者只能从客观的外在看待自己,后者会进行自我评价,进而产生出心理自我。

二是儿童自我的结构从简单的结构发展到分化的、多重的结构,最后才逐渐出现层次性,形成复杂的、整合的自我结构系统。例如:三四岁儿童只知道自己的性别、年龄,简单说出一些自己会做的事,如"我是嘟嘟,我会画画"。四五岁儿童知道自己的兴趣、爱好,还能知道自己的一些优点和长处,如"我很乖,我会唱很多歌,我喜欢唱歌"。此时的自我评价具有很多的层次性,自我表述更复杂也更为全面。

三是儿童的自我评价从以他人评价为标准发展到独立的自我评价,同时儿童又在不断地脱离自我中心,自我评价的客观度逐步提高。

四是儿童自我的功能体现出社会适应性逐渐提高。他们区分外部自我和内部自我的能力不断增强,逐渐能够比较实际地判断社会交往情境,并据此判断而表现出复杂的社会自我。同时,自我的结构日趋稳定。儿童能够根据自己的内部价值标准和信念体系、根据外部情境的需要来调整自己的行为。

第三节　学前儿童自我意识的教育活动设计

一、学前儿童自我概念的发展与教育

自我概念是指个体对自我能力(包括认知能力、身体运动能力、人际交往能力)的看法和知识,以及对自我的总体评价。它所表达的是人们关于自己身心特点的主观知识,所回答的是"我是谁"的问题。学前儿童自我概念的形成与发展,需要具有以下前提条件。

(一) 社会交往

儿童的自我概念是在交往中形成并发展的。在社会交往过程中,儿童通过他人的评价逐渐认识自己,自我概念不断得到发展。这主要包括:一是对自己呈现给他人的形象的想象;二是对他人关于自己的评价的想象;三是自我情感。

在儿童的实际生活中,并不是每一个人的评价都对儿童具有同等重要的影响力,只有那些对儿童自我概念的发展有重要影响的人才被称作"重要他人"。心理学家埃里克森(Erikson)认为,儿童心理发展的阶段是儿童按某一方式被社会化的结果。在儿童社会化历程的不同时期,正在成长中的儿童与社会环境之间存在着普遍的冲突。儿童教养者的行为对该阶段儿童的心理发展起着重要的影响作用。因此,在儿童不同的发展阶段,影响他们的"重要他人"是不同的,见表4-3。

表4-3　儿童不同发展阶段的重要他人

年龄	发展阶段	重要他人
0—1岁	乳儿期	母亲
1—3岁	婴儿期	父母

续　表

年龄	发展阶段	重要他人
3—6岁	儿童期	父母、教师
6—12岁	童年期	教师、父母、同伴
12—18岁	青少年期	同伴群体、理想"英雄"
18—22岁	青春期	朋友、异性伙伴

资料来源：张文新.儿童社会性发展[M].北京：北京师范大学出版社，2000：4—5.

从上表中，我们可以清楚地看出，学前儿童的重要他人主要是家长，这是因为对于幼儿而言，与之朝夕相处的是他们的家长，而且家长可以为他们提供各种生活所需，且能力也远胜于他们，所以幼儿倾向于把家长崇高化，认为家长无所不能，从而自然而然对家长表现出遵从。到小学阶段，教师的影响力开始超越家长，这时幼儿发现老师有着很大的支配权，老师的知识又是那么丰富，而且家长也似乎十分尊重老师。于是幼儿开始把教师作为自己崇拜的对象，对于教师说的话，做的事情表现得言听计从，而家长则逐步地成为次要人物了。到中学高年级阶段，同伴间的影响力明显增加，他们心目中崇拜的对象也开始对他们产生重要影响，他们开始迷恋那些在舞台上呼风唤雨的靓丽明星，也开始注重自己在同龄人中的影响力。但是有关研究也表明，教师在儿童自我概念的发展过程中，发挥着长期而又重要的影响作用，而且这种影响很难被其他影响源所替代。韩春红等人的研究表明，教师对儿童的认可程度是影响儿童自我概念的因素之一。教师认可程度高的儿童（即教师眼中的"好孩子"），在认知、同伴接受、教师接受领域方面的自我概念明显高于教师认可程度低的儿童。他们通过观察研究发现，儿童教师对儿童的认可程度往往通过日常评价语言影响着儿童自我概念的形成和发展。

社会交往不仅通过重要他人影响着儿童自我概念的发展，而且对儿童的自我整合过程有重要的作用。儿童在社会交往中，通过人际间信息、观念的交流与传递，能够获得丰富可靠的文化知识经验，人际交往能力也能得到锻炼与提高。他们学会将这些信息和经验整合起来，构成统一协调的自我概念。在社会交往过程中，社会文化所赞许的内容对儿童自我概念形成也产生着潜移默化的影响。不同的社会有不同的文化，个体处于文化的包围之中，如果社会文化对儿童个体的言语和行为有肯定的评价，个体就会平衡，他们被社会文化所赞许和肯定的言行就会持续下去。如果其言行遭到社会文化的拒绝和排斥，儿童则会告别旧文化而迎接新文化，使个体向更高的一阶段发展。此外教师也会对幼儿的社会发展产生潜在影响，我国学者刘晓晔的研究表明，幼儿园中的社会领域教育具有潜移默化性，教师作为课程实施者与幼儿交往和互动过程中的重要他人,对幼儿的社会行为发展发挥着重要的影响,教师在自身文化价值观指导下的教育行为以及在师幼关系中所拥有的权威身份都潜移默化影响着幼儿社会交往行为的发展,例如人际冲突解决能力的降低、对教师的过分依赖、明显的"好孩子定向"行为等。

由上可知,社会交往对儿童自我概念的发展具有积极的影响,但是有时又不可避免产生一些消极影响,主要表现在:一方面,由于对儿童评价没有统一的标准,因而个体的自我评价及行为反应会因评价的不同而无所适从,表现为自我的不确定性,其突出的表现就是他们在不同的场合、对不同的人表现出迥然不同的"两面派"行为;另一方面,同伴是儿童进行社会比较的对象。由于同伴各方面的能力都在不断发展,儿童往往感觉不到自己的进步,这类比较往往影响着儿童的自我评价,也是造成儿童自信心不足、自卑心理产生的因素之一。在这种情况下,有的儿童会做出一些不适宜的行为,例如打架和摔东西等以引起教师的关注。

(二) 社会发展认知水平

社会发展认知水平是决定儿童自我概念发展的条件之一。学前儿童认知能力的发展正处于直觉行动思维和具体形象思维的形成阶段,因此,他们常常把自我、身体与心理混淆起来。实际上,婴儿从出生起,就从胎内的文化中摆脱出来,开始了"我"的最初演化。婴儿在自己的生活与他人的生活之间不作区分,并认为自己和他人环境是共生的、一体的关系,把自我概念仅仅局限于自己身体的局部或全部。学前儿童的自我非常简单,他们体验事物时非好即坏,容易把自己的冲动与他所处的文化相混淆。随着自我概念不断发展,他们逐渐意识到,在每一对具有两极的特征之间还存在着一定的偏差。早期儿童的自我概念主要反映生理方面的内容;而后儿童的自我概念开始涉及自己与父母、同伴的关系;学龄期的儿童则逐渐形成与学校有关的自我概念和学业的自我概念。

(三) 社会比较能力

社会比较能力是指个体在头脑中将自己的观点与他人的观点、自我的特征与他人的特征联系起来加以比较的能力。社会比较最早出现于 3—6 岁。随着儿童各方面能力的发展,其内容逐渐扩大,其标准逐渐抽象。儿童的社会比较,最早时仅仅局限于身体和外部行为的比较,而后逐步转向学业成绩、人际关系和心理品质等方面的比较。

(四) 观点采择能力

个体的观点采择能力是指个体在自我认知或社会交往中脱离自我中心的限制进行思维运算的能力,即个体与交往对象之间转换观察问题的角度,在内部与他人的观点进行交流,想象、体验他人的观点,并将自我与他人的观点进行比较,进而采纳他人的观点的能力。儿童是在采择社会观点和生活观点的过程中逐步得到发展的,观点采择能力的发展有利于提高儿童自我认知的客观化程度。

儿童观点采择能力的初级形式出现于婴儿期,此时的儿童正处于自我中心或无分化的观点采择阶段。如婴儿在母婴依恋中,抓住母亲的衣服、对母亲微笑等深深地吸引着母亲,会得到母亲的亲吻、微笑和拥抱等,他的需要可以得到充分的满足。儿童的这种依恋模式实际上就是他的观点采择。

学前儿童正处于主观的或分化的观点采择阶段,他们周围的文化是典型的父母—孩子的"三角关系"以及双亲在日常生活中给孩子提供的榜样。其中既有成人对儿童文化"控制"的一面,又有文化"放手"的一面。文化的"控制"主要表现为承认孩子的幻想,按照孩子的认知水平传递信息等,例如对于幼儿提出的问题和观点要善于倾听和回应,给予其充分的理解和支持。"放手"则主要表现为促进孩子从幻想和冲动的文化中摆脱出来,鼓励儿童对自己的情感负责,如不再与父母同床共眠、去幼儿园不再哭闹、不能抢夺别人的物品等。

这一阶段的家长必须学会用一种理性而坚决的态度来应对孩子的无理取闹,这样儿童的爱恋热点会逐渐从"三角关系"中转移出来,开始意识到别人也像他一样,也有自己的观点和情感,意识到自己不能随心所欲。至此,学前儿童的主体—客体、自我—他人开始真正分化了。主要采取以下几种方法和策略。

1. 理解拒绝的重要性

适当拒绝孩子,只要注意方法技巧,大有裨益。拒绝孩子后,不但不会伤害他们的自尊心,使他们产生怨恨,反而能够树立父母的威信,也使他们懂得生活和做人的道理。

2. 拒绝之后简单解释

拒绝孩子后作出解释,会让孩子感觉到尊重,这样的拒绝不但很容易接受,也使孩子学会了理解和支持父母。在向孩子解释时要注意三点:通俗易懂,简单明了,就事论事。

3. 一旦说不,就要坚持下去

拒绝之后不能出尔反尔,即便发现有不妥,可以以后弥补,但不要当场反悔,特别不要因孩子撒娇、哭泣就改变决定,否则他们就会"学会"用撒娇、哭泣来获取他们想要的。

4. 让孩子明白什么值得拥有

拒绝孩子之后,要让孩子明白什么东西是值得拥有的。如拒绝买新书包,可以向孩子解释:原来的书包还很新,用同样价钱买本新书,或买个新玩具都比买书包有意义。

> **拓展阅读**
>
> **第一叛逆期**
>
> 　　2岁左右的孩子，开始有了自主的愿望，一旦遭到父母的反对和制止，或被大人强行要求做某件事，就容易产生对抗心理，出现说反话顶嘴的现象，或者一旦没有满足，便会用吵嚷、哭闹等形式表现出来。心理学上称之为孩子的"第一叛逆期"或"第一反抗期"，通常发生在孩子1岁半到3岁之间，持续时间约为半年到一年。这种叛逆，是孩子生长发育中的一个必经阶段。
>
> 　　要帮助孩子平稳度过这个叛逆期，家长也要适当调整和孩子的沟通策略。首先，家长要细心观察、把握好提要求的时机，从孩子的角度去理解他的行为。比如孩子不吃饭，可能是因为他正在兴致勃勃地玩一个新玩具，那么下次吃饭之前，就不要把玩具放在他面前。其次，在可能发生矛盾之前，提前和孩子"约法三章"。比如，告诉孩子"可以下楼，但只能在院子玩，如果跑出去，外面的汽车可能伤害你"。最后，对正确的行为及时肯定和鼓励，让孩子不断巩固良好行为。

二、学前儿童自我评价的发展与教育

自我评价是指个体对自己个性心理特征及外部行为表现的判断与评估。自我评价是自我意识的一种表现，是一种自我对象化、自我否定和自我揭短的过程，是一种需要学习的能力。人们通过对自己外部行为以及行为结果的分析，通过对自己的内心活动的分析，通过对周围人对自己的态度的分析来认识自己，进而在自我认识的基础上，通过以行为原则、社会规范理想化的自我与自己的个性加以比较，从而作出相应的自我评价。

（一）学前儿童自我评价的发展趋势

学前儿童自我评价是随着年龄的发展而发展的。2岁儿童开始产生自我形象，能够把主体和客体分开，在人际交往中以及在他人评价过程中学会自我评价。3—4岁之间个体差异最大，发展速度比4—5岁儿童要快得多。具体地说，学前儿童的自我评价呈现出以下发展趋势。

1. 从轻信和运用成人的评价到自己独立的自我评价

在儿童初期，学前儿童对自己的评价往往只是成人评价的简单再现，而且常常是不假思索地将成人对自己的评价纳入到自我评价体系之中。此后，儿童对成人的评价不会轻易地再现。如果成人的评价不准确、不恰当,儿童还会申辩或抗议。孩子会开始用诸如"不是的,是……"之类的话语来进行自我辩护。

2. 从带有极大主观情绪性的自我评价到比较客观的自我评价

学前儿童在自我评价和对他人评价中常常带有个人的主观情绪性,而在自我评价中这种主观情绪性则更大。他们往往不是从事物的客观性角度进行评价,而是以自己的情绪体验、情感好恶作为评价的依据。如问孩子:"你们班级谁是好孩子?"孩子会回答:"斌斌。"当被问及"为什么"时,孩子回答:"他胖乎乎的,很好玩。"

3. 从笼统不分化的自我评价到比较具体细致的自我评价

学前儿童的自我评价往往是比较简单、笼统和不分化的,只有较少的学前儿童具有分化的评价能力。如儿童评价自己是"我是好孩子",但如果你问他"你的什么表现能说明你是好孩子啊",他们往往无言以对或者会说"妈妈说我是好孩子"。这表明此时孩子的评价主要是基于他评而不是自评。

4. 从对外部行为的自我评价到对内心品质的自我评价

研究表明,大部分学前儿童的自我评价比较明显地表现为能对自己外部行为作出评价,但还不能对自己的内在品质作出评价。只有极少数大班儿童在自我评价中能涉及自己的内在品质,但仍属于过渡的中间状态,还不是真正地对自己的内在品质进行自我评价。大部分孩子都会说"我是一个聪明的孩子"或是"我很乖",几乎没有孩子会说"我是一个懂事的孩子"。

5. 从局部的自我评价到比较全面的自我评价

学前儿童的自我评价有一个逐步的发展过程。刚上幼儿园时,学前儿童只能是片面地、局部地、零碎地进行自我评价,多集中于自己的名字和年龄,部分的儿童能简单说出自己会的一些事情。如"我是嘟嘟""我三岁了"。到中、大班以后,儿童逐渐学会比较全面、整体地进行自我评价。开始从自己的兴趣爱好,自己的外貌和能力方面进行较为全面的自我评价,如"我喜欢画画""我很聪明"。

(二) 学前儿童自我评价恰当性的发展趋势

自我评价是一种主观判断,它与客观实际相符的程度就是自我评价的恰当性。我们知道,恰当的自我评价是个体行为积极的调节因素。学前儿童自我评价的总体水平还比较低,自我评价的能力也比较差。在成人的帮助下,学前儿童自我评价的水平随着年龄的增长而不断提高,尤其是恰当的自我评价能力具有显著的变化。学前儿童自我评价恰当性的主要发展趋势是:3—4 岁儿童一般自评过高,随着年龄的增长,自评的恰当率逐渐提高,自评过高率逐渐下降;4—5 岁儿童自我评价由偏高逐渐转向恰当,恰当的自评开始占主要地位;5—6 岁儿童恰当的自评已占主导地位,自评过低率有一定增加,与评价过高率基本趋于一致。

这也许是因为大班儿童已产生初步的自我理想,由此引起他们对现实自我的种种不满,同时随着他们心理的发展,自我意识中的保护机制逐渐开始发挥作用。有些儿童会以过低的自评来保护自己的自尊或取悦于成人,加上幼儿园的相关教育,教师、同伴以及家长等的影响,部分儿童可能会形成过分谦虚或自卑的性格倾向,这些都会影响学前儿童自评的恰当性。

> **拓展阅读**
>
> **自我概念理论**
>
> 美国3—6岁教育专家埃斯萨(Asersa)等人提出的自我概念(Self-concept)理论也指出了成人和儿童的周围环境对于幼儿的自我概念发展的重要价值,他认为儿童生活的环境是由家庭、学校、社区这三个同心圆组成的;最靠近儿童的同心圆是家庭及其成员;第二个同心圆是学校及其朋友;最外面的一个同心圆是社区及其社区帮手。在家庭、学校、社区中的成人之间、成人与儿童之间的关系对儿童的发展至关重要;儿童的学习范围是从自己(如身体)、家庭(如家庭成员)扩展到学校(如教师和朋友)和周围的社区环境(如社区及社区中的工作人员)的;随着年龄的增长,儿童会越来越对其所生活的社区及社区是如何运作的感兴趣;家庭、学校、社区的密切合作有助于儿童形成积极的自我概念。

三、学前儿童自我控制的发展

自我控制简称自制,是自我调控的主要方面。自我调节和自我控制两个概念经常被交替使用。实际上,这两个概念是有一定区别的。自我调节是指在没有外部指导和监视的情况下,个体维持其行为历程以达到某一特定目的的过程。自我控制是个体对自身的心理与行为的主动掌握,即个体不受外界因素的影响,自觉地选择目标,控制自己的情感和行为,从而保证目标的实现。它不仅是人类个体意志力的表现,也是个体完成各种任务,协调与他人关系,成功地适应社会的必要条件。自我控制能力的发展,是个体行为由不自觉到自觉的发展过程的一个重要因素。在个体成长过程中,始终伴随着自我控制能力的发展。

(一)学前儿童自我控制能力的结构

学前儿童自我控制能力主要由自制力、自觉性、坚持性、自我延迟满足四个方面构成。

1. 自制力

在幼儿园里,有的孩子即使很喜欢别人手上的玩具,但是如果别人不愿意给,也能够控制住自己,选择其他的玩具,而有的孩子则会不管三七二十一,先抢了玩再说。有的孩子上课能够很安静地坐着,专心地听着老师的话,有的孩子则四处张望或是窃窃私语。前一种幼儿表现出的就是自制力,这主要表现为通过抑制直接的、短期的欲望而控制冲动性的能力,是学前儿童自我控制能力极其重要的基本成分。作为自我控制能力初级表现的抑制冲动,是学前儿童自我控制能力发展的基础,而监督调节则是学前儿童自我控制能力成熟的高级表现。学前儿童的自控能力还达不到高度灵活的自我监督调节的水平,他们的行为往往缺乏思考,表现出冲动性的特点。在成长的过程中,儿童逐渐克服其冲动性,学会控制自己的活动性,主要表现在对动作、运动、认知活动、情绪情感的控制上,体现出他们各自独特的个性特征。

2. 自觉性

这主要表现为在无人监督的情况下,对禁止体验的认识和与看护人期望相一致的动机以及相应的行为上。例如,教师有事离开了班级,但是走之前提醒孩子不要出去,但是有的孩子仍然会利用这一时机,溜出去玩,这表明其自觉性水平相对较低。自觉性在儿童自我控制过程中起提醒和监督作用。

3. 坚持性

这主要表现为在某种困难情境中,为达到某一目的而坚持不懈地克服困难,并在此过程中表现出持续或持久的一种行为倾向。遇到麻烦时,有的幼儿尝试了几次失败之后就会离开,但是有的幼儿会坚持不断尝试,直到最后成功。

4. 自我延迟满足

这是一种为了更有价值的长远结果而放弃即时满足的抉择取向,以及在等待中所展示出来的自控能力。它在学前儿童自控结构中居于高层次地位,对于学前儿童自身的社会化进程具有重要的意义。

拓展阅读

延迟满足实验

发展心理学有一个经典的延迟满足实验。实验者发给 4 名被试儿童每人一颗软糖,同时告诉孩子们:如果马上吃,只能吃一颗;如果等 20 分钟后再吃,就给吃两颗。结果有的孩子急不可待,把糖马上吃掉了;而另一些孩子则耐住性子、消磨时光以克制自己的欲望,从而获得了更丰厚的奖励。研究人员跟踪观察发现,那些以坚忍的毅力获得两颗软糖的孩子,长大后表现出更强的适应性、自信心和独立自主精神,事业上更容易获得成功;而那些经不住软糖诱惑的孩子则往往因屈服于压力而逃避挑战。

资料来源:http://ask.huatu.com/question/questionBrowse.php?question_id=8885.

(二) 学前儿童自我控制能力发展的年龄特点

2岁的儿童才出现自我控制能力。随后,在其自身生理条件不断成熟的情况下,在成人的指导教育下,通过与外界环境的交互作用,儿童逐渐学会控制自己的活动。3—5岁儿童自控能力的发展随着年龄的增长而呈上升的趋势,3—4岁发展较慢,4—5岁相对较快。这主要是因为3岁儿童其大脑皮质抑制机能尚未完善,兴奋过程占优势,表现为活泼好动,自我控制水平比较低。随着年龄的增长,儿童大脑皮质的抑制机能逐渐完善,兴奋与抑制过程逐渐平衡;同时,随着认知能力的发展和外在的各种教育因素介入,儿童对行为规则的理解与掌握逐渐深入与内化,形成自觉的规则意识,并且不断地约束与控制自己的行为,达到行为与规则的统一。因此,4—5岁是儿童自我控制能力迅速发展的飞跃时期。

研究表明,3—5岁是儿童自我控制能力发展的关键年龄。5岁以后,总的发展趋势不再明显,但各因素的情况有差异。如自制力发展的关键期是3—4岁和6—7岁,坚持性发展的关键期是6—7岁,情绪控制发展的关键期是6—7岁,独立性发展的关键期是3—4岁和7—8岁,动机控制发展的关键期是3—5岁,儿童的自觉性发展则呈波浪式发展。

学前儿童自我控制能力的发展具有明显的性别差异,且所有的差异基本上都表现为女孩分数高于男孩。我国学者谢军的研究发现,在自觉性、自制力、动机控制和坚持性四个因素上存在明显的性别差异,在情绪控制和独立性两个因素上性别差异则不明显。

拓展阅读

影响自我控制能力发展的主要因素

陈杭(2011)的研究认为有以下几个影响自我控制能力发展的主要因素:(1) 生理发展。生理学方面的研究证明,个体自我控制的形成和发展与神经系统的发育有着密不可分的联系。大脑皮质抑制机能的成熟是人对自身生理进行调节和控制的前提。对于婴幼儿来说,因为他们的大脑皮质的抑制机能尚处于刚发育阶段,兴奋的感觉占优势,所以幼儿的行为往往都带有很强的冲动性,容易大哭大闹、发怒或者突然开怀大笑。(2) 认知发展。幼儿自我控制能力的形成,其前提条件是幼儿应该具备一定的自我控制意识,也就是让幼儿认识到应该自己管住自己的行为和思想。人的自我控制意识的大小与他对身边规则和制度的认知程度及自身行为对他人和自己的影响的认知程度有关。由于身体和智力的发展限制,幼儿的认知水平十分有限,这也是他们自控能力发展水平较低的一个客观原因。(3) 家庭教养方式。中国家长对幼儿的照顾和关爱大都超过了正常的度,达到了宠爱和溺爱的程度。即使幼儿已经到了可以自己做一些事的年龄,如吃饭、穿衣服等,家长还是会尽力地为其做好这些事情,唯恐孩子做不好或者累到孩子。这样就使得孩子形成依赖家长的习惯,做事情没有主见,且养成容易冲动的坏脾气。

资料来源:陈杭.提高幼儿自控能力初探[J].学园:学者的精神家园,2011(12):129.

(三) 学前儿童自我控制能力发展的策略

1. 给儿童充分的尊重和良好的教育,帮助其形成正确的自我概念

如前所述,学前儿童自我意识的突出特点是具有很强的他律性,他们往往是以成人的评价为依据来评价自己,从而形成对自己的认知。尤其是父母对孩子的评价,往往成为儿童评价自己的重要标准和依据。父母应充分地尊重儿童,按照儿童的实际情况,正确地看待儿童。心理学理论认为:父母的及时鼓励、适度表扬,能使儿童获得愉快而积极的情绪体验。父母的积极评价,流露出的友好感情、显示出的欣赏态度,必然会转化为儿童积极努力、奋发向上、自强不息的动力,并且将对儿童形成正确的自我概念产生深刻的影响。

2. 给儿童自我实现和成功体验的机会,培养其自信心

充分的、自由的自我表达与表现,使个体自我获得成功的重要体验,是培养儿童自信心的重要途径。我国学者杨丽珠对个案的跟踪观察研究表明,学前儿童获得成功体验的程度高低与他们自信心的强、弱密切相关。当儿童从事某项活动后自我感到成功,就会有一种精神上的满足和喜悦体验,进一步产生"自我激励"的心理状态,自信心也就随之建立。反之,在活动中,如果儿童经常遭受挫折和失败,自我否定就会越来越多,自信心也就随之减弱。因此,成人在组织儿童开展各种活动时,要对不同发展水平的儿童设置不同的目标,使每个儿童经过努力都能在原有水平上得到发展,获得不同程度的成功体验,增强儿童的自信心。

3. 给儿童交往和对话的权利与机会,使其学会自我评价

交往与对话是儿童充分发展的需要。换言之,有交往与对话的教育才是真正有意义的教育。在家庭、幼儿园和社区开展的各项社会教育活动中,如果家长、儿童教师、同伴和社会成员能与儿童真诚地交往与对话,儿童就能充分地表达真实的感受,并自主地建构认知系统。家长或教师也能在真诚的对话与交往中发现儿童丰富的内心世界,了解儿童对社会生活的认知与探索,发展儿童的语言。因为儿童常常是为了解决日常生活中遇到的人际问题才与人进行沟通、对话与交流的。与此同时,儿童在人际交往与对话中拓展思维,学会理解他人,学会合作与竞争,不断地发展和提高人际交往技能;并在此过程中,掌握基本的社会行为规则,逐渐克服自我中心,适应集体生活和社会活动,不断地实现个性和社会性的和谐发展。

4. 给儿童提供多元的、有效的训练,使其学会自我控制

学前儿童自控能力的发展,主要受环境和教育因素的影响。培养儿童的自控能力包括两种相反相成的机能,即发动和维持一种有目的的、指向性的行动,抑制一种合意的,但不符合社会要求的行为。我们应该在多元的系统中使儿童获得丰富的社会生活经验,并随着儿童年龄的增长、能力的提高,对他们提出更高的要求。

培养学前儿童自控能力发展的基本要素有:(1)具有趣味性和规则性的外部活动情境;(2)儿童具有活动的兴趣和动机;(3)成人对儿童讲解目标、规则,表扬、奖励,正确地评价儿童以及激发儿童上进的一些言语指导;(4)儿童对自我控制的目标、规则的理解程度;(5)儿童按规则扮演社会角色的自主性;(6)儿童校正、调节自己心理品质的主动性等。这些要素的不断发展,促进学前儿童自控能力的发展。

教育活动设计方案

活动方案1: 自我介绍(小班)

活动目标

1. 在游戏中引导幼儿学习自我介绍的方法,培养幼儿的主动交往能力。
2. 幼儿主动地大胆地向同伴介绍自己的名字、年龄。
3. 启发幼儿大胆想象,还有哪些场合需要自我介绍,初步培养幼儿发散思维的能力。

活动准备

1. 木偶娃娃1个,玩具电话2部。
2. 幼儿每人自制名片1张(幼儿自己的照片裁成名片大小,背面写上姓名和年龄)。

活动过程

1. 教师出示木偶娃娃和电话,以"娃娃"的口吻进行自我介绍:"小朋友们好!我叫×××,今年3岁,今天是我的生日,我想请一些新朋友到我家来做客,你们愿意来吗?谁要想来,请给我打电话,告诉我:你叫什么名字,几岁了。"

   〔点评:以游戏的形式展开课题,激发幼儿介绍自我的兴趣。〕

2. 请愿意做客的幼儿来给娃娃打电话,并向娃娃介绍自己的名字、年龄等。

   〔点评:通过打电话,幼儿能很快掌握自我介绍的方法,为幼儿的主动交往打下基础。〕

3. 教师组织讨论,提出启发性问题:小朋友你们在什么时候向别人介绍自己呢?(如:妈妈带着去陌生人家中做客、表演节目、打电话、迷路时等)引导幼儿发散性地思考问题。

   〔点评:开放性问题的提出,让幼儿在已有生活经验的基础上,进一步打开思路,培养幼儿发散思维的能力。〕

4. 玩游戏:送名片。鼓励幼儿主动寻找一位伙伴,通过自我介绍,互送名片的形式去认识新朋友。

   〔点评:幼儿的主动交往能力在游戏中得到锻炼。互送名片增加了游戏的趣味性,也能反映当今社会的人际交往的方式。〕

5. 教师小结:今天我们学会了一种认识朋友的新方法——介绍自己。你们把朋友的名片带回家中介绍给爸爸妈妈。明天,我们到娃娃家做客也可以把自己的名片送给娃娃。

活动方案2:毛遂自荐(中班)

设计思路

自信心是一个人对自身力量的认识和充分估计,是自我意识的重要组成部分。中班幼儿的自我意识处于从生理的自我向社会的自我过渡的时期。

在"毛遂自荐"活动中,通过讨论让幼儿大胆说说自己与众不同的特点,享受表达"我最棒"时的那份愉悦,把自信心的发展引向健康积极的方向。活动通过故事引发幼儿对自身优点的关注,在集体面前大胆说说讲讲,使得孩子们认识到自己的优点,增强他们的自信心。

导入环节——通过对故事的倾听,激发幼儿参与活动的兴趣,在故事情境中自然而然地使幼儿理解"自荐"的含义。

中心环节——大胆说说自己的本领和优点,知道自己的本领大。

结束环节——在正确评价自己的优点的基础上,能有自信心地自荐。

活动目标

1. 倾听故事,知道毛遂自荐的含义。
2. 能在集体中用连贯的语言介绍自己的本领。
3. 树立正确接纳自己的态度。

活动准备

物质准备:故事《毛遂自荐》。

经验准备:有在集体面前介绍自己的经验。

活动过程

(一)导入环节:知道毛遂自荐的含义

1. 教师讲述故事《毛遂自荐》。

　　教师提问:故事的名字叫什么?故事里发生了什么事情?你们知道什么是"自荐"吗?

　　教师小结:自荐就是自我推荐,即自己说出自己的优点和本领。

2. 讨论方法。

　　教师提问:一个人如果有本领,别人又不知道,该怎么办呢?有什么好方法让别人知道自己的本领?

　　教师小结:当一个人有本领而别人不知道的时候,我们可以勇敢地站出来自我推荐。

(二)中心环节:尝试介绍自己的本领

1. 教师说说自己的本领。

　　教师提问:你们觉得我有什么本领?

　　教师小结:我会教教小朋友新的知识和本领,我关心班级里的每一个小朋友,当小朋友需要我的时候我会及时帮助他,瞧!老师是不是很棒啊?

2. 幼儿大胆表述。

　　教师提问:你们也一定有自己的优点,你的优点是什么?

　　教师小结:原来小朋友各自都有这么多的优点,听你们这么一说,我更加喜欢你们了。

(三)结束环节:毛遂自荐自己

教师提问:有这么多优点和本领的你们想要毛遂自荐担任哪方面的值日生呢?

教师小结:能用自己的本领为自己赢来机会,原来我们都是最棒的!

上海市瞿溪路幼儿园 蔡美玲

资料来源:尔雅润育——幼儿园社会性教育主题课程。

案例评价

前文中提到恰当的自我评价是个体行为积极的调节因素,4—5岁儿童自我评价由偏高逐渐转向恰当,恰当的自评开始占主要地位。在该活动案例中,教师抓住中班幼儿自我评价发展的关键时期,通过故事激发幼儿的兴趣,让幼儿学会正确地评价自我。为幼儿创造了一个宽松、积极的环境,让中班幼儿在集体面前大胆说说自己与众不同的特点,并给予及时的肯定与鼓励,使得幼儿获得一种精神上的满足和喜悦体验,进一步产生"自我激励"的心理状态,促使幼儿的自信心获得健康积极的发展,形成正确的自我概念,并发展恰当的自我评价能力。

活动方案3:我是大班小朋友(大班)

活动目标

1. 知道自己是大班小朋友,会做很多的事情。
2. 能大胆地连贯地在集体面前朗诵诗歌。
3. 萌发做大哥哥大姐姐的自豪感,会做好小弟弟小妹妹的好榜样。

重点:知道自己是大班小朋友,会做很多的事情。

难点:能大胆地连贯地在集体面前朗诵诗歌。

活动准备

1. 小班新生刚入园时的哭闹图片或视频资料。
2. 相关图片。

活动过程

(一)谈话并交流

1. 教师提问:我们现在都长大了,是大班小朋友了,你觉得在幼儿园里(大班、中班、小班)谁可以做大哥哥大姐姐?(是我们大班小朋友)
2. 交流:那我们做大哥哥大姐姐会做哪些事情?

(二) 出示小班小朋友的图片或是视频

1. 欣赏图片。

2. 教师提问:在图片中你看到了什么?(小班的新生哭着不肯上学)

3. 交流:那我们作为幼儿园里的大哥哥大姐姐可以怎样去帮助他们呢?

(三) 学习诗歌

1. 欣赏诗歌《我是大班小朋友》前半段。

2. 教师提问:诗歌中的小朋友他是怎样帮助小弟弟小妹妹的?请你用诗歌中话来回答。

3. 教师带领幼儿一起看图片朗诵诗歌的前半段。

4. 学习诗歌的后半段。

教师提问:在帮助了小弟弟小妹妹之后,他又对老师说了什么?(老师,老师你别夸我,这都是应该的)

5. 讨论:为什么他能够帮助小弟弟小妹妹做这些事情,而且还不用老师夸奖?

6. 完整看图朗诵诗歌。

(四) 迁移经验

1. 教师提问:诗歌中的这些大班小朋友会这样帮助小弟弟小妹妹,那我们小朋友在以后的生活中,你会怎样来帮助我们幼儿园的小弟弟小妹妹呢?

2. 幼儿讨论交流。

附:

  儿歌《我是大班小朋友》

  开学了,我高高兴兴地来到幼儿园。从现在起,我就是大班小朋友了。

  小弟弟,你会听老师讲课吗?来,看我上课多认真,举手发言动脑筋。

  小妹妹,你会穿衣服吗?来,我帮你把衣服穿整齐。

  小朋友,你会做玩具吗?来,我折一个小纸球送给你。

  老师,老师,您别夸奖我,这没有什么稀奇,因为我是大班小朋友。

资料来源:http://wenku.baidu.com/view/5bd81ecd0508763231121277.html。

我有我的主张（大班）

自我意识主要表现在以下两个方面：能意识到自己的身体、身体特征和生理状况以及能认知并体验内心进行的心理活动。

《指南》社会领域对上述自我意识的各个成分都有所涉及，例如：能介绍自己（自我概念、性别意识）；知道自己的优点和长处（自我评价）；敢于尝试有一定难度的活动和任务（自尊与自信）；主动承担任务，遇到困难能够坚持而不轻易求助（自我调节等）。幼儿在与成人和同伴交往的过程中，不仅学习如何与人友好相处，也在学习如何看待自己、如何看待他人对自己的评价，不断发展自我意识、自我评价的能力。

本次活动以"我有我的主张"为主题，选取了幼儿一日活动中的三个片段，分别是"小小辩论赛""表演游戏'大王的皇冠'""我的班级我做主"。片段的选择涵盖了幼儿的游戏及生活环境。在活动的过程中，教师充分放手，给予幼儿各抒己见，充分拥有彰显自己的观点和想法的机会。

"小小辩论赛"让幼儿针对一个话题大胆表达自己观点，采用辩论的方法让幼儿畅所欲言，使每个幼儿在平等的基础上各抒己见。在辩论的过程中，幼儿需要表明自己的立场，教师通过提问或反问的方式引导幼儿讲解自己观点背后的原因。辩论过程中，每个幼儿的观点都不同，却都是他们最真实的想法。在表达自己观点的过程中，教师给予幼儿充分自由表达的环境，发展其大胆表述自我观点的能力。

"表演游戏'大王的皇冠'"则给予幼儿团队协作、共同创意的机会。《大王的皇冠》是近阶段本班幼儿阅读研讨的热门绘本，大王的皇冠在失而复得的过程中，蕴藏了大量的情境线索，引发了孩子们的自主探索和游戏，表演游戏也是其中的一个。在进行表演游戏时教师摒弃了由教师主导、分配角色、安排角色、设计动作的做法，让幼儿在自己理解的基础上，自由的表演，幼儿学习自己商量，自己安排，自己设计动作，在与团队合作协商沟通的过程中发展自我调节能力。

"我的班级我做主"将环境创设的自主权交还给幼儿。在进行教室环境创设时，教师组织、鼓励幼儿一起讨论，从内容的选择到材料的准备，从区域的划分到物品的摆放，从每个内容的玩法到每一次的分享交流都由幼儿自己做主，师生共创。教室里的每处都能看到幼儿的能力与成长。我们的环境我做主，当环境的主控权真正还给了幼儿，幼儿在向"客人们"介绍自己班级的时候就会显得更自信，更大胆，充分发展幼儿的自尊自信能力。

本次活动主要培养大班幼儿正确的心理自我。让幼儿意识到自己在班级群体中的地位，每个人在群体中都是平等的，对班级的活动和环境创设都有责任和义务，从大班幼儿介绍自己班级的区角视频我们可以看出,他们不仅对班级区角的材料提供、玩法和规则非常熟悉,而且还能用大方、规范、流畅的语言向别人介绍,体现了幼儿的自信、自主的态度和权利意识。

主要参考书目

1. 陈帼眉,等.学前儿童发展心理学[M].北京:北京师范大学出版社,2013.
2. 谷传华.儿童心理学[M].北京:中国轻工业出版社,2010.

案例分析

小圣的爸爸妈妈有一家公司,在家里,小圣经常模仿爸爸的样子,跷着腿坐椅子,也会模仿爸爸跟同事说话的语气,对爸爸说:"我今天不想听故事了,你们给我放儿歌吧!"爸爸听后,觉得小圣的行为很好玩,逢人就说:"我家小圣从小就有当大老板的气质!"小圣今年去上小班了。在幼儿园里,小圣还是跟在家一样跷着腿坐小椅子,还会对老师说:"这个游戏我不想玩了,你换个别的游戏吧!"老师批评了小圣,引导他用友爱、平等的态度与同伴和教师交流,从此小圣在幼儿园里的表现就和其他小朋友一样。但是回到家里,爸爸还是希望小圣表现出"小老板"的样子。于是小圣在家时是一个"小老板",在幼儿园时是一个"乖宝宝"。

分析参考:

学前儿童的自我意识是在与人交往的过程中形成并得到发展的,3—6岁儿童自我意识发展的"重要他人"主要是父母和教师。在与"重要他人"的社会互动过程中,儿童可以将从不同互动对象处获取的信息和经验整合起来,发展成统一协调的自我意识。因此,案例中小圣在与不同对象互动的过程中表现出了不同的行为。出现这种情况的主要原因在于家长和教师对小圣的评价标准不一,因而儿童的自我评价和行为反应就会无所适从,典型表现就是会在不同场合、对不同人表现出迥然不同的"两面派"行为。

要帮助小圣形成正确的自我意识要注意两点:一是在日常生活中家长和教师要经常通过评价式的语言对小圣表示认可,促进其自我意识的形成与发展;二是家长和教师要进行充分的沟通与交流,达成对小圣行为的统一评价标准,避免其在家是"小老板",在幼儿园是"乖宝宝"的两面派行为,帮助小圣形成统一的自我意识。

本章练习题

1. 结合本章内容,阐述学前儿童自我意识发展的一般趋势。
2. 自我意识的理论都有哪些,结合自身实践,谈谈自己的理解。
3. 学前儿童自我意识发展的主要影响因素是哪些?

第五章　学前儿童人际交往能力的发展与教育

 学习目标

1. 了解学前儿童人际交往的有关概念。
2. 理解学前儿童人际交往的意义。
3. 知道学前儿童人际交往的类型以及年龄特征。

对于学前儿童来说，人际交往是指学前儿童在生活、学习中与他人的接触和交往。著名心理分析家阿德勒（Adler）曾说："假使一个儿童未曾学会合作之道，他必然会走向孤独之途，并产生牢固的自卑情绪。"我国著名心理学家丁瓒教授指出："人类的心灵适应，最主要就是对人际关系的适应。"《3—6岁儿童学习与发展指南》（以下简称《指南》）中社会领域的两大子领域的划分是以行为为导向的，分别是人际交往和社会适应，目标简化为：交往行为。在人际交往这个子领域中，有愿意与人交往，能与同伴友好相处，具有自尊、自信和自主的表现，关心尊重他人等子目标。由此可见，学前阶段对儿童进行人际交往教育，不仅有利于儿童学会与教师、同伴、家长以及其他社会成员交往，而且对儿童长大后的人际交往也有着深远的影响。因此，幼儿园要为学前儿童提供人与人之间相互交往的机会和条件，促进幼儿人际交往能力的健康发展。

第一节　学前儿童人际交往概述

呱呱坠地的小生命带给年轻的父母太多太多的惊喜。然而，在生命的初期，无论父母如何去引逗婴儿，婴儿似乎都没能给父母期望的反应。初生的婴儿是不合群的，是一个纯粹的自然体，只要他们的身体需要得到满足，他们对任何人都没有兴趣。大约到了三个月时，婴儿听到人的声音或笑声时，就会转动小脑袋对其作出反应。他们通过微笑、踢腿、挥舞手臂来表示他们的快乐。这与婴儿最初自发性的微笑有了本质的区别。婴儿的社会性就此开始了,并贯穿其一生的发展。在幼儿成长过程中,让幼儿与他人发生互动,或者带领幼儿走出去,从而锻炼幼儿的人际交往能力和语言表达能力。

一、学前儿童人际交往的主要类型

人际交往也称人际沟通,指个体通过一定的语言、文字或肢体语言、动作、表情等表达手段将某种信息传递给其他个体的过程。人际交往既是儿童社会性发展的重要内容,又是影响儿童社会性发展的重要因素。由于学前儿童的交往主体是家长、教师、同伴和其他社会成员,因此,学前儿童人际交往主要分为以下四种类型。

(一) 亲子交往

父母是孩子的第一任老师。孩子一出生,首先接触的就是父母,并与父母朝夕相处,父母对孩子的社会性发展有着非常重要的影响。亲子交往主要是指子女与父母间的人际交往活动。早期亲子关系是儿童以后建立同他人关系的基础,儿童早期亲子关系好,就比较容易跟其他人建立良好的人际关系。例如在1—3岁期间离开父母,由他人抚养的孩子,往往胆小,与同伴主动交往的能力差,在个性方面存在的问题也多,如独立性差、任性等。这是孩子早期因与父母分离而缺乏安全感所造成的。在亲子交往活动中,教师可以在三八妇女节、六一儿童节、母亲节、父亲节、重阳节等一些节日中,将学前儿童的父母请到幼儿园,积极参与儿童的活动;也可以组织儿童和家长一起参加外出游玩、参观,开展亲子运动会、亲子联谊会等活动,让幼儿与父母产生积极互动,促进亲子交往,增进亲子间的了解,密切亲子关系。

图5-1 亲子交往

> **拓展阅读**
>
> **母婴同室与亲子关系**
>
> 孩子出生15分钟后在母子身上会发生什么?瑞典医学工作者唐·沙桐曾为此做过实验。实验分两组进行。一组按医院通常的程序进行操作,婴儿生出来后给他

量体重,进行一系列的处理(30分钟),然后把婴儿交给母亲看一眼,之后抱走,放进新生婴儿室,使母婴分开。另一组设定了母子接触的时间。婴儿出生后对其进行6分钟左右的必要处理,然后让婴儿趴在母亲的肚子上,之后用毯子盖住婴儿和母亲的腹部,母婴接触约15分钟。然后按医院通常的程序进行处理,把婴儿放进新生婴儿室。之后的情况和条件与第一组一样。

这15分钟的差距是如何反映到母亲和孩子身上的呢?唐·沙桐对这两组母婴的情况进行了追踪调查。调查共考察35个项目,并分36个小时后、一个月后、一年后和两年后四个时间段来进行。结果表明,这两组母婴直到两年后还因这15分钟而存在差距。其差距不仅表现在婴儿的哭泣次数上,还表现在母亲的行动上。和婴儿有过15分钟接触的母亲常常爱抚婴儿、抱婴儿、对婴儿说话等。和婴儿没有过接触的母亲则很少爱抚婴儿,对婴儿的清洁过分敏感,总是担心婴儿尿湿了尿布。而且,在抱怨带孩子烦人、带孩子辛苦的问题上,两者也有明显的区别。尤其在男孩子与母亲的关系问题上,两者的差别就更加明显。

资料来源:文颐.婴儿心理与教育[M].北京:北京师范大学出版社,2011:218.

(二) 同伴交往

同龄人之间的相互交往,主要包括游戏和社会化活动,能为儿童创造进一步发展在家庭生活中初步获得社会生活技能的环境。同伴交往是指以同伴为交往对象的活动。交往双方都处于同年龄水平,大多采用直接交往和平行交往的形式,但是在低年龄儿童交往中非语言交往、单向交往也时常出现。同伴交往比较能够体现幼儿的人际交往水平,如六一儿童节开展"大带小"的游园活动,就充分体现了儿童的交往水平。在同伴交往活动中,主要培养同伴之间人际交往能力,引导幼儿参与同伴间的合作、分享、协商、互助等活动,使儿童逐步学会移情体验、换位思考,了解与接纳别人的想法。如在"怎样当哥哥姐姐"的活动中,大班儿童不仅要在生活上照顾好小班儿童,帮他们系鞋带、背包等,还要教弟弟妹妹如何观察、感知周围世界,更要随时随地纠正他们一些不正确的社会行为,如乱扔垃圾等。

图 5-2 同伴交往

(三) 师幼交往

师幼关系是教师和幼儿在教育教学和交往过

程中形成的比较稳定的人际关系。与亲子关系、同伴关系等幼儿的其他人际关系相比,师幼关系的特殊之处在于它蕴含着教育的因素,是一种特殊的"教育关系"。教师是幼儿在园中的主要交往对象之一。师幼交往活动一般都是以个体与个体、个体与群体、下行交往和语言交往为主要形式,有时也会有平行交往、上行交往、非语言交往和间接交往等交往类型。有研究表明,在幼儿园的师幼交往中,由教师开启的师幼互动事件下交往占 69%,而以学前儿童作为施

图 5-3　师幼交往

动者教师作为受动者的师幼互动事件,即上行交往只占 31%,前者相当于后者的两倍。可见在师幼交往中教师与学前儿童还未达成真正意义上的平等对话关系。幼儿园应加强师幼交往活动,培养学前儿童与教师交往的能力。与亲子交往活动有区别的是,师幼交往活动相对比较正式一些。

(四) 与其他社会成员的交往

幼儿生活在社会中,除了家长、同伴、老师之外,还需要与社会上其他的成人交往,如亲戚、营业员、售票员等各种行业的工作人员。一般来说,幼儿参加外出参观等活动时,就有机会与不同职业的人员接触,可以锻炼其人际交往能力。如重阳节时组织儿童去敬老院慰问老人,可以学习如何与长辈交往。另外,教师也可以将从事各种职业的工作人员请到幼儿园中来,让幼儿与其发生互动,在此过程中指导幼儿用正确的方式与他人进行交往。如请交通警察到幼儿园给儿童进行交通安全知识讲座,儿童积极发问,有效思考,既掌握了交通规则和交通安全的相关知识,又参与了与人交往的实践活动。

二、学前儿童同伴交往的概述

随着儿童年龄的增长、认知能力的提高和活动范围的扩大,他们从家庭走向幼儿园,继而走向社会,与教师、同伴以及社会其他群体交往。对儿童来说,人际交往包括亲子交往、同伴交往、师幼交往和与其他人的交往四种类型。然而《指南》中重点关注的是幼儿同伴交往的能力。同伴关系在儿童成长的过程中具有成人无法替代的独特作用。

(一) 同伴关系的涵义

同伴是指彼此之间有同等地位的人。同伴关系是指年龄相同或相近的儿童之间或心理发展水平相当的个体之间在交往过程中建立和发展起来的一种人际关系。儿童通常喜欢与

同龄伙伴交往。一些研究发现,男女儿童在同伴交往中表现出明显的性别差异。男孩比较喜欢与比自己年龄大的儿童交往,而女孩则喜欢与比自己年龄小的儿童交往。学前儿童选择同性别伙伴交往的比例大于异性交往的比例,而且有随着年龄增长而增长的趋势。女孩在游戏中的交往水平比男孩高,女孩多喜欢开展合作性游戏,对同伴反应积极,而男孩对同伴的消极反应明显多于女孩。

(二) 同伴关系的功能

同伴关系是学前儿童成长过程中不可或缺的一种人际关系。良好的同伴关系在儿童的发展和社会适应中起着重要的作用,其主要表现在以下方面。

1. 有助于儿童社交技巧的获得

同伴交往可以锻炼儿童的言语沟通和人际交往的能力。当儿童学会如何处理与解决同伴交往中出现的冲突时,促进了社会观点采择能力的发展,加速了社会交流所需技能的获得。在与同伴的交往中,儿童能逐渐明确同伴之间合作的重要性,意识到积极的同伴交往是可以通过一定的社交技巧而获得的。

在哈洛(H. F. Harlow)的恒河猴实验中,一些自幼被隔离的幼猴产生了许多病态行为。随后实验者让这些幼猴与比它们小的、正常的幼猴在一起生活,一段时间后,发现这些异常的猴子竟然恢复了常态。这一方面说明早期剥夺刺激可以得到恢复,另一方面也说明了同伴的作用。此外,第二次世界大战中的实例也反映了同伴使儿童正常社会化的功能。当时,一批6个月大的儿童在集中营与父母分离,3岁时他们被安排住进托儿所。这些儿童在托儿所里主要与同伴生活在一起,长大后没有一个身心有缺陷,或有过失,都成为正常有为的成年人。

2. 有助于儿童安全感和归属感的形成

同伴关系可以满足儿童的社交需要,有助于儿童安全感和归属感的形成。儿童在社会化过程中,经常会遇到一些烦恼与困惑、紧张与焦虑。除了从父母和教师那里得到安慰和帮助以外,他们还常常可以在同伴那里得到宽慰和同情,并能够宣泄自己的情感。同伴群体对儿童的认同与接纳,有时比亲人的认同与接纳更加重要。当儿童知道团体中的成员赞同或肯定自己的行为时,就会表现出愿意遵守群体的规范、愿意与人合作的态度,以希望得到群体更多的认同与接纳。这对儿童安全感和归属感的形成具有积极的影响。

在恒河猴实验中,当研究者让实验中的幼猴在亲密的同伴、熟悉的同伴以及陌生的同伴之间进行选择时,发现幼猴与亲密的同伴在一起的时间最多。在这里需要特别说明的是亲密的同伴在实验中扮演了安全感的提供角色,在减轻幼猴的不安全感上胜于其他伙伴。

3. 有助于儿童自我概念和人格的发展

同伴交往可以帮助学前儿童形成自己的态度和价值观念。同伴交往提供的活动领域可以使儿童采择父母的价值观念，从中吸取精华、抛弃糟粕；还可以通过来自各种具有不同价值体系背景的学前儿童来检验自己的观念和情感等。

心理学家詹姆斯（James）在关于成人的自我论著中，特别强调了社会关系的重要性。他认为，人们具有被自己所关注、被自己同类所赞赏的本能倾向。在实际的交往中，儿童逐渐地认识到他人的特征以及自己在他人心目中的形象和地位，学会与他人共同参与活动，学会如何相互作用和如何处理与他人的矛盾，学会如何坚持自己的主张或放弃自己的意见。同伴的行为和活动就像一面镜子，为儿童提供自我评价的参照，使儿童能够通过对照更好地认识自己。在同伴互动的过程中，儿童确定了自己相对于同龄伙伴的角色和地位，并在平等的环境中认识到领导者和追随者的角色，这样可以帮助儿童去自我中心，从而有利于自我概念和人格的发展。

第二节　学前儿童人际交往能力发展的年龄特征

学前儿童同伴交往对其社会化的顺利进行、道德品质的发展以及健康心理品质的形成，都会起独特的作用。同伴交往不良不仅会影响儿童当时的发展，而且会影响其以后的社会适应，还可能导致退缩、攻击、逃学等各种社会问题行为。因此，必须帮助儿童建立良好的同伴关系。儿童的同伴关系是通过相互作用的过程表现出来的。在0—6岁不同的年龄阶段，学前儿童的同伴关系表现出不同的发展特点。

一、同伴关系的发展特点

（一）0—3岁婴儿同伴关系的发展特点

0—3岁的婴儿很早就能够对同伴的出现和行为作出反应。他们在与同伴交往中获得许多社会行为以及如何与他人交往的相关知识，这既促使他们的社会行为向友好积极的方向发展，又促进社交技能及策略的获得，同时还促进其情绪情感和认知能力的发展。

范德尔等人关于婴儿对同伴兴趣的研究指出：2个月的婴儿能注视同伴，3—4个月的婴儿能够对同伴互相触摸和观望，6个月的婴儿同伴之间能彼此微笑和发出"呀呀"的声音。但是，6

图5-4　同伴交往

个月以前的婴儿对同伴所作出的反应并不具有真正的社会性质。因为此时的婴儿可能把同伴当作物体或活的玩具来看待,如抓对方的头发、鼻子等。6个月的婴儿还不能主动追寻或期待从同伴那里得到相应的反应,这时婴儿的行为往往是单向的,并且缺乏互惠性。直到6个月以后,真正具有社会性的相互作用才在婴儿身上出现。最初的这种相互作用发生的形式很简单,如8—9个月时的婴儿能爬向同伴,或跟随在同伴身后。随着婴儿认知能力和社交技能的提高,他们开始能对着同伴协调自己的行为。如1岁时,婴儿在同伴之间出现了许多社交行为,如相互注视、微笑、向同伴打手势或相互模仿,而且能把注意力集中在共同感兴趣的物体上。但是,这种简单的同伴交往在0—1岁阶段并不经常发生,1岁以后同伴交往才逐渐增多。

大量的研究证实,婴儿期同伴交往是以一种固定的程序发展的,大体可以分为三个阶段:第一阶段是客体中心阶段,婴儿同伴交往的对象更多地集中于玩具或物体,而不是婴儿本身;第二阶段是简单交往阶段,婴儿已能对同伴的行为作出反应,经常企图去控制同伴的行为;第三阶段是互补性交往阶段,同伴间的交往趋于互补,出现了比较复杂的社交行为,相互间的模仿行为较多,如一个躲藏一个寻找,一个跑一个追等。但有时也会有消极的行为,如推搡、咬人、抓挠、抢东西等。

(二) 3—6岁儿童同伴关系的发展特点

在3—6岁,儿童与同伴相互作用的频率进一步增加,社会交往的总体水平显著提高。言语交往成为同伴之间主要的交往形式,互动的质量也逐渐提高。儿童认知能力和言语技能的发展改变着同伴交往的性质。学前儿童能够互相交流思想,分享有关活动的知识,参加集体性的角色游戏;能够与同伴共同商议和讨论游戏规则的制定、游戏角色的分配、游戏场地的划分、游戏材料的使用、游戏情节的建构等。游戏中,同伴之间有较多合作和互助的成分。游戏成为学前儿童同伴交往的主要形式。

帕顿(Parten)根据儿童在游戏中的社会性参与水平,将游戏分为六种形式:(1)无所用心的行为:这是一种无目的的活动,如在房间里把布娃娃丢过来甩过去;(2)袖手旁观的行为:儿童只是站在游戏场外远远地观望同伴的活动,始终不愿意加入;(3)孤独的独自游戏:不与任何人发生关系的独自游戏;(4)互相平行的游戏:与同伴玩同样的玩具或游戏,但相互之间没有任何交往;(5)结伙游戏:无组织的共同游戏,有时相互之间会借玩具或交换玩具;(6)合作游戏:有组织、有规则和有"小组领袖"的共同活动。

图5-5 学前儿童游戏

一般来说,在学前儿童游戏中,2—3岁儿童孤独的独自游戏或互相平行的游戏比较多见;3—4岁儿童大部分是互相平行的游戏。3岁以后,随着儿童自信心的增强和参与游戏活动技能的提高,儿童的独自游戏逐渐减少,群体游戏逐渐增加。4—5岁儿童参与结伙游戏和合作游戏比较多,而5—6岁儿童基本上都是合作游戏。但学前儿童对团队关系并不感兴趣,即使在合作游戏中,同伴相处的时间也十分有限,而且容易被成人控制。另外,学前儿童在游戏中无所用心的行为和袖手旁观的行为也时有所见,应区别对待并认真帮助他们建立起良好的同伴关系。

二、同伴关系的发展趋势

学前儿童的同伴关系比婴儿期的同伴关系更为持久、密切和频繁。这主要是由于学前儿童的生活范围不断扩大,与其他儿童交往的机会增多,能够发展更好的社会技能。此外,由于言语水平的发展,儿童能使自己的语言更适应同伴的水平,因此,相互间的交往更加有效。学前儿童表现出更多的共同努力和合作行为,能够更有效地协调他们的活动,经常成功地解决问题。

《指南》人际交往领域中的"目标3"明确提出学前儿童要与同伴友好相处。譬如在4岁时,儿童要有自己的同伴,想加入小伙伴的游戏或想用别人的东西时,能友好地提出请求,并且与伙伴发生冲突时,能够听从成人的劝解;在5岁时,儿童会有几个经常玩的好朋友,会运用一些策略加入同伴游戏,如以恰当的角色身份出现,并且对大家都喜欢的东西能轮流使用或分享,与同伴发生冲突时,能接受成人或同伴的意见和建议;在6岁时,儿童有一个或者几个固定的好朋友,对别人的请求能够积极地回应,不接受时也能说明理由,共同活动时能与同伴分工合作,一起完成任务,与同伴发生冲突时能够协商解决,不因矛盾而放弃共同活动。

由此可见,学前儿童同伴关系发展的基本趋势是:从最初的、零散的相互动作逐步发展到各种复杂的、互惠性的相互作用。在同伴关系发展过程中,同伴之间的相互作用变得越来越持久、越来越复杂,也越来越亲密。一般来说,从3岁起,儿童就偏爱同性同伴,经常与同性同伴发生联系,互相间面对面的接触增加了。在3—4岁期间,依恋同伴的强度和与同伴建立起友谊的数量有显著增长,单独游戏减少,群体游戏增加。

三、同伴关系的影响因素

儿童的同伴关系是一个多层次、多侧面、多水平的网络结构,其中主要包含两种关系:同伴群体和友谊关系。在同伴群体中,同伴关系可以形成五种接纳类型:一是受欢迎儿童,这是指在同伴中获得的积极提名多,消极提名少,被大多数同伴喜欢的儿童;二是被拒斥儿童,这是指被大多数同伴消极提名,不被同伴喜欢,受到同伴拒绝和排斥的儿童;三是被忽视儿童,这是指一些很少被同伴提名的儿童,无论是积极提名还是消极提名;四是矛盾的儿童,这是指被某些同伴喜欢,同时又被其他一些同伴看作具有破坏性、不被喜欢的儿童;五是一般的儿童,这是指被同伴接纳程度处于一般情况的儿童。在一个普通的群体中,前四类儿童约占2/3,一般的儿童占1/3。那么,影响学前儿童同伴关系的主要因素是什么呢?

(一) 社会行为特征

行为特征是儿童社会能力的重要体现。儿童的亲社会行为与受同伴欢迎程度有关,而攻击性和破坏性行为与被同伴拒绝、排斥有关。受欢迎儿童、被拒斥儿童和被忽视儿童的社会行为特征具有很大的差异,见表5-1。

表5-1 受欢迎儿童、被拒斥儿童和被忽视儿童的社会行为特征

受欢迎儿童	被拒斥儿童	被忽视儿童
积极、快乐的性情	多破坏行为	容易害羞
外表吸引人	好与人争论和反社会	很少攻击,对他人的攻击常表现出退缩
有许多双向交往	极度活跃	反社会行为少
高水平的合作游戏	说话过多	不敢自我表现
愿意与人分享	反复试图与社会接近	许多单独活动
能坚持交往	合作游戏少,不愿分享	逃避双向交往,花较多的时间和群体在一起
被看作好领导	许多单独活动	
缺乏攻击性	常有不适当的行为	

从上表中可以看出,受欢迎儿童通常好交际,友好,支持同伴,能够发动和维持相互交往,能够和平地解决争端,表现出许多亲社会行为,较少表现攻击性行为。

根据不同的行为特征,可以把被拒斥儿童分为两种类型:攻击性儿童和退缩性儿童。攻击性儿童常常采用强迫手段去支配他人或他人的物品,使同伴与其疏远。他们一般不善合作,经常批评同伴群体的活动,极少表现出亲社会行为。他们倾向于将他人的行为作敌意的解释,即使事实上并非如此。此外,他们还常常过高地估计自己的社会地位,认为自己比大多数同伴受欢迎。这类儿童到青春期后期以及成人之后更有可能使用暴力。退缩性儿童常常表现出许多无效的、不成熟的行为,对同伴群体的期望反应比较迟钝。与攻击性儿童不同的是,他们知道其他儿童不喜欢自己,因而感到孤独和自卑,容易体验到挫折以及其他的情绪障碍。他们对批评过分敏感,缺乏同伴支持,容易成为同伴欺负的对象。被忽视儿童通常比较消极、害羞,不善交谈。他们虽然会花较多的时间和同伴群体在一起,但是他们逃避双向交往,很少会努力地加入群体活动,也很少引起他人的注意。他们的攻击性行为少,对他

人的攻击常表现出退缩。

《指南》在行为规则领域中,明确提出幼儿要有诚实、公正的表现,其中不欺负弱小同伴是衡量幼儿是否有攻击性行为的重要指标之一。因此,对于攻击性行为的内涵与内容以及如何帮助幼儿减少和控制攻击性行为,应当引起我们的重视。

拓展阅读

攻击性行为介绍

一、什么是攻击性行为

攻击性行为是有意伤害别人且不为社会规范所许可的行为,是儿童身上一种不受欢迎但却经常发生的不良行为,通常表现为对他人打、抓、撞、骂、责备、威胁等。不过,儿童因过失或不小心以及儿童之间的粗暴游戏而给同伴或他人造成的伤害行为等,都不属于攻击性行为,因为它们不是以伤害他人为目的的。由此可见,攻击性行为总是以社会判断为基础的,既要考虑到个人动机,又要考虑到行为发生的背景和环境。其中,伤害意图、伤害行动与社会评价是攻击性行为概念的三个要素。

国内外相关课题的研究表明,挪威、英国、意大利等国大约有 10%—25% 的中小学生卷入欺负和被欺负的问题。我国大约有 22.2% 的小学生、12.4% 的初中生时常受欺负或欺负别人,有 6.2% 的小学生和 2.6% 的初中生频繁地受欺负或欺负别人。由此可见,儿童的攻击性行为有较高的发生率。

二、学前儿童攻击性行为的主要分类

贝约克基斯等人根据攻击的形式和功能,把攻击性行为分为直接攻击和间接攻击两大类。直接攻击主要包括身体攻击和言语攻击。身体攻击是直接用自己的身体对他人进行攻击,在学前期的主要表现包括打扭拧,指戳砸,挤压踢踩,推搡碰撞,抓咬他人,打掉、损坏、抢夺他人物品,强占座位空间等。言语攻击是直接用口头语言对他人进行攻击,其主要表现包括给人起绰号、造谣、侮辱、威胁、恐吓等。间接攻击是指借助于第三方实施的攻击。在学前期其主要表现:一是向第三方说对方的坏话、造谣,使其他人不喜欢对方,如对别人说"他有毛病""他身上有臭味""他是个坏孩子""他是傻瓜"等;二是唆使第三方打对方,如对幼儿说"我们打他,大家一起打他"等;三是在游戏或活动中冷落或孤立、排斥对方,劝说别人不与对方一起玩或活动,把对方排除在集体之外,如对小朋友说"我们不要带他玩,我们都不要理睬他,因为他是个坏孩子"等。

美国心理学家哈吐普(Hartup)根据攻击的目的和性质,把攻击性行为分为敌意性攻击和工具性攻击两类。敌意性攻击是指攻击行为者的主要目的是专门打击和伤害他人(可以是身体的、口头的或者是破坏他人的工作和财产)。工具性攻击是指攻击行为者的主要目的是获得某件事物而做出抢夺、推搡等动作,这类攻击本身不是为了给受攻击者造成身心伤害,攻击被看作是一种工具或手段,用以达到伤害以外的其他目的。

三、学前儿童攻击性行为产生的原因以及发展趋势

婴儿时期儿童的攻击与冲突主要是由物品或争夺空间引起的,由具有社会意义的事件而引起的攻击所占的比例较小。进入学前期后,由具有社会意义的事件而引起的攻击行为逐渐增多。儿童4岁半时,由具有社会意义的事件(游戏规则、行为方式、社会性比较等)引起的攻击性行为与由空间问题引起的攻击性行为首次达到平衡。此后,学前儿童的攻击性行为基本是由具有社会意义的事件而引起的。

随着年龄的增长,学前儿童攻击行为的发展变化有不同的发展趋向,具体可以归纳为这样几点:一是起因由争夺空间和物品向具有社会意义事件引起的攻击行为变化;二是类型由工具性攻击向敌意性攻击变化;三是表现方式由身体攻击向言语攻击变化;四是攻击同性别同伴的比例随着年龄的增长而发生变化。小班儿童攻击同性别同伴与异性别同伴的比例无显著差异;从中班起,学前儿童攻击同性别同伴的比例多于异性别同伴;到幼儿园大班,两者则达到显著差异水平。

四、减少和控制学前儿童攻击性行为的教育

(1) 提高儿童的社会认知水平和移情能力。

只有丰富儿童相关的社会性知识和经验,才能提高儿童的社会认知水平。费希巴赫(Feshbach)等人的研究表明,儿童的移情能力与攻击性行为之间是负相关的关系,移情能力越低,就越倾向于对别人采取攻击性行为。如果让攻击者更多地了解他的攻击行为给对方造成的不良后果,觉察和体验到别人的痛苦,就能有效地减少攻击行为。其中,角色扮演法、移情训练法等在发展儿童的社会理解力、减少攻击性行为、改善同伴关系方面起着非常重要的作用。

(2) 帮助儿童掌握解决社会性冲突的技能和策略。

学前儿童由于知识经验缺乏,自制力较弱,社交技能水平较低,因此当同伴之间遇到社会性冲突和矛盾时,常常由于缺乏解决人际问题的策略,而以攻击性方式来解决彼此间的冲突。年龄越小的幼儿,表现得越突出。如当其他幼儿坐错座位时,小班儿童往往采用拖、拽、拉、扯、挤、推等攻击性方法,迫使别人离开座位。而年龄较大的

儿童就会采用不同的解决策略,有的会向别人申明这是自己的座位,请别人自动离座;有的会据理力争,要回自己的座位。当遇到儿童自身无法解决的社会性冲突问题时,要教会儿童向成人请教,或者教师利用角色扮演、移情训练、价值澄清等方法,开展故事讲述、情景表演、谈话活动等,组织儿童积极参与学习、观察、讨论,为儿童提供正确的榜样示范。当儿童学习和自觉使用非攻击性的方式如轮流、等待、谦让、分享、合作等,就会有效地解决社会性冲突,减少和避免攻击性行为。

(3) 引导儿童掌握合理的心理宣泄方法。

精神分析学家弗洛伊德(Freud)认为,应该鼓励人们不时地表现他们的攻击性冲动,否则这种冲动积聚到一定水平就会爆发暴力性发泄,因而他大力推崇精神宣泄法。挫折—攻击理论也认为,人们一旦为挫折的情景惹怒,愤怒的情绪状态就会作为一种有攻击危险的心理准备而存在,被激起的愤怒情绪必须得到宣泄,才可以有效降低人们的攻击性。心理实验研究也表明,实际进行攻击、想象攻击行为和观察他人攻击都具有宣泄作用,宣泄是一种很好的消除人的怨恨和攻击冲动的方法。因此,在社会规范允许的范围内,要教会儿童对他人和自己进行没有破坏性的幻想攻击活动等合理宣泄的方法。如当情绪愤怒或失控时,可以将攻击对象由人置换成物品来避免人际冲突,如击打沙袋、搭好积木后全部推倒等具有"破坏性"的游戏活动等,都有助于儿童控制并消除自己的攻击行为。

(4) 及时表扬和奖励儿童亲社会行为。

有些儿童的攻击性表现仅仅是为了引起成人的关注。这时候,成人采取的策略可以是不予理睬。当儿童知道这种方法并不能达到目的,甚至还会弄巧成拙,导致成人反感时,就会终止自己的攻击性行为。成人的这种态度在一定程度上可以适当减少儿童攻击性行为的出现。当儿童采取与同伴之间的友好合作行为时,成人要给予积极的关注,及时地给予表扬和奖励。这样,儿童的攻击性行为就会明显减少。这些做法,对于提高攻击性儿童解决社会性冲突问题的技能和策略能够达到正强化的作用。

(二) 性格特征

性格是个性中最重要的心理特征。研究发现,学前儿童的性格特点对同伴关系具有一定的影响:受同伴欢迎的儿童性格比较外向,不易冲动和发脾气,活泼好动,善于言谈,敢于自我表现;被同伴拒斥的儿童性格外向,活泼好动,很爱说话,脾气急躁,容易冲动和乱发脾气,也比较敢于自我表现;被同伴忽视的儿童一般性格内向,好静不好动,慢性子,好脾气,不易兴奋和冲动,不太爱说话,容易害羞,不敢自我表现。

> **拓展阅读**
>
> ### 婴儿也有颜色偏好
>
> 英国一项最新研究显示,婴儿在4个月大时已展现出自己较喜爱哪种颜色的倾向,一般倾向于喜欢蓝色、红色、紫色及橙色,从而推翻了新生婴儿是"色盲"的想法。
>
> 任职萨里婴儿实验室的富兰克林医生以超过250名婴儿为研究对象,研究他们偏爱哪些颜色。她发现,若让婴儿同时看两种颜色,他们倾向于尽可能多地望蓝色、红色、紫色及橙色;望褐色的时间最短。
>
> 另外,诺丁汉学步幼儿实验室的研究人员发现,儿童在大约3岁时,开始懂得颜色的名称,他们会较早学会说出自己喜爱的颜色。
>
> 资料来源:http://www.ci123.com/article.php/10875.

(三) 社会认知能力

儿童的社会认知能力与社交地位有密切的关系。有研究者试图以儿童社会认知能力的不同来解释社会地位的差异。我国学者周宗奎、林崇德等人研究发现,受欢迎儿童比不受欢迎儿童对社交问题提出了更好的解决方法。不同家庭背景的儿童,在人际问题解决策略上有一定的差异。被拒绝儿童更多地借助于第三方来发动交往,表现出较强的依赖性。被忽视儿童发动交往的有效性最低。这与国外研究结果一致:不受欢迎儿童在发动交往时比受欢迎儿童有更多的困难,被拒绝儿童解决冲突的策略最不恰当。此外,被忽视和被拒斥儿童更少选择言语沟通和言语解释策略。受欢迎儿童比其他儿童更多地考虑"逃避惩罚"。这在一定程度上反映了不同认知能力与儿童不同社交地位之间的联系。社会认知能力还能够预测学前儿童的同伴接纳性。有研究证实,那些与同伴建立了友好关系的儿童比没有好朋友的儿童在观点采择测试上的得分高。此外,受欢迎的、一般的和被忽视儿童比被拒斥儿童在学业成绩和智力测验上的得分都要高。

影响学前儿童同伴交往的因素还有一些,诸如家庭教养方式、出生的顺序、性别、年龄和幼儿教师对儿童在交往方面的培养和训练等,这些也都会对同伴交往产生影响。

第三节　学前儿童人际交往能力的教育活动设计

幼儿园人际交往教育活动的类型多种多样，但由于其拥有共同的特点，其设计和实施的基本结构如下：

一、创设人际交往情境

人际交往能力是指妥善处理组织内外关系的能力，包括与周围环境建立广泛联系和对外界信息的吸收、转化能力，以及正确处理上下左右关系的能力。交往能力是在不断交往的实践活动中发展与提高的。教师在指导学前儿童日常活动、教育活动和游戏活动时，要多为儿童创设同伴交往的条件，提供同伴交往的机会，让儿童在实践中得到锻炼。

兴趣是最好的老师。通过情境的创设，如朗诵诗歌、观看动画片、看图片、听故事、做游戏、猜谜语等，引发学前儿童参与的兴趣。通过教师创设的人际交往环境，让幼儿在轻松、友好、快乐的交往氛围中，积极与人交往。如大班社会活动"微笑"的设计者，就是通过观看小蜗牛微笑的卡片，以及欣赏关于微笑的故事，将幼儿引入到人际交往的活动中来。

现在大多数的儿童是独生子女，他们拥有较丰富的玩具、图书等，但是缺少同龄玩伴。因此，家长要千方百计地为儿童"人工合成交往伙伴"，以弥补儿童"同伴缺失"的遗憾。家长可以带儿童到同伴家里做客，也可以邀请小朋友到自己家里做客。这样既可以让儿童学会做客、待客之道，又可以帮助儿童与同伴建立友好的伙伴关系。

二、学习和运用人际交往技巧

人际交往教育活动的主要目标就是帮助学前儿童掌握一定的人际交往技能技巧。因此教师向幼儿介绍人际交往技巧是非常重要的一个环节。介绍人际交往技巧可以采用两种方法：一是直接呈现法，就是让幼儿直接接触人际交往技巧，如面带微笑，使用礼貌用语，并让幼儿感受到这种交往技巧能够给人带来快乐，从而使他们愿意使用交往技能；二是间接呈现法，这是指教师通过呈现一些反面事例，让幼儿进行讨论，逐步引出人际交往技巧。例如，教师请幼儿观看一个短片：幼儿 A 想参与其他几个幼儿的游戏，但是他们不同意。于是，A 开始捣乱。其结果不但没能和大家一起玩，还引起了争执和冲突。观片后，教师组织幼儿讨论：片中哪些孩子做得好？哪些孩子做得不好？最后，引出人际交往技巧——学会与人协商的方法。

幼儿接触人际交往技能后，教师要提供条件和机会，让幼儿学习使用。这是人际交往教育活动的核心环节,其主要目的在于帮助幼儿掌握所学的人际交往技巧在哪些场合可以使用,对什么人可以使用等。在这一环节中,教师可以采用角色扮演法,如设计一些需要运用技巧的交往情境,让幼儿分组或集体表演;可以采用讨论法,例如学习交往技巧后,组织幼儿讨论怎么使用、在哪些场合使用等等。

三、儿童社会认知能力和社交技能的训练

社会认知能力和社交技能对儿童的同伴交往具有重要的影响。我们要帮助学前儿童熟练地掌握社交技能,包括加入某同伴群体的活动、对同伴表示赞扬和支持、恰当地解决冲突等等。应当通过幼儿园的游戏活动进行干预训练,提高儿童的社会认知能力和社交技能。具体说来,可以采用以下一些方法:

(一) 行为训练法

根据班杜拉(Bandura)的替代学习原理,行为训练法强调观察、模仿、强化。每次训练包括三个步骤:一是观察学习。带领被拒斥和被忽视儿童观察受欢迎儿童在游戏活动中的亲社会行为的表现,如助人、合作、友善、同情和领导等。二是模仿。让被拒斥和被忽视儿童模仿他们曾观察过的受欢迎儿童的行为,如向别人微笑、分享玩具和事物、发起积极的身体接触、主动交谈、给同伴支持与赞扬等。三是参与游戏。组织被拒斥和被忽视儿童进行游戏活动,在游戏中安排他们完成一项任务或实现一个目标。如果没有同伴的共同合作,该项任务或目标就无法实现。这样促使他们尽可能表现出曾学习过的亲社会行为,教师及时给予鼓励、强化与纠正。

(二) 认知训练法

针对学前儿童几种主要的人际交往情境,对被拒斥和被忽视儿童进行认知训练,包括如何加入一项游戏活动,如何与同伴轮流和分享,如何有效地与同伴交流,如何做出让步,如何给同伴以注意和帮助等等。每次训练包括两个步骤:一是讲解,即结合幻灯、录像、图片等讲述人际问题情境,如交朋友、参与、合作、竞争、解决冲突等,引导儿童理解情境,自己想出各种解决问题的方法,教师给予肯定、补充和修正等;二是游戏,即组织儿童进行合作、冲突、帮助等各种角色游戏,使他们对各种人际交往情境和技能有比较感性和具体的认识。

(三) 情感训练法

良好的社会情感的建立,可以促进儿童亲社会行为的产生和发展。情感训练法包括三个步骤:一是移情,利用幻灯、录像和讲故事的方式引导儿童产生并体验故事中主人公的情感变化;二是情感体验,结合游戏活动,创设一定情境,逐步培养儿童友好合作、热心助人的快乐感,破坏性行为的内疚感,参与活动的满足感,成功的自信感等;三是情感追忆,就是在

游戏活动结束后,引导儿童回忆自己在游戏活动中的各种情感体验,并进一步给予强化和训练。随着年龄的增长,情感训练法对于提高同伴接纳水平的效果会逐渐增强。

> **拓展阅读**
>
> ### 善于交往的孩子智商高
>
> 美国加州大学著名心理学家劳伦斯·哈特(Hart)教授研究表明,善于与人交往的孩子智商较高,往往比较聪明活泼,不仅容易与人相处得融洽,而且可以从他人那里学到更广阔的知识。因此,我们要重视培养孩子与人交往的习惯。
>
> 培养孩子乐观的性格。让孩子多参加集体活动。现在的幼儿每天被一大堆成人包围着,与同龄孩子的交往机会较少。所以,家长要提供机会让孩子多参加集体活动,在集体活动中为集体做力所能及的事情。当别人遇到困难时,要鼓励孩子不是嘲笑而是主动帮助别人,这样会赢得更多的朋友。
>
> 教给孩子一些交往技巧。首先要幼儿真心诚意待人,教会幼儿礼貌用语,让他主动向他人打招呼问好;另外,在与别人的交往中要学会宽容小伙伴的缺点和过错,不要因为小事而斤斤计较;让孩子在交往过程中善于发现别人的优点和长处,并且学会真心赞美别人,不要因为具有某项长处而炫耀自己。
>
> 千里之行始于足下,交往能力培养从小抓起,其益处是显而易见的。幼儿园的老师们要通过设计各种各样的活动来培养孩子的交往能力,可以让孩子们玩角色游戏,因为在游戏中能扮演不同的角色,如"奶奶""爷爷""妈妈""爸爸"等角色;可以组织幼儿到超市自己去购物;可以建议到小朋友家去做客等。一是能培养幼儿对交往的兴趣,孩子们在交往之中得到娱乐,通过语言交流拉近同伴间的关系,更深切地体验到交往的愉悦。能简单地认识到自己的价值。二是能启蒙良好的交往习惯。孩子在交往中,需要真诚和友爱,合作和帮助,机智和灵敏等等。
>
> 多给孩子提供"社会角色"的机会。孩子们都有自己的一片天空,无论在游戏中还是在日常生活中,他们都乐于反复扮演"小主人""小客人"的角色,家长要多给孩子提供机会,鼓励他们请小伙伴到家里做客,并帮助孩子热情招待小朋友。幼儿在家长帮助的过程中,会学会怎样待人接物,赢得孩子在小伙伴中的好感。同时鼓励孩子独自去小伙伴家串门,这可是锻炼幼儿独自交往的好机会!不过在去之前,家长可别忘记提醒孩子做客的礼节哦!

四、学前儿童社会交往能力的培养

(一) 在对待孩子的人际交往问题家长要给予充分的重视

孩子的人际交往能力很大部分受家庭的影响,要想让孩子有一个和谐健康的人际交往关系,家长就必须为孩子创造一个和谐健康的家庭环境。有研究表明,婴儿与母亲的关系是以后诸多人际关系形成的基础,母婴关系在很大程度上影响了婴儿以后人际关系的形成,父亲与婴儿的游戏也有助于促进婴儿的社会交往。脱离这种交往,形成和发展人际关系就会出现困难。另外,我们都知道,在少儿时期,孩子们的人际关系往往是垂直式的交往关系,受到成年人的影响最大,如父母、祖父母、教师。而父母作为孩子的第一任老师,在很多方面对孩子们有潜移默化的影响,孩子们的模仿能力很强,常常把父母的一些语言、行为、习惯带入到自己的生活中,所以,父母营造一个健康和谐的环境对孩子的人际关系的培养十分重要。

(二) 教会孩子把握正确的交往原则

人际交往的最基本的原则是交互原则,这说明人际关系的基础是人与人之间的相互重视和相互支持,这个原则同样适合于儿童的人际交往。父母应当教育孩子,当别人对自己表示友好的时候,一定要对对方的友好表示"回答",而当这种"回答"得到强化之后,将会刺激交往进入一种良性的循环状态,有利于更进一步的交往关系的建立。

(三) 注重对孩子在交往中技巧的培养

对于孩子来说,人际交往能力的培养包括以下几点:语言表达能力培养、克服胆小和羞怯、让儿童学会分享、让儿童充满自信、让儿童学会欣赏别人等几个方面。

1. 认真培养孩子的语言表达能力

对于儿童来说,由于自身所处的年龄阶段的特殊性,他们的思维简单而直接,语言表达能力强的孩子比语言表达能力差的孩子有更多的机会在交往中脱颖而出。因为他们能让别人更好地理解自己并且产生认同,从而在交往中占据优势。所以,家长应当特别注意儿童语言表达能力的培养,包括:意思的陈述训练、口齿清晰度训练、语言连贯训练。只有做好这些训练,儿童才能更完整更清晰地表达自己,才能在交往中具备一定优势。

2. 克服胆小和羞怯心理

往往有很多家长发现,自己的孩子在家里很是能说会讲,但是在外出场合或陌生的环境往往是要么面红耳赤,原来会说的也说不清楚,要么干脆闭口不言。究其原因,主要是儿童有胆小羞怯的心理。其实,只有少部分的孩子胆小是天生的,大部分是后天造成的。比如,父母一向对孩子过于严厉,或是父母对孩子过于保护,都会使得孩子在陌生场合过于紧张,无所适从。因此,家长在平时不妨给儿童多一些自由,在一定的范围内听一听儿童自己的意见,多带儿童到人多的场合或陌生的场合,鼓励他们主动接触一些人或鼓励他们主动处理一些事,鼓励儿童自己去解决一些他们能解决的事情,培养儿童的胆量和与人交往的能力。

3. 教儿童学会分享

在实际生活中,最受欢迎的儿童往往不是最漂亮的,也不是最能说会讲的,而是有好东西能够想到朋友,并且愿意和朋友分享的儿童。可见,儿童对分享很在意,如果有人对他们以分享的方式示好,那个人将会受到欢迎,反之亦然。如果孩子们从小能够学会分享,这将是他一生受用不尽的财富。

4. 让儿童充满自信

自信来自儿童的天性,但往往在后天生活中,有些儿童的自信由于种种原因被削弱。在人际交往中,自信非常重要。一个人也许不是很漂亮,也许没有很动人的声音,甚至,也许他没有健康的身体。但是,只要他充满自信,总会不知不觉打动别人的心。自信就是在不经意中,由内而外发出的一种信息,这种信息充满力量,让人在人际关系中充满魅力。家长应抓住每一个让儿童学习知识的机会,应抓住每一个让儿童得到锻炼的机会,让儿童的生活丰富起来,不断地积累知识,不断地实践和锻炼,儿童才会更加自信而充满智慧。

5. 教儿童学会欣赏别人

学会欣赏别人其实是人际交往交互原则的一个相对面。每个人在交往中都希望得到对方的支持和认同,儿童也一样。在交往中,儿童总会对向自己示好的一方抱有好感。因此,家长应当教育儿童,既然我们在内心对交往的朋友有这样的要求,对方必然也会对我们提出这样的要求,这就要求我们在期望得到更多的赞美的同时能够去赞美别人,让儿童学会欣赏别人。教儿童学会欣赏别人,这一点对儿童非常重要。因为我们现在很多家庭的孩子是独生子女,孩子们往往在娇生惯养的家庭环境中,享受着赞美,却忽略了如何去欣赏别人。

教育活动设计方案

活动方案 1:我的新朋友(小班)

设计意图　　社会领域的目标重点是要培养幼儿乐意与人交往,学习互助、合作和分享,同时《纲要》也指出"幼儿与成人、同伴之间的共同生活、交往、探索、游戏等,是其社会学习的重要过程,应当为幼儿提供人际间相互交往和共同活动的机会和条件,并加以指导"。

活动目标

1. 激发幼儿交新朋友的愿望,感受交新朋友的快乐。
2. 进一步了解名片的作用。
3. 能大胆地介绍自己,与同伴分享、合作。

活动准备

1. 歌曲《找朋友》。
2. 幼儿和家长一起制作一张名片,自带一件物品。
3. 请几位幼儿不认识的老师做客人。

活动流程

过生日—操作活动—观赏图片—活动讲评

活动过程

活动前半部分在菠萝班、香橙班两个班上分别进行。

(一)游戏"猜猜我是谁"

引入活动,教师提问:

1. 刚才参加游戏的小朋友,蒙上了眼睛,为什么都能很快猜出后边的小朋友呢?(因为我们都是一个班的同学,天天都在一起,很熟悉了,我们都是老朋友了)
2. 我们菠萝班的老朋友天天都在一起,你们快乐吗?
3. 为什么很快乐?
4. 那如果我们有了更多的朋友会怎么样呢?
5. 你们想认识新朋友吗?

(二)两位邻班教师(本班幼儿不认识的老师)带着礼物出现

"当当当……"响起敲门声,老师打开门:"真巧,一说到新朋友,现在就有新朋友来了。请进!"

新老师与小朋友打招呼,并分别作自我介绍。

(三)幼儿做自我介绍

1. 刚才我们认识了新老师,现在怎样让新老师认识我们呢?
2. 请幼儿分别用名片、口头介绍。
3. 名片上面有些什么内容?(姓名、电话号码、住址……)
4. 教师小结名片的作用。(名片能让别人记得更清楚、更长久)

活动后半部分在音乐厅进行。

(四)自主交往活动

老师听说香橙班的小朋友也在寻找新朋友,老师和他们约好了在音乐厅见面,现在,让我们带上名片和礼物,一起去认识新朋友吧。

1. 音乐开始,两个班的小朋友分别从两个门进入。

香橙班:你们好,我们是香橙班的小朋友,香橙香橙,快乐心情!

菠萝班:你们好,我们是菠萝班的小朋友,菠萝菠萝,健康快乐!

两个班老师分别作自我介绍。

2. 幼儿自主交往。

(五)小结,请幼儿和自己新认识的朋友手拉手在一起

教师提问:你认识了几个新朋友?你是怎么去认识的?你和新朋友一起做了什么?你感觉怎么样?

教师小结:和朋友在一起真快乐,朋友越多,我们的快乐也越多。

(六)播放歌曲《找朋友》,结束

教师:认识了新朋友真高兴,现在我们和新朋友一起唱歌、跳舞吧!

活动方案 2:学会请求(小班)

设计思路

小班幼儿开始逐渐感受与同伴交往的需要,但是受自我中心特点及现代家庭生活方式的影响,幼儿与同伴交往的机会较少,且比较缺乏相关的交往技能。我们拍摄了三段幼儿平行游戏的视频,让幼儿初步了解在不同的情境下如何友好地提出请求,感受大家一起玩游戏的快乐,在幼儿熟悉的情境中,培养和发展社会交往能力。

导入环节——经验导入,感受和同伴一起游戏是开心的事。用贴近幼儿生活的照片引起幼儿的活动兴趣,在聊聊自己和好朋友玩过的游戏中初步感受共同游戏的快乐。

中心环节——看看讲讲,了解加入同伴游戏的请求方式。通过观摩三个视频,了解希望加入游戏时可以友好地提出请求,得到同意时学会说声谢谢,没有得到及时同意时愿意等待并且尝试再次提出请求。充分调动幼儿情感,让幼儿直观感受,并从中学习和积累与同伴交往的方式方法及相关经验。

结束环节——玩玩游戏,尝试通过提出请求的方式加入。用幼儿喜欢的开火车游戏作为载体,创设与同伴交往的机会,通过行为跟进,让幼儿在情境中自然习得相关交往技能。

活动目标

1. 知道想加入同伴的游戏时,要友好地提出请求。
2. 学习在不同情境下友好提出请求的方式。

活动准备

3. 愿意与小朋友一起游戏,感受大家一起玩游戏的快乐。

物质准备:

1. 照片:自主游戏"小餐厅"。其中,厨师、服务员、小客人身着不同装扮,厨师在厨房区域做菜,服务员端菜,桌上摆放了各种各样的食物,小客人坐在餐桌旁边用餐,幼儿在场景中开心地游戏。

2. 视频三段:

(1) 视频一:幼儿A、B在娃娃家游戏,幼儿C来到娃娃家区域。提出请求:"请问,我可以和你们一起玩吗?"幼儿A回答:"好呀。"幼儿C表示感谢:"谢谢!"幼儿A、B回答:"不用谢!"。幼儿B提议:"我做爸爸,(对A说)你做妈妈,(对C说)你做姐姐吧!"幼儿C:"好的,大家一起玩真开心!"三个好朋友拥抱在一起。

(2) 视频二:幼儿A、B、C、D在小餐厅游戏。1个厨师、1个服务员、2个小客人,幼儿E介绍:"我今天想去小餐厅玩。"E来到小餐厅区域,向同伴提出请求:"请问,我可以和你们一起玩吗?"幼儿A回答:"不行不行,我们这里已经有2个小客人了。"幼儿E说:"没关系,那我等一等吧"。幼儿A说:"好的,请在这里休息一下。"过了一会儿,小客人C、D吃好东西离开了。幼儿A对幼儿E说:"请进请进,欢迎欢迎!"幼儿E说:"谢谢!"

(3) 视频三:幼儿A在摆弄自制小汽车,玩开车的游戏,幼儿B走过来:"请问,我可以玩一会儿小司机的游戏吗?"。幼儿A:"好的,等我玩好让你玩。"幼儿A继续游戏。幼儿B在一旁等待。过了一会儿。幼儿B:"我也想玩,可以让我玩一下吗?"幼儿A:"好吧,我们轮流玩。你做司机,我做小乘客,一会儿我们交换。"幼儿B:"好的,谢谢!"幼儿A坐到乘客位上,幼儿B:"准备好了吗?小汽车要开喽!"

经验准备:幼儿参与过自主游戏,且对自主游戏的规则和玩法有一定的了解。

活动过程

(一) 经验导入,感受和同伴一起游戏是开心的事

1. 出示照片:自主游戏"小餐厅"。

    教师提问:小朋友们在干什么?他们的表情怎么样?

2. 经验分享。

    教师提问:(1) 你玩过小餐厅的游戏吗?和谁一起玩的?

    (2) 和好朋友一起玩,感觉怎么样?

(3) 除了小餐厅,还玩过哪些游戏?

教师小结:我们玩过很多好玩的游戏,娃娃家、小餐厅、宝宝医院、小汽车(总结幼儿说到的游戏),和好朋友一起玩游戏真开心。

(二) 看看讲讲,了解加入同伴游戏的请求方式

教师:在玩游戏的时候,可能还会遇到这样的事情,我们来看看。

1. 提出请求,学会感谢。

【播放视频一:娃娃家游戏场景】

教师提问:(1) 当看到娃娃家已经有两位好朋友在一起玩了,小朋友是怎么说的?

(2) 小朋友礼貌地提出请求,得到好朋友的同意了吗?

(3) 得到同意后,小朋友还说了什么好听的话?

教师小结:有礼貌地提出请求,会得到好朋友的认同,得到同意后我们还会说声谢谢,大家一起玩真开心。

2. 提出请求,学会等待。

教师提问:如果你想玩,但是好朋友没有同意,该怎么办呢?我们再来看。

【播放视频二:小餐厅游戏场景】

教师提问:(1) 视频中的小朋友想到小餐厅玩,他会和小餐厅的小朋友说什么呢?

(2) 餐厅的小朋友同意了吗?如果你被自己的好朋友拒绝了,你会怎么办?

(3) 视频中被拒绝的小朋友是怎么回答的呢?我们一起来看一看。

(4) 最后怎么样,他们一起玩了吗?玩得开不开心?

教师小结:当我们提出请求但好朋友没有马上同意时,可以先等一等,不着急,一会儿再和大家一起玩。

3. 提出请求,学会争取。

【播放视频三:小司机游戏场景】

教师提问:(1) 小朋友看到别人在玩小汽车,也想玩,他是怎么说的呀?得到同意了吗?

(2) 视频里当一个小朋友一直没有给另一个小朋友玩时,又可以说些什么呢?

(3) 最后结果怎么样,小朋友们用了什么办法?

教师小结:等待之后,我们还可以再一次有礼貌地告诉小朋友,

学会争取。大家可以轮流玩,你先玩,我后玩,一起分享才快乐。

(三) 玩玩游戏,尝试通过提出请求的方式加入

1. 介绍游戏玩法,鼓励幼儿大胆友好提出请求。

教师提问:(1) 小火车的游戏马上就要开始,谁想一起玩?

(2) 会用什么好听的话来说一说?请问,我可以和你(们)一起玩吗?

2. 在火车行进过程中,根据幼儿的请求,增加参与人数。

教师提问:(1) 还有谁想加入我们的游戏?请你说说看。

(2) 得到好朋友的同意后可别忘了说什么呀?

教师小结:宝贝们的本领真大,能够有礼貌地提出请求,还会说声谢谢,大家一起玩游戏,好朋友越多越开心。

上海市黄浦区瞿溪路幼儿园　许一晨

资料来源:尔雅润育——幼儿园社会性教育主题课程。

案例评价

小班幼儿处于以自我为中心阶段,喜欢平行游戏或独自玩耍,不会主动发出加入游戏或活动的请求,而该活动设计充分贴合小班幼儿的这一年龄特点。教师以三段幼儿平行游戏的视频作为重要的经验支撑,让幼儿初步了解在不同的情境下如何友好地提出请求,能够很大程度上唤起幼儿的认同感,从而推此及彼;其次,活动目标具体而准确,从认知、技能、情感三个维度出发对小班幼儿在人际交往方面的要求进行了表述,贯彻设计意图的同时也遵循了儿童本位的思想;再次,从活动准备上看,温馨的环境布置为幼儿提供了适宜的情境,为后面学习和运用人际交往技巧提供了良好的空间,有利于教师组织专门的人际交往训练活动。

学习合作(大班)

人际交往和社会适应是幼儿社会学习的主要内容,也是其社会性发展的基本途径。成人通过组织人际互动,帮助幼儿学会正确看待自己,以及如何与人友好相处、不断发展

适应社会生活的能力。

《指南》中指出,5—6岁大班幼儿"活动时能与同伴分工合作,遇到困难能一起克服""与同伴发生冲突时能自己协商解决""能关注别人的情绪和需要,并能给予力所能及的帮助"。大班幼儿喜欢与同伴一起活动,往往边操作边交流,具有较高的合作水平,在活动时能够自主协调分工,遇到困难时愿意通过讨论寻找解决办法。本次活动目标正是契合大班幼儿人际交往的核心经验,目标表述简洁明了,紧紧贴合活动内容,重难点突出。

从活动内容和活动过程来看,教师始终围绕协商与交流、分工与合作的活动目标,引导幼儿在与同伴的互动中齐心协力,体验共同完成任务的快乐。另一方面,教师在活动准备时充分考虑到幼儿的兴趣和已有经验,通过组织幼儿感兴趣的角色扮演游戏与体育运动游戏,鼓励幼儿通过动手、动脑进行实际操作,从而促进合作行为的产生。此外,在活动过程中,教师营造了一个自由讨论的氛围,始终鼓励幼儿积极思考、大胆表达、相互促进,并通过高质量的提问引发了幼儿的深入探索,使其形成同伴之间以及师幼之间的良好合作,在整个过程中自然而然地促进着幼儿协商意识、交流能力和合作技巧的提高。

活动又被分为两个子活动。活动一的主要目的在于发展幼儿的分工与协商能力,在整个过程中,教师只在活动之初抛出问题,充当引入者的角色,给予幼儿足够自由的空间,促使幼儿充分发挥主动性,积极参与到讨论与协商中。在多名幼儿都跟从回答想表演"小朋友"的角色时,教师提出关键一问:"那么还有其他角色谁想演呢?"帮助幼儿打破僵局、转移注意,思考更多可以表演的角色。

活动二包含三个体育小游戏:在第一个游戏拔河比赛中,教师首先简明扼要地向幼儿介绍游戏规则,明确规则是参与活动的第一步。活动伊始,教师并未以说教式的方法教幼儿如何进行合作,而是鼓励自行组队,让幼儿不受限制地体验游戏,经过首次亲身操作体验,教师才召集幼儿共同进行讨论。通过询问幼儿参与拔河的人数,引导他们思考多人合作的意义和重要性。此外,教师巧妙地引导幼儿探索合作的不同方法,在进行不同方法的交流后,幼儿被鼓励再次进行分组游戏,充分体验合作的快乐。第二个游戏是幼儿熟知的接力跑比赛,教师注重启发幼儿对游戏的总结与反思,通过提问帮助幼儿思考取得胜利或失败的原因,引发幼儿对合作的思考。经过经验的总结,幼儿充分重视到了游戏中合作的必要性,有效地掌握了合作比赛的技巧,并在反复的练习中得到了验证。最后一个游戏是搬垫子,教师最初并未对幼儿的搬运方式进行干预,而是进行细心的观察,引导幼儿们在组间分享搬运重物的感受、遇到的困难以及有效搬运的经验。其中,有两名幼儿选择了合作搬运的方式并且轻松地完成了任务,教师敏感地捕捉到了教育机会,鼓励这两名幼儿向同伴们交流经验,并进行实际演示以加深其他幼儿的印象。在这个"实践—反思—再实践"的过程中,幼儿可以通过观察学习和亲身体验感受合作的益处。

总体来说,活动能运用幼儿喜闻乐见的形式开展,注重表演情境和游戏情境的创设,环节设置密切契合活动目标。教师充分整合幼儿的已有经验和发展现状,鼓励幼儿在游戏中产生互动,通过协商与合作解决问题。活动过程中充分发挥幼儿的主体性,为每位幼儿提供活动和表现的机会。

主要参考书目

1. 文颐,等.婴儿心理与教育(0—3岁)[M].北京:北京师范大学出版社,2011.
2. 陈帼眉,刘焱,等.学前教育新论[M].北京:北京师范大学出版社,1996.
3. [美]谢弗.发展心理学:儿童与青少年(第九版)[M].邹泓,等,译.北京:中国轻工业出版社,2016.

案例分析

案例一

一天,吃完饭后幼儿坐在小椅子上玩玩具,邻座的两位幼儿突然争吵了起来,老师走过去,明白了他们争吵的原因,两个人正抓着同一件玩具不肯松手,其中一位幼儿表现出了很无辜的眼神,开始寻求老师的帮助:"老师,×××不给我分享玩具。"

案例二

有一个小朋友,性格比较执拗,往往会因为天气的冷热影响他的情绪而流眼泪,所以在教室里经常会听到他的哭声,小朋友们都开始变得不太喜欢他。一天早上,这个爱哭的小朋友与班里的另外一个小朋友一起进幼儿园的门时,老师让他们手牵手走进去,那个小朋友就对我说:"我不要跟他手牵手,我不喜欢他。"

案例三

在户外活动回教室吃完点心后,老师会让小朋友拿好小椅子坐到后面的指定区域准备上课,可还没有开始上课,就有小朋友走到老师的面前说:"老师,×××不要和我一起坐,他不喜欢我了。"其实,是因为他搬小椅子过去晚了,那个小朋友早已坐好准备上课了。

案例四

在教室,有一个小朋友老是一个人坐在那里,不愿与其他小朋友讲话,性格比较孤僻。课间的时候从不和小朋友们玩耍,就一个人在那里玩弄自己的手指。

请分析以上案例中的幼儿在人际交往中存在的问题。

分析参考：

以上的几个案例都是发生在幼儿生活和学习中的，分析思考一下幼儿出现的这些行为和表现，其实总结一下就是因为幼儿在与其他幼儿交往时出现了障碍。案例一中的幼儿，虽然教师在幼儿园告诉过幼儿要学会分享玩具，但总是有小朋友不愿意与别人分享。在他想玩玩具又得不到玩具时，幼儿就开始寻求老师的帮助，"老师，×××不给我分享玩具"，其实就是想暗示老师，想得到老师的帮助，帮他去要到他想玩的玩具。当幼儿走到老师面前求助时，往往是遇到了自己无法解决的事情，那这个时候，老师是不是应该直接帮助他呢？不是，因为，小班幼儿在这个时候正是他们人格培养的时候，不管是现在，还是在将来，有良好的问题解决能力是非常重要的。要让幼儿解决这类事情那必定要他们学会与同伴交流，比如，让幼儿走到另外一个幼儿面前跟他商量："×××，你的玩具愿意和我分享吗？"碰到乐意交往的小朋友就会点点头，说"好！"但遇到不乐意与同伴交往的幼儿就会说"不"。从上面的情景中也可以透射出幼儿园不同性格幼儿的人际交往是不同的。

在幼儿园里，一个教室二十几个幼儿生活在一起，但每个幼儿的性格特点都是不同的，有的天生就有良好的人际交往能力，而有的则尚待发展。所以，针对不同的幼儿，应采用不同的方法帮助和提高他们的人际交往能力。幼儿人际交往能力只有在良好的环境渲染以及更多的交往实践中才能得到锻炼。

可以从以下几个方面着手，旨在培养幼儿的人际交往能力。

一、了解幼儿性格特征，因材施教

入园的孩子对陌生的环境和陌生的人往往会产生焦虑不安和恐惧的心理，表现为孤僻、胆小、不合群。针对以上情况，教师应为孩子提供交往的环境和机会，以消除孩子的不安心理，使其尽快地适应幼儿园的生活。这时可以用幼儿园的好玩的玩具、好玩的游戏以及一些好听的故事吸引他们。在与同伴共同游戏的过程中，慢慢使幼儿解除孤独、害怕的情绪，使他们感受到友爱、欢乐。另外，教育要坚持面向全体幼儿，注意个体差异。每个幼儿都有自己的个性，有些幼儿在交往中非常受欢迎，有些则被排斥，这都跟每个幼儿不同的个性相关。幼儿人际关系的敏感期，正是塑造良好人际关系的关键时期，抓住这个教育契机，孩子的人际交往能力是可以改善的。不同类型的孩子：有些表现出执拗的一面，动不动就哭；有些以自我为中心，他要的玩具别人不能要；有些支配欲特别强，总喜欢别人听他的。这些孩子在和同伴交往中，都容易被群体排斥。针对这些孩子的性格特点，要对他们多一点耐心教育和细心的引导，慢慢让他们跨过人际交往的障碍，这是培养幼儿良好人际交往能力中不可忽视的一个方面。

二、善于发现优点，创造幼儿与集体交往的机会

有一个幼儿，起初来到幼儿园，不会讲普通话，所以他的人际交往就被语言限制了。为了让他尽早融入在这个集体中，老师不仅在课间用普通话跟他交流，而且花了时间去观察他。在上课的时候,因为他听不太懂老师讲的话,但发现他坐得很神气,就利用他的这一优点夸赞他,让他慢慢体会到老师是在关注他,想去帮助他的,自然而然地在表扬他的同时也给了他一个善意的提醒。慢慢等他更有信心之后,再去观察他的户外活动情况,后来老师发现,他还是很活泼好动的。所以,在户外活动的游戏环节让他多多参与游戏,慢慢地发现他有了朋友,参与活动时也更活泼了,也愿意讲话了。针对不同的孩子,一定要从抓住他们的优点做起,让他们有自信并多参与集体活动,这对培养幼儿的人际交往能力有一定的帮助。

三、分享活动,促进幼儿间的交往

分享活动对幼儿的人际交往也有一定的促进作用。幼儿一开始是通过分享食物来建立人际关系的,就如小班的孩子,从家中带来好吃的糖果与小朋友们分享。于是老师在教室开了一次糖果分享会,在分享的过程中老师观察到幼儿的情绪表现非常积极,不仅仅因为被眼前琳琅满目、色彩鲜艳的糖果所吸引,更因为喜欢这个活动环节。因为每个小朋友要向其他小朋友介绍自己带来的糖果,并和他们分享自己带来的糖果。把自己最喜欢吃的糖果跟其他小朋友分享,他们享受并喜欢这个过程。这样的分享会不仅增进了幼儿间的情感,也促进了每一位幼儿的交往能力。还有一些户外的活动,比如秋游,让幼儿间的交往又上了一个台阶。在休息吃点心的时候,他们不仅仅是因为喜欢盘坐在草地上用餐,也更因为可以将自己带来的好吃的跟同伴们分享。在分享玩具中,幼儿同样表现出积极的一面。这一类幼儿是对物比较感兴趣的,像糖果、玩具等;但是到了中大班,食物和玩具分享的积极性慢慢消退。他们对同伴之间的情感比较感兴趣,他们往往找与自己语言和兴趣爱好相似的同伴做好朋友。但当两个好朋友在相处时,难免会出现一些矛盾,这时他们就会试着约定好一些规则,当两者共同达成时,矛盾就会化解。最后发展到两个幼儿在处理任何事情前都会自发地提出他们达成共识的规则,这也就是幼儿人际交往中的最高境界,从学会分享到会处理同伴间的问题,有了合作精神。要使儿童在人际关系的敏感期有良好的发展,就必须经历这样一个转换的过程,在这个过程中,给孩子空间,让孩子自己处理问题,直到孩子需要成人时才介入。但介入的时候并不是告诉孩子应该怎么做,而是要倾听孩子,让他们自己说出存在的问题,从而让他们建立规则,自发解决。这就是我们所说的,儿童拥有权利去发现问题、解决问题,并设计出解决问题的计策和方案。不能剥夺儿童这样的自由,这样才能使幼儿在这个人际关系的敏感期达到最好的教育效果。

四、角色游戏,提高幼儿的交往能力

在幼儿园的一日活动中,教师应给孩子充分的游戏活动时间,因为游戏和活动是幼儿进行交往、学习交往技能的最好机会。特别是在角色游戏中,幼儿在交往中必须要敢讲话、爱讲话,消除羞涩、胆小的心理,克服任性、自我为中心的个性。如:通过角色游戏可以使幼儿学会不同的交往方式。"娃娃家"中"爸爸"和"妈妈"共同商量烧什么好吃的

给娃娃,在烧菜的过程中又要商量加什么调味剂等;在理发店,"理发师"和"顾客"就需要交流:"欢迎光临,请进!""我帮你洗头啊!""好的,谢谢!";在玩具城则有小朋友在交流:"等会,我可以玩一下你手中的玩具吗?""好的!"在角色游戏时,教师则加以引导,学会运用各种礼貌用语和各种协商的口吻和幼儿交流,以建立幼儿的合作意识。让他们更愿意在群体中活动,建立良好的群体意识。

五、共建家园合作,使幼儿在耳濡目染中学习

"身教重于言教",根据幼儿的年龄特点,他们的模仿能力较强,很多时候跟他们说教还不如用行动去感染他们,这个时候就要求家庭和幼儿园达成一致,实现家园共育。教师在幼儿心目中的重要作用使他们的一言一行都成为了幼儿表率。同样地,我们很难想象一个口口声声让幼儿有礼貌而自己却满口脏话的家庭,会让宝宝有一个好的人际交往能力?家长的言传身教,对幼儿的成长起很大的作用。作为家长,除了认真工作,团结同事外,还应与邻里和睦相处。因此,对于家长来说,要调节好家庭的气氛,才会让孩子形成"与人为善"的交往思想,从而更有利于对他们思想上和行动上的指导。

教师之间应建立真诚、友好、平等、互助等良好的人际关系,让幼儿在观看、模仿成人交往中受到潜移默化的教育。另外,在教室的环境布置上也可以适当考虑这一点,在墙上张贴一些人际交往方面的图片,让幼儿学到一些与人相处时的态度、表情和动作。

幼儿是在一个群体环境中生存着。因此,首先要教会幼儿在交往中如何友好协商,掌握交往的技能。教会幼儿交往的语言如礼貌用语:见到同伴主动打招呼的用语"你好""我叫××""有空来我家玩"等。协商语言:"给我看看好吗""你的玩具可以让我玩一会吗"等。道歉语言:"对不起,我不是故意的""下次我不会那样了"等。

美国心理学家卡耐基认为:成功等于30%的才能加上70%的人际交往能力。所以,培养良好的人际关系,应从学前教育阶段开始,况且幼儿园阶段的幼儿正处于人际关系的敏感期,过了这一个敏感期,对他们良好人际关系的培养又将增大难度,所以幼儿这一阶段的人际交往能力的培养,是非常值得学习和关注的。抓住这个教育契机,对幼儿人际交往能力的发展很有好处。

本章练习题

请结合实践举例说明学前儿童人际交往能力是如何培养的。

第六章 学前儿童亲社会行为的发展与教育

 学习目标

1. 了解学前儿童亲社会行为的有关概念。
2. 理解学前儿童亲社会行为的意义。
3. 知道学前儿童亲社会行为的类型以及年龄特征。

在当今科学技术高度发展的时代,人类社会中的每一个个体都是相互依存的,这种相互依存反映在劳动分工、产品和服务交换等复杂的系统中。这个经济系统内的大多数关系都被建构成有利于等价交换的组织结构。与此同等重要的是另一类人际关系,包括给予和获得帮助。这类行为不同于纯粹的经济行为,强调如何使他人获得帮助、安慰,感受到幸福感,这便是我们通常所说的亲社会行为。《3—6岁儿童学习与发展指南》(以下简称《指南》)在幼儿社会发展领域中有人际交往和社会适应两个子领域,而人际交往能力和社会认知中的很多子领域都属于幼儿亲社会行为的范畴。亲社会行为是指合作、分享、谦让、同情、助人等有利于社会和他人的行为,是个体社会化发展的一个重要指标。《指南》的人际交往领域中明确指出儿童与他人分享时要给予肯定和鼓励、鼓励儿童与同伴交往、鼓励儿童良好的行为表现等,这些都属于培养幼儿亲社会行为的范畴。

第一节 学前儿童亲社会行为概述

"亲社会行为"一词最早是由美国社会心理学家威斯伯乐(Westborough)于1972年提出的,用来指与侵犯等否定性行为相对立的行为。亲社会行为应该归属于社会性行为这个大范畴,根据其动机和目的,可以将个体的社会性行为分为亲社会行为和反社会行为两类。亲社会行为又称积极的社会行为,是指人们在社会交往中对他人有益或对社会有积极影响的行为,比如帮助、分享、合作、安慰、捐赠、同情、关心、谦让、诚实、爱护环境和物品等行为,反之则称为"反社会行为"。从某种意义上说,合理的竞争行为也属于亲社会行为,因为它有利于社会发展,能与合作行为互相转换,因此它是一种积极的社会行为。反社会行为是指违法或为社会所不能接受的行为,是一种消极的社会行为。在学前儿童中最具代表性、最突出的是攻击性行为。

> **拓展阅读**
>
> ### 帮助那些"失控"的儿童(和父母)
>
> 如何对待那些敌意、反抗和"失控(Out of control)"的儿童呢?杰拉尔德·帕特森(Patterson)的方法不是只关注问题儿童,而是做整个家庭的工作。他首先仔细观察家庭成员之间的交往,由此确定某一成员是如何强化另一成员表现控制行为的。然后他会向父母描述问题和实质,并教给他们一套管理孩子的新方法。帕特森所强调的原则、技巧和程序主要包括以下几点:
>
> (1) 不要向孩子的强制行为妥协。
>
> (2) 当孩子的态度开始强硬的时候,不要让自己的控制行为升级。
>
> (3) 运用"隔离"程序控制儿童的强制行为,即把孩子送到他自己的房间,直到他平静下来并且不再使用强制性策略时为止。
>
> (4) 找出儿童的不当行为,然后建立一个积分制度。如果他能表现出良好的行为或者抑制自己的不当行为,那么就可以挣得积分。对于那些年龄较大的问题儿童的父母,则教给他们如何制定"行为契约",其中详细说明儿童在家中和学校里应该如何做以及违反契约的惩罚措施。这些契约的制定应该尽可能在与儿童协商的基础上完成。
>
> (5) 对孩子的亲社会行为一定要用温和慈爱的态度进行回应。尽管这对于那些已经习惯谩骂孩子的家长来说存在一定困难,然而,帕特森认为,父母的关爱和支持会强化儿童的良好行为并最终促进他们积极的情感表达。这将是家庭走上复苏之路的一个明显标志。
>
> 大多数问题家庭对这套方法都有良好的反响。不但问题儿童的强制、反抗和攻击的确有所减少,而且当父母开始对自己和孩子以及解决家庭危机的能力都感觉良好时,他们的抑郁也开始减弱。当然,部分问题家庭能在短时间内表现出进步,但也有一些家庭的变化是缓慢的,这或许需要定期的"助推力",即治疗通过对家庭作进一步了解和处理,确定导致其进步缓慢的原因,并对父母进行再培训或者提供新方法来

> 应对未解决的问题。显然,这种治疗方法之所以有效,是因为研究者意识到失控行为源自父母和儿童相互影响的家庭系统,二者之间的相互作用促进了敌意家庭环境的发展。由此可见,仅关注对问题儿童本身的治疗还是远远不够的。
>
> 资料来源:[美]谢弗.发展心理学:儿童与青少年(第六版)[M].邹泓,等,译.北京:中国轻工业出版社,2005:517.

一、学前儿童亲社会行为的主要类型

我国对亲社会行为的研究开始于20世纪80年代。研究者大多采用假设情境问卷或直接观察儿童的方法进行亲社会行为类型的研究。合作、助人、分享和安慰等是学前儿童亲社会行为的主要类型。亲社会行为可以使他人得到协助、支持或者从中获益,而且行为者通常并没有期待外部的酬赏,在很多时候甚至还要承担一定的风险。

亲社会行为按发生的情境可以分为两类:紧急情境下的亲社会行为和一般情境下的亲社会行为。人们常说的"见义勇为",就是指紧急情境下的亲社会行为。它是指为了他人的人身、财产安全,不顾个人安危而采取的救助行动,蕴涵着帮助弱者、惩恶扬善的意思。这种类型的亲社会行为在个体身上发生较晚,在学前儿童阶段比较少见。这也许与紧急情况下需要个体有较高的亲社会行为技能,或者与个人的责任感、人格特点、情绪唤起水平、被救助者的特点以及助人代价等因素有关。相反,儿童很早表现出一般情境下的亲社会行为。这种行为一般发生在日常生活中,不需要救助者冒生命危险,他们付出的仅仅是较多的时间、物质和精力的代价,却可能使个体得到各种精神和社会的补偿。如公共汽车上给有特殊需求的人让个座,主动打扫公共卫生等。

亲社会行为从动机出发,还可以分为无私的、不求回报的亲社会行为和自私的、期望得到奖赏的亲社会行为两种,即利他动机和互惠动机。利他动机分别有安慰、同情、帮助等指标;互惠动机分别有分享、合作、关心等指标。两者的结果虽然一样,但是其本质特征却大相径庭。学前儿童的亲社会行为从对社会影响的角度出发,分别有诚实、爱惜物品和爱护环境等行为。诚实行为是儿童从小就应该养成的良好道德品质,但是受到儿童的年龄特征和身心发展水平的限制。3—4岁儿童由于常常把想象与现实混淆,有时会说一些与事实不符的话。4—6岁儿童由于怕被周围人责备、批评或惩罚,有时会出现不敢承认错误或为了得到奖励而发生的"说谎"行为。孩子的"说谎"有很多内涵:可能是夸大了的事实,也可能是暗藏着对美好事物的向往,还有可能仅仅是保护自己的一种手段。在爱惜物品和爱护环境方面,3—4岁儿童爱护玩具和其他物品的自觉性较差;4—5岁儿童对节约粮食和水电具有一定的认知,但认

知和行为脱节;5—6岁儿童对爱护环境和节约资源具有一定的认知,并有相应的行为。

> **拓展阅读**
>
> ### 社会行为的分类
>
> 鲍德温(J. M. Baldwin)研究了学龄前儿童,并把他们的社会行为和社会态度分为五类,如(1)把玩伴当物件;(2)装作大人的模样;(3)寻求他人注意;(4)仿效他人做事;(5)与团体合作。
>
> 阿利特(Alet)就此分类而扩而广之,成为九类,分述以下:
>
> (1) 把有生命之物当作无生命之物。据阿利特讲,这样的态度可以在孩子一两岁时就观察得出来。在这个时候,他拔大人的头发,捏其他孩子的脸,并不管他们是否感觉痛苦。
>
> (2) 把无生命之物当作有生命的。小孩子玩洋娃娃,认为洋娃娃也是有生命的,每天给她换衣服并喂她饭吃,但有时也会拔她的头发,把她倒提。同时,如果有人对玩伴和成人表现出这样的行为,会有所抗议。
>
> (3) 照顾小的孩子,装作大人的模样。托班的儿童常装作大人的样子照顾小孩。年龄只要相差几个月,大的孩子就会表现出这样的行为。他们装作母亲上街,哄小孩睡觉,或带他们出去旅行。
>
> (4) 动作夸张以引起注意。这样的态度在个人化的时代表现得非常明显。孩子的一举一动均能引起父母的注意。所以孩子成为父母的注意中心。
>
> (5) 独自游戏不喜欢他人干涉。不到三岁的孩子在玩的时候虽然有成人或者其他小孩做伴,但他常独自游戏。
>
> (6) 乐于与他人合作。三岁以后,儿童的兴趣就转移至合作。据阿利特观察,有三个年龄在两岁半以下的孩子玩"照顾孩子"。两个孩子帮助另一个孩子上床,给他盖上被子,照顾他睡觉。
>
> (7) 效仿他人动作。孩子们在一起有自然效仿的趋势。
>
> (8) 意志坚定。孩子们有时意志坚强,自己要做什么,就做什么,不听他人的话,也不管这样的做法是否妨碍他人。
>
> (9) 出现怕生现象。小孩子在两三岁时,若放在人群中,如果不认识的人居多,即有害羞的趋势。
>
> 资料来源:艾伟.教育心理学[M].福建:福建教育出版社,2007:108—110.

二、亲社会行为对儿童社会性发展的作用

亲社会行为是个体社会化的一个重要组成部分,是在社会化过程中形成的。作为一种普遍的社会现象,亲社会行为已引起发展心理学家和社会心理学家的重视,成为教育心理学家研究领域中的重要课题。促使儿童亲社会行为的发展,将有助于儿童更好地适应社会,为幼儿的终身发展奠定扎实的基础,也有利于学校素质教育实践的深入发展。

首先,具有亲社会行为的儿童可以从对他人的帮助中获得满足感和成就感。当儿童因帮助他人而得到别人的感谢时,这种亲社会行为的结果既可以使他们的能力感与价值感同时获得满足,又可以促进儿童形成健康的自我意识。人与人之间团结友爱的行为,既是友善和联盟的信号,又能引起接受帮助者的积极情感,从而可以促进儿童融入社会情境,促使他们在交往过程中产生更为密切的人际关系。具有合作和助人品质的儿童,常常会使自己的社交活动获得最大限度的成功。

其次,亲社会行为可以成为儿童学习的范例,促进儿童对自我行为的调节。每一个亲社会行为都会成为儿童的榜样,儿童从中获取有用的信息以备自己日后所用。当儿童成为亲社会行为的受益者时,他们通常会更仔细地观察和考虑这种行为是如何实施的,以此作为自己身体力行的样板,以监督自我行为的利他性。

再次,亲社会行为可以帮助儿童形成积极的群体意识。一般来说,鼓励儿童采取合作与助人行为的群体比那些不注重这些价值观念的群体,其成员之间的互动更加友好,而且群体的效率更高。

第二节 学前儿童亲社会行为发展的年龄特征

亲社会行为是人与人之间形成和维持良好关系的重要基础,是一种积极的社会行为。它受到人类社会的肯定和鼓励。学前儿童的亲社会行为由于年龄差异、个体差异、外界环境等多种因素而呈现出不同的发展趋势,但是总体来看,学前儿童亲社会行为的数量随着年龄的增长而增多,且不存在性别差异和文化背景差异;学前儿童亲社会行为的指向对象在不断地变化并且存在着年龄差异;学前儿童的各类亲社会行为存在随年龄变化而分布平均的现象。

一、学前儿童合作行为发展的年龄特征

合作行为是一种重要的亲社会行为,是儿童社会化的重要方面。所谓合作,是指两个或

两个以上的个体为达到目标而协调活动,以促进一种既有利于自己又有利于他人的结果出现的行为。与合作行为相对的是竞争行为,竞争则是指希望通过超过他人而获得承认。

儿童在出生后的第二年,交往的同伴开始能够围绕共同的主题进行角色转换和角色轮流。瑞德克·耶如、赞·瓦克斯勒及查普曼(Radke, Zahn & Chapman)认为,学前儿童的合作行为是在 18—24 个月时开始迅速发展和分化的。绝

图 6-1 合作

大多数 18—24 个月的儿童可以进行合作游戏,许多相关的研究都证实了这一点。同时,艾克曼(Eckerman)等人发现,18—24 个月的儿童比年幼儿童表现出更多的与同伴和成人交往的愿望,产生合作的倾向。布朗奈尔(Brownell)发现,24 个月的儿童能够在同龄伙伴间相互协调行动,以达到目标。18 个月的儿童还比较难于进行真正的社会交往,2 岁以后的儿童往往能更有效地进行社会性交往,更经常地进行合作游戏。之后,布朗奈尔等人研究了 64 名月龄分别为 12—15 个月、18—21 个月、21—27 个月、30—33 个月的儿童的合作游戏,以及他们区分自我—他人的情况,其结果同样发现儿童合作游戏的年龄差异。12 个月的儿童基本上不能解决合作性问题,50%左右的 18 个月儿童能偶然地解决问题,大多数 24—30 个月的儿童能重复地解决问题。在合作行为上,24—30 个月的儿童更能相互协调,能围绕任务采取相应的相互配合的行为。多方研究表明 3—4 岁儿童几乎没有真正意义上的合作,大多是平行或独自活动和游戏;4—5 岁儿童开始出现合作行为,合作的目的性和稳定性逐渐增强;5—6 岁儿童自发的合作行为较多,合作的内容和范围不断扩大。由此可见,随着年龄的增长,交往经验的增多,学前儿童间合作的目的性、稳定性逐渐增强,他们能够为实现共同目标而努力。另外,他们的合作范围不断扩大,逐渐由两人间的合作发展到三四人之间的合作,合作行为随着儿童年龄的增长而增加。

二、学前儿童分享行为发展的年龄特征

分享也是亲社会行为的一种表现,是指个人拿出自己拥有的物品让他人共享,从而使他人受益的行为。分享观念是指儿童与他人共同分享物品的公正看法,其对立面是"独占""多占"。

婴儿 12 个月时就已表现出指向动作的分享行为,例如他们会把物体放在人们的手上或大腿上,然后继续操纵这个物体,这是分享行为的萌芽。儿童通过分享真实物品来保持与他人的积极交往。当他们能够以其他方式与他人交往时,分享行为就不突出了。所以,12—24 个月儿童的分享行为随年龄增加得很快,24—36 个月儿童的分享行为则随年龄的增长而

图6-2 儿童一起玩沙子

下降。

儿童分享行为的发生和发展，与其分享观念密切相关。我国学者周敏对学前儿童做了分享观念发展的研究，她将儿童对物的分享反应定为四种类型："均分""慷慨""自我"和"不会"。研究结果显示，4—6岁儿童在分享反应中，作出"均分"的最多，"慷慨"的其次，"自我"的最少。随着年龄增长，"均分"和"慷慨"两种反应的比例有上升趋势，作出"自我"和"不会"的两种反应有下降趋势。其中，"均分"反应和"不会"反应在4—5岁间有显著的差异，"慷慨"反应和"自我"反应在5—6岁间有显著的差异。

三、学前儿童安慰行为发展的年龄特征

安慰行为是指个体觉察到他人的消极情绪状态，如烦恼、哭泣等，并试图通过语言或行动使他人消除消极情绪状态，变得高兴起来的亲社会行为。感知到他人的消极情绪状态，通过一定的技巧使他人的消极情绪状态得到改善，是安慰行为的两个要素。

研究发现，在儿童出生的第二年初，当别人表现出明显的难过时，儿童不仅能够以相似的情绪作出哭泣的反应，而且还会向对方表现出如拥抱或轻轻拍打的行为。在儿童出生第二年的中期，他们的这种行为不仅在频率上增加了，而且表达方式更加丰富，如给哭闹的婴儿一个奶瓶或寻找看护人等。随着年龄的增长，安慰行为变得越来越复杂。如果他人的痛苦和悲伤是个体自己造成的，那么安慰行为就较少。反之，安慰行为就多一些。随着儿童年龄的增长，安慰行为的质量和数量都有增加的趋势，而且女孩比男孩的安慰行为更明显，这也许与个体所认同的性别角色期望有关。分析上述研究，我们不难看出，儿童的安慰行为之所以随年龄的增长而增多，主要与他们对他人情绪状态的感知理解能力有关。因此，一般情况下，个体的安慰行为是随着个体理解能力的发展而发展的。

图6-3 宝宝和妈妈拥抱

四、学前儿童助人行为发展的年龄特征

助人行为是学前儿童期望参加社会互动的结果。儿童在0—3岁阶段就开始出现了助人行为，且数量随年龄增长而增加。但帮助的相关技能还较缺乏，往往受到情境和成人的暗

示。助人行为随着儿童年龄的变化，表现出特别的发展趋势。研究者曾观察三组婴幼儿（年龄为18、24、30个月）在家里帮助父母做家务（如整理杂乱的杂志、叠衣服、扫地和整理床铺）的情况，发现65%的18个月的儿童和所有的30个月的儿童能够也愿意帮助成人做这些家务。可见，学前阶段儿童的助人行为呈增长趋势，在小学中期逐渐达到最高峰，到青少年早期则呈下降趋势，到成年早期又有所增加。

五、学前儿童同情心发展的年龄特征

同情心是一种对他人的处境、遭遇在感情上能激起共鸣，能分担他人的苦难忧愁，并发自内心地在行动上给予应有的慰藉、关心和帮助的道德情感。这是个体适应社会和群体合作的道德基础。这种态度的基础，是承认他人的需要和利益的合法性，表现为对他人的思想感情能够理解，对他人的愿望能给予支持。这种社会感情可限制利己动机，使人将自己摆到他人的位置上去思考与行动。学前儿童的同情心主要产生于对老弱病残的关心和爱护，对象可以是人，也可以是物；可以是现实社会中的人和物，也可以是文学作品中的人和物。

图6-4 相互关心

赞·瓦克斯勒（Zahn Waxler）的观察研究表明，在12—18个月之间，儿童开始逐渐地对别人的痛苦表现得很关注，有时会用手指向对方，作出积极的反应。这种反应在这段时间发展得很快。当18个月以及更年长的儿童目击别人的痛苦时，平均有1/3的儿童表现出同情心。当瓦克斯勒请母亲们为这些儿童做观察记录时，儿童同情心的发生率也大致相同。许多18—24个月的儿童已经表现出与父母类似的同情行为，如他们在安慰别人时，也会轻轻拍对方，或拥抱对方，给对方玩具、食品等，或者用迂回的方法设法安慰别人；他们还会说一些表示同情的话，提出解决问题的办法，并鼓励别人。当发现一个办法难以奏效时，他们还会另辟蹊径。儿童同情心大致在12—18个月之间产生，儿童逐渐地对别人的痛苦表现得很关注。学前儿童普遍具有同情心，同情的对象包括父母、教师、同伴以及其他周围的人和动物，由同情引发关心和安慰行为随着年龄的增长而增加。

我国学者李江雪等人对幼儿园学前儿童的同情心发展状况进行研究，发现3—6岁学前儿童基本具有同情心，同情的对象包括父母、教师和同伴，甚至陌生的他人和动物等。再者，不同年龄阶段儿童的同情观念的发展水平有显著差异。大班明显好于小班，但两者仅在同情父母和同伴上有显著差异。

第三节　学前儿童亲社会行为的教育活动设计

学前儿童亲社会行为的培养,需要家长和学校通力合作。首先,教师和家长要在日常生活中及时暗示与提醒幼儿的亲社会行为。对儿童表现出的亲社会行为要及时给予正强化,对违规行为及时给予纠正,并提供正确的榜样。教师的暗示与提醒对儿童亲社会行为的发生具有明显的效果。其次,为儿童创设共同活动的机会,引发儿童的亲社会行为。再次,利用实际生活情境和故事、图画书等,向儿童介绍一些亲社会行为,并教给儿童正确的方法。最后,组织专门性的教育活动,对幼儿进行亲社会行为认知和行为训练。

一、学前儿童合作行为的教育

在未来社会中,只有能与人合作的人,才能获得生存空间;只有善于合作的人,才能赢得发展。人的合作性必须从小开始培养。

(一) 为儿童创设同伴交往与合作的机会

在幼儿园的日常生活中,教师要想方设法为儿童创设与同伴合作学习、游戏、运动和共同生活的机会,比如让儿童一起搭积木、玩过家家、看图书、绘画、唱歌、跳舞等,通过交往活动学会合作。正是通过这种合作与相互支持,同伴之间相互学习,坚持完成任务。合作是一种同伴互动。在互动的过程中,儿童直接习得有关的态度、价值观、技巧、信息等,而这些都无法从成人那里获得。同伴还可为亲社会行为提供支持与示范。通过同伴互动,儿童学会了从他人的角度看待问题;在教育与各种环境中,同伴互动对于提高合作效率有极大影响。尤其是有的家庭只有一个孩子,应克服孩子缺少玩伴的困难,为儿童"人工合成交往伙伴",尽量让儿童与周围邻居或亲朋好友的孩子交朋友,创设相互拜访、聚会的机会。这样儿童既学会了待客和做客的礼仪,又学会了如何与同伴合作与交往。

(二) 教给儿童合作的方法

由于学前儿童年龄较小,他们在需要合作的情景中不会自发地表现出合作的行为,有时甚至不知如何去合作。因此,教师要教给儿童正确的合作方法,指导儿童怎样进行合作。具体而言,可用榜样、强化、表扬等来指导儿童共同合作。在活动中,教师要注意观察儿童的行为表现,有点滴进步便及时鼓励,强化反馈机制,使儿童心理上产生愉快体验,为培养学前儿童的合作性、矫治不良行为提供动力。例如,开展游戏或其他活动前,应与大家一起商量,分工合作;遇到矛盾冲突时,要相互协商解决问题;当玩具或游戏材料不足时,可相互谦让,轮流或共同使用;当同伴遇到困难时,要主动用动作、语言去帮助他;当自己遇到困难、无法独自解决时,可以主动寻求同伴或成人的帮助等。通过这些具体的合作情景,帮助儿童逐渐掌握合作的方法与策略,在共同生活与活动中学会合作。

案例分析

　　集体活动"小熊皮衣店"中,在幼儿了解皮贴画的基本制作方法及步骤的基础上,要求幼儿做一回皮衣设计师,3—4人自由组合为一组,每组合作帮小熊做一件皮衣。在制作前教师对小朋友们说了一段话:"皮衣设计师们请注意了,小熊老板说'你们先别急着动手做,在制作前请你们先商量,商量什么呢?要商量你们想做的皮衣的种类、款式、颜色等等,商量好了还要一起制作,互相帮助,共同合作完成',最后我们来比比哪组合作得最成功,做的皮衣也最漂亮!"

　　教师话音一落,小朋友们就分组开始讨论了起来,根据现场情况来看,小朋友们都协商得非常顺利,有的组要做皮风衣,有的组要做皮的短裤,还有的要做皮裙……只有一组幼儿好像有一些分歧,一位幼儿想做半身的短裙,而其他三位孩子想做皮背心,教师在旁边看了他们一会,就说了一句话:"哇!皮背心配皮短裙一定很漂亮!"几位小朋友一听:"对呀!我们可以做套装!""那我们要快点了,不然就来不及了。""你们2个做皮裙,我们2个做皮背心吧!""好的!"就这样,他们开始动手在白纸上"打样"了……

　　再来看幼儿的制作过程:制作过程看上去就不那么和谐了,有的孩子在认真地做而有的却在自己玩;还有的几组都不同程度地出现了争执,都抢着打样、裁剪、粘贴等,当教师看到这一现象时没有批评也没有组织他们,而是故意提高声调,面带微笑地表扬了合作得非常成功的第四组幼儿:"你们组每个人都合作得很好。""你们四个人配合得真棒!"并竖起了大拇指。第四组的合作还真很不错:一位幼儿在打样,其他幼儿提醒道:"画得大些,太小了没人穿得上,等会儿卖不掉了。"打完样换另一位幼儿"裁剪"时,由于皮比较难剪,其他幼儿都帮忙按住纸和皮将其固定。剪完后换另一位幼儿粘贴,其他幼儿有的帮忙剪小花、蝴蝶结等小装饰物,有的幼儿帮助撕双面胶。

　　当只顾自己玩的幼儿和抢着做的幼儿,听到了老师表扬第四组的话,并亲眼看到他们成功的合作时,也懂得了老师的意思,乖乖地参与到合作中去,边上还有小朋友提醒道:"××,快来帮忙呀!"……

问题与反思

问题一:过于强调合作,忽视分工

这是教师在指导过程中的一个较多见的问题,一般教师都只强调"要合作",却没有深入引导孩子如何合作,就如教师虽然告诉幼儿要合作完成作品,并且也请他们互相协商了要做的皮衣的种类、款式等,但没有要求孩子商量分工的问题。因此,孩子在制作过程中才会出现自己玩或者抢着做的现象。在共同完成一幅作品时,能力强的幼儿容易包办或代替,能力差的幼儿容易被冷落或忽视,能力差的参与少,与别人的差距拉大,其结果往往会使强者更强,弱者更弱。

策略:

教师在提要求时应重视分工:不仅要求孩子们协商作品的款式,而且要求协商如何分工、责任到人,只有协商以后他们才能在内容上、色彩上、分工上达到协调一致。无论是小组合作还是集体合作都应该在合作中让每个人都承担一份任务,使成员人人有事做。当然,在活动中问题出现时,教师能肯定、鼓励成功合作的第四组幼儿,以此来暗示其他组孩子的方法还是可取的:如"你们组每个人都合作得很好""你们四个人配合得真棒"等,教师赞许的目光、肯定的语言、微笑的面容,以及送给他们"大拇指"等,都能使幼儿受到极大的鼓励,从而进一步强化合作的动机,愿意更多地、自觉地与同伴商量,表现出合作行为,同时也给其他组幼儿做出榜样,使其他组的孩子也向他们学习。

问题二:分组不合理,忽视合作过程中的个体价值体现

在案例中,教师请幼儿自由组合,看似很民主,很尊重幼儿,但忽视了幼儿能力的互补。一般来说让幼儿根据自己的情感倾向自由形成的小组,这些孩子喜好相似,能力相近,容易形成组内幼儿全是能力较强或全是能力较差的现象,这样会使合作的结果有很大的水平差异,使幼儿的个体价值难以在此类活动中体现。

策略:

因此活动分组时我们应该尽量避免只将能力弱的幼儿放在一组,也要避免只将能力强的幼儿放在同一个小组中,比较合适的方法是将能力有差异的幼儿安排在同组中。小组成员的构成应既相对稳定,又有动态变化,可以在幼儿自由组合的基础上,根据幼儿能力、表现主题等具体情况进行调整。这种调整可以是人员的重组,也可以是人员的扩充。教师在进行调整时应充分尊重幼儿意愿,考虑幼儿年龄与能力发展的可能以及合作表现的需要。

二、学前儿童分享行为的教育

分享行为是把自己的快乐和需要与他人联系在一起,克服以自我为中心的心理,学会把自己的快乐分给他人,与他人共同享用属于自己的东西。幼儿园中难免会出现争抢玩具、图书、场地等行为。教师要及时地对儿童进行分享教育,使儿童在集体生活与活动中逐步了解和理解他人的情感和需要,学会关心他人,学习分享行为。当儿童具有分享行为表现时,教师要给予及时的表扬、赞赏和强化。如组织儿童开展"大家一起玩"的活动,请儿童把自己心爱的玩具和图书从家中带来,在同伴中介绍和操作,邀请同伴一起玩耍和轮流观看,体验分享的乐趣。

案例分析

阳阳是个可爱有点腼腆的小男孩,长得虎头虎脑。平时在家里家人比较娇惯,只要经过一个假期来园后,小家伙总要先哭鼻子,两三天后才会好,有时还会过于以自我为中心。针对阳阳的一些情况,我对他进行了个案观察。

场景一:

开学初,为了让孩子的游戏更丰富,我请每位幼儿带了一盒橡皮泥来园玩。一天放学我发现阳阳拖着妈妈不是往教室外走,而是往玩具柜的方向走去。我走近时还听到他妈妈在不断地说:"这个放在学校玩,妈妈等会再买一盒给你回家玩好吗?""不要,不要,我要带回家。"阳阳不依地说。我问了妈妈才知道,原来昨天小朋友们玩橡皮泥时,瑶瑶拿了他的橡皮泥,他很不高兴,今天就非要妈妈把橡皮泥带回家。虽然我和他妈妈跟他讲了很多道理,阳阳最后也答应了不带橡皮泥回家,但从他表情中可以看出还是很不情愿的,答应得很勉强。妈妈还告诉我,类似的事情往常阳阳一定以哭闹来解决问题。

场景二:

家长半日活动,我向家长展示了数学活动"有趣的橘子"。活动最后我请幼儿把自己剥好的橘子去和爸爸妈妈分享,孩子们都行动起来了。只看到阳阳还坐在自己的位置上自顾自地吃着,妈妈坐在他的后面。我走过去问:"阳阳,你怎么不和妈妈分享呀?""我的橘子太小了,和妈妈分享了,我就没了。"说完又放了一片橘子到了嘴里。妈妈在旁边也只能笑笑说:"真是个小气的家伙。"

场景三:

阳阳带来一辆玩具车,告诉老师,他是带来和小朋友一起玩的。餐后活动时,阳阳拿出了自己的车,但他只愿意让小朋友看,不准别人摸他的车。我说:"阳阳今天真乖,把玩具车带来和小朋友一起玩,你把车给贝贝玩一下,好吗?"阳阳低头看了看自己的玩具车,犹豫了一下递给了贝贝。接下来,阳阳的视线一直没有离开过自己的玩具,也不让玩具离自己太远。

反思:

通过对班上幼儿分享合作行为的调查,我发现大部分幼儿还没有分享的意识,即便有了分享的意识,但其认知和行为严重脱节,幼儿在行为中还很难做到真正意义上的分享,尤其是在遇到自己心爱的物品时就更难做到了。

措施:

首先,让幼儿明白分享不是失去而是互利。

分享是与他人在情感和物质上的共享,是一种亲社会行为。幼儿不愿意与人分享,很重要的原因在于他们认为分享就是失去。对此,我们应有目的地选择一些形象化的资料,让幼儿明白分享实际上是一种互利的行为。如绘本故事《鼠小弟的小背心》让孩子明白,鼠小弟最后虽然没有了背心,但是他获得了快乐;语言活动"金色的房子"告诉幼儿"好东西大家一起玩才最快乐"等。

其次,让幼儿体验分享的快乐。

在区域活动中,我们专门设立了一个玩具区,让幼儿带一件自己的玩具放到分享区。凡是带玩具来的幼儿还可以向全班的小朋友介绍玩具的玩法。分享区的玩具一个月更换一次,最后这里成了幼儿最喜欢的地方。

任何一种行为习惯的养成都需要通过反复的行为训练,我们试图通过多种渠道尽可能增加幼儿积累自身经验的机会。

最后,家园共育,强化幼儿的分享行为。

家园教育的一致性有利于培养幼儿良好的行为习惯。我们向家长宣传培养幼儿良好行为习惯的重要性,交流在家庭中培养孩子分享行为的方法。我们还为每个幼儿准备了"家中好宝宝"记事本,家长们将孩子在家的表现记录下来,便于教师有针对性地对幼儿进行教育。

三、学前儿童安慰行为的教育

安慰是人类的一种经常发生的行为,也是人类社会生活所必需的。安慰行为的出现首先是觉察到了别人的消极情绪状态,像烦恼、忧伤、痛苦等;其次,要使他人摆脱消极情绪状态需要一定的安慰技能。安慰行为与普通的具体行为不同,它的行为意义是抽象的,是一系列复杂的心理活动及其外化的过程,因而它需要通过某种媒体来实现。当一个人遭遇挫折痛苦时,特别需要来自身边亲人、朋友、同学或同事的安慰。虽然是只言片语,或者是一个温暖的拥抱,或者是礼轻情意重的小物品等,都能使之重振生活的信心。因此,对于学前儿童来说,培养安慰行为是非常必要的。

首先,要为儿童设计一系列的活动,引导儿童充分考虑他人的想法和情感,并想象自己在类似情境中的感受。教师和家长可以主动与儿童交流自己的感受、情绪体验,以及对他人困境的认识。安慰行为训练可以提高儿童体察他人情感的能力,使他们学会从他人的角度、立场考虑问题,实施合适而又恰当的安慰行为,从而促进儿童亲社会行为的发展。

其次,让儿童学会安慰他人的方法。在活动中,要帮助儿童提高安慰他人的语言表达能力,因为在儿童安慰他人的过程中,语言表达能力影响着交往双方情感传递的质量和言语安慰的效果。如果儿童能够清晰、完整地向对方表明自己的想法和感受,就能使对方了解自己的善意意图,增加安慰行为的积极结果;如果因为语言表达能力较差,在安慰他人时因词不达意而引起他人的误解,就会产生消极效果,也可能因此而减少或停止个体的安慰行为。

四、学前儿童助人行为的教育

所谓助人为乐,就是指个体以帮助别人为快乐的行为。应当从小培养学前儿童助人为乐的良好行为。

(一) 增强学前儿童互相帮助的意识

儿童在家中大多事事依赖父母,与父母形成了一种有求必应的关系,这使得儿童大多缺乏帮助他人的意识。在幼儿园集体生活中,学前儿童与同伴之间有着频繁的接触,需要他们建立互爱互助的同伴关系。为此,要通过文学作品学习、情景表演、角色游戏等活动,不断增强儿童团结友爱、互相关心、互相帮助的意识和情感。教师要及时表扬和鼓励儿童的助人为乐行为。

(二) 教会学前儿童助人的行为方式

教会儿童互相帮助的行为方式,就是要教育儿童怎样去帮助别人,否则即使儿童有助人的良好动机,也难以收到理想的效果。教师要有目的、有计划、有组织地开展助人行为的讲解和练习活动,向儿童传授互相帮助的行为方式和注意事项。

(三) 为学前儿童提供助人为乐的好榜样

学前儿童互相帮助行为的形成离不开家庭、幼儿园和社会的协同教育。如当别人遇到困难或需要帮助的时候,家长和教师是袖手旁观、无动于衷,还是热情相助、雪中送炭,儿童会看在眼里,铭记在心,并以此为榜样。家长和教师既是儿童直接模仿的榜样,又是选择模仿榜样的控制者。因此,成人一定要以身作则,以自己助人为乐的道德行为潜移默化地影响儿童,逐渐形成儿童的助人行为。

五、学前儿童同情心的教育

一个情绪稳定、情感丰富的人,自然能够深深感受到他人的喜悦和痛苦。要培养儿童的同情心,必须培养儿童具有丰富的情感。同情心的产生基于两个条件:一是对各种事物的经验;二是丰富的想象。成人看见一个身体残疾的人,常常不由自主地怜从心来,这完全是从自己设身处地的想象中产生出来的。儿童则可以在接触各种环境事物的过程中丰富其经验和想象力。例如,让儿童参加饲养小动物、栽培花草树木等活动,使儿童对具有生命的动物和植物产生同情心。又如,鼓励儿童积极捐助钱财和物品,引导儿童尽自己所能帮助社会弱势群体。这样,通过父母和教师不断地教育和引导,逐渐形成儿童同情他人、关心他人和帮助他人的积极情感和亲社会行为。

教育活动设计方案

活动方案1:让孩子在生活中学会节约

设计意图	1. 教育目标和所举的事例应该和孩子的日常生活紧密联系,应是他们的真实生活,应是他们能够理解的。比如,用洗手这样的事例帮助幼儿理解"节约"的概念,可以促使幼儿对洗手时发生的事情更加关注并学会思考和判断。同样,生活中的节约小窍门也要考虑幼儿能否在生活中真正做到。 2. 让节约的理念渗透到日常生活的每一个细节中去。孩子们每天都会碰到许多与节约有关的事情,我们应该把这些相关事情与教育活动紧密结合起来,让幼儿将对节约的理解和运用体现在日常生活的每一个细节中,以切实提高教育的实效性。
活动目标	1. 感知生活中节约用水、用电的含义,掌握一些节约用水、用电的方法。 2. 尝试和同伴合作制作节约提示卡,逐步养成节约的好习惯。
活动准备	1. 前期经验:幼儿讨论过生活中水和电的重要作用,知道水和电都是宝贵的资源,应该要节约用水用电。

2. 拍摄四组教学视频：

第一组——活动室里没有人，电灯、空调开着，电表在飞快地转动；幼儿和教师往活动室外走，教师关掉空调和电灯，电表呈静止状态。

第二组——电视机关了，插头也拔掉了，电表呈静止状态；电视机关了，插头未拔，电表仍然在转动。

第三组——一名幼儿洗手，将水龙头开得很大，擦肥皂和搓手时水一直在流淌，洗完手后小水桶里装满了一桶水；另一名幼儿洗手，水量适中，擦肥皂前将水龙头关上，搓手时再将水龙头打开，洗完手小水桶里只有小半桶水。

第四组——幼儿在接水喝，第一次接小半杯，喝完了再接一点，又喝完；另一名幼儿接了一杯水，喝不下倒进接水桶里，接水桶里已有小半桶水。

3. 材料：卡片、黑色水笔、透明胶带、剪刀。

活动过程

（一）师幼共同回忆生活中水和电的作用

教师提问：我们前两天讨论过水和电的作用。想一想，如果我们的生活中没有水和电会怎样呢？（幼儿简单交流）

师幼共同小结：我们的生活不能没有水和电，所以我们应该节约用水、节约用电。

（二）观看视频，感知与理解节约用水、节约用电的基本含义

1. 幼儿交流。

教师提问：你有什么节约用水、节约用电的好方法吗？（幼儿表达自己的想法）

2. 教师播放视频，引导幼儿观察，了解节约用水、用电的正确方法。

教师提问：今天，老师给大家看一些平时我们生活中发生的事情，请大家仔细地看一看，并好好地想一想这其中的对与错。（引导幼儿对比式地观看）

（1）观看第一组视频。

教师提问：①仔细看看，当空调、电灯都开着的时候，记录用电的电表有什么变化？

②我们看到的哪一段是节约用电？节约用电的方法是什么？

（2）观看第二组视频。

教师提问：①没有人看的时候，两台电视机都关了。这时节约用

电了吗?

②我们一起来看看电表的变化。为什么会这样呢?(引导幼儿关注插头)

③不用电器的时候,什么方法才是真正的节约呢?

(3) 观看第三组录像。

教师提问:①你认为哪个小朋友是节约用水,哪个小朋友是在浪费水,为什么?

②(引导幼儿关注水桶里的水量)哦,同样是洗手,有人用了一桶水,有人只用了小半桶水。

③洗手擦肥皂的时候应该怎样做?想一想还有什么时候也可以用这样的方法。(洗澡)

(4) 观看第四组视频。

教师提问:①我们一起来看一看他们是怎样喝水的。

②谁在节约用水?一天下来,被倒掉的水有多少呢?

③喝水时应该怎么做?(一次不要接太多,不够了再接,不能浪费)

3. 师幼共同小结,提升幼儿节约用水、用电的意识。

师幼共同小结:在日常生活中我们要学着节约,避免浪费。人不在房间时,要将电灯、空调、电视机都关掉,不用的电器要记得拔掉插头,但这件事有一定的危险性,要请大人做;用水也要节约,水龙头可开小一些,用完后要及时关掉水龙头。

(三) 制作节约提示卡

1. 教师提出倡议。

教师提问:为督促大家节约,我们常常看到很多场合有提示节约的卡片,我们也来制作一些这样的节约提示卡吧。想一想,你可以制作什么方面的节约提示卡呢?

2. 幼儿自由结伴进行设计。

教师提问:小朋友两两合作制作节约提示卡,两个人要先一起商量再制作。(幼儿绘制节约提示卡,教师给予有困难的幼儿适当帮助)

3. 张贴节约提示卡。

幼儿将自己制作的节约提示卡粘贴在适当的位置(如空调开关旁,水池上方,茶水桶上等,插座旁的提示卡由教师帮助粘贴)。

4. 小结。

教师小结:以后,我们看到这些提示卡就知道要注意节约,你节约我节约大家都节约,我们就能生活得更美好。

延伸活动

(1) 日常生活活动:

①教师随时提醒幼儿按照节约提示卡的要求做,及时表扬会节约的幼儿。

②设立班级"资源箱",收集生活中的废旧材料,用于幼儿游戏、区域活动。

(2) 家园活动:引导家长和孩子共同设计家庭节约用水、用电计划,并带到幼儿园来进行交流,以进一步增强孩子们的节约意识。

活动方案 2:不被人欺负(大班)

设计思路

幼儿阶段是社会性发展的关键时期。《指南》中对于大班人际交往的要求有:"与同伴发生冲突时能自己协商解决。""知道别人的想法有时和自己不一样,能倾听和接受别人的意见,不能接受时会说明理由。""不欺负别人,也不允许别人欺负自己。"本活动根据以上要求,结合具体情境,指导幼儿在被人欺负时应该如何解决问题。

本活动分为三个环节:

导入环节——情境导入,激发兴趣。通过故事场景,引起幼儿的共鸣,激发幼儿的学习兴趣。

中心环节——学习方法,解决问题。通过观看对比照片,让幼儿学会一些合理的办法。

结束环节——集体讨论,培养意识。通过讨论,激发幼儿情感,培养自己不被侵犯的意识。

活动目标

1. 被欺负、被误解、被辱骂应该勇敢面对。
2. 学习一些解决的方法,如据理力争表达自己愤怒的情绪、和对方沟通或寻求大人的帮助。
3. 培养维护自己不被侵犯的意识。

活动准备

物质准备:

1. 图片1:一个小朋友被另一个小朋友推倒在地,但没有哭泣的照片(教师配音:"哎呦,好疼呀! 你为什么推我? 我要去告诉老师!");

一个小朋友被另一个小朋友推倒在地并在哭泣的照片。

2. 图片2:一个小朋友站在倒下的积木前,但没有哭泣的照片(教师配音:"这不是我弄坏的!我走过来的时候它已经倒下来了!");一个小朋友站在倒下的积木前并在哭泣的照片。

3. 图片3:一个小朋友尿湿了裤子,正在被几个小朋友嘲笑,但没有哭泣的照片(教师配音:"哼,你们笑什么!我今天只是汤喝多了,平时我从来不尿湿裤子的!");一个小朋友尿湿了裤子,正在被几个小朋友嘲笑,忍不住哭泣的照片。

4. 视频1:

(一个老师扮演小白兔,另一个老师扮演大灰狼)

小白兔:今天是个好天气,我要去森林里采蘑菇。

大灰狼:哈哈,那里有只小白兔,我要把它抓起来,煮了吃!

(做大灰狼扑向小白兔的动作,小白兔发抖)

小白兔:嘿!你给我走开!

(小白兔用尽力气踢了大灰狼一脚,快速地逃跑了。)

5. 视频2:

(场景:幼儿园教室,一群小朋友围着小龙儿)

一群幼儿:老师,小龙儿又把学校的东西带回家了。

小龙儿:我没有!

一群幼儿:我看到你放进口袋里了,你是小偷!

小龙儿:这不是学校的,我口袋里的是我自己带来的,不信你可以去问我妈妈,你们不要瞎说!

活动过程

(一)情景导入,激发兴趣

1. 播放视频1。

教师提问:大灰狼扑向小白兔的时候,小白兔的心情是什么样的?它是怎么做的?

教师小结:小白兔害怕得发抖了,但是它还是用力地踢了大灰狼。

教师提问:如果你是小白兔,你会怎么做?

教师小结:当我们被人欺负时,我们要勇敢面对。

2. 播放视频2。

教师提问:视频里发生了什么?小龙儿说了什么?

教师小结：当我们被人误解被辱骂时，我们也要勇敢面对。

(二) 学习方法，解决问题

过渡：要不被人欺负，我们首先要做到勇敢面对。除了这个方法，还有什么好办法可以让我们不被人欺负呢？

1. 出示图片1。

教师提问：(1) 图片里发生了什么？

(2) 被推倒的小朋友是怎么说的？

教师小结：一个小朋友被推倒了但是他没有哭，他选择去告诉老师。

2. 出示图片2。

教师提问：(1) 图片里小朋友的表情有什么不一样？

(2) 你喜欢哪个小朋友？

教师小结：一个小朋友在哭，另外一个小朋友不害怕，大胆为自己解释。

3. 出示图片3。

教师提问：(1) 他们在笑什么？

(2) 你觉得这样做对吗？

教师小结：嘲笑别人是不对的，我们应该第一时间去帮助别人。当自己被嘲笑时，我们可以合理表达自己的愤怒情绪。

(三) 集体讨论，培养意识

教师提问：(1) 在日常生活中你欺负过小朋友吗？

(2) 如果你被欺负了，你会怎么做？

教师小结：在日常生活中，我们应该保护好自己，在自己不被欺负的情况下，也不能去欺负其他小朋友，同学之间应该相亲相爱，像一家人一样。

上海市黄浦瞿溪路幼儿园 唐沁斌

资料来源：尔雅润育——幼儿园社会性教育主题课程。

案例评价

欺负他人属于亲社会行为的反面——反社会行为，欺负、攻击他人是幼儿阶段典型的反社会行为。教师不仅要教导幼儿欺负他人是不对的行为，并在出现这种行为时严厉制止，还要教会幼儿在受到他人欺负时保护好自己，在有能力的情况下帮助他人。该案例通过故事情境引发幼儿的兴趣，并通过图片和视频案例教会幼儿在受到欺负

时具体的反抗方式,最后通过讨论增强了幼儿的不被侵犯意识,并且进一步延伸为在同伴受到欺负时要伸出援手,发展了幼儿的同情心以及助人行为等亲社会行为。以反社会行为入手,通过与正确的亲社会行为对比加深了幼儿对于亲社会行为的印象,并且学会如何正确应对反社会行为,相比单纯的亲社会行为活动更有利于幼儿社会性的发展。

帮助他人真快乐(中班)

幼儿的亲社会行为与攻击性行为是相对的,在幼儿园教育教学活动中,教师应致力于引导幼儿发展亲社会行为,避免幼儿的攻击性行为。

《指南》中指出,亲社会行为是个体社会化发展的一个重要指标。亲社会行为又分为有利于自身的行为和有利于群体的行为,教师正是通过"帮助他人真快乐"这一集体教学活动让幼儿感受利于群体的快乐感。根据4—5岁年龄幼儿的身心发展特点,教师将教学目标设定为:感受帮助他人的快乐;知道人人都需要帮助;在需要帮助或帮助别人时有积极反应。

本次活动着眼于中班幼儿的亲社会行为活动,教师通过图片和视频让幼儿感受帮助别人不仅能让自己快乐,也可以让被帮助的人和其他人感受到快乐。

在活动过程上,教师将活动分成三个环节,各环节之间层层递进。在第一个环节中,教师为幼儿呈现两幅图片,让幼儿通过观察图片内容和推测图片中的对话来感受帮助他人带来的快乐。教师为幼儿呈现图片,让幼儿说出自己的发现,并通过提问让幼儿的回答趋向完整。通过幼儿平时玩的游戏来导入活动,让幼儿知道笑是可以互相感染的,快乐也是可以相互感染的,帮助他人能使自己感到快乐。在第二个环节中,教师为幼儿呈现两个视频,让幼儿知道如何帮助别人以及自己需要别人帮助时要如何表达请求。教师先是为幼儿提供需要帮助的情景,让幼儿知道在何种情况下应该向他人求助,并且引导幼儿在需要他人帮助的时候学会请求与感谢。在第三个环节中,教师为幼儿播放和谐城市公益视频,视频中有多种他人需要帮助和主动帮助他人的行为,比如把不小心摔倒的人扶起来、帮助上坡的人推推车、把快要摔落的杯子往里放、在开电梯门的时候等一等旁人,等等。让幼儿知道,在生活中的很多小事中,都可以主动伸出援手,帮助他人,快乐自己。在活动中,教师使用角色扮演和笑容感染的方式,让幼儿更直观地感受帮助他人的快乐。比如在第一环节中,教师扮演需要帮助的想要想成为"小狮子"的小男孩,引导其他幼儿帮助自己拉拉链,并在其他幼儿表示愿意帮助自己后,向他人道谢,给予他人笑脸,向他人传递快乐。在第二环节中,教师扮演在电梯里坐在轮椅上的老奶奶,通过向幼儿提问,让幼儿知道如何询问他需要什么样的帮助,提出帮助请求。教师在活动中始终以微笑示意,并且在图片和视频中展示帮助后的笑脸。让幼儿知道帮助他人不仅使自己快乐,也能带给更多人快乐。

在活动环节的层次上,首先,教师通过图片让幼儿知道幼儿之间需要帮助;其次,教师通过图片和视频让幼儿懂得不仅小孩子需要帮助,成人也需要帮助;最后,教师通过视频让幼儿感受怎么发出帮助请求,在别人需要帮助但没有发出求助请求时主动提供帮助,并通过公益短片让幼儿了解到在日常生活中需要帮助的情景和能提供帮助的情景还有很多。

在本次活动中,教师利用多媒体让幼儿在玩一玩、说一说中进行活动,在轻松愉快的氛围中让幼儿感受帮助他人的快乐,促进幼儿亲社会行为的发展。

主要参考书目

1. 艾伟,等.教育心理学[M].福建:福建教育出版社,2007.
2. 陈帼眉,等.学前心理学(第二版)[M].北京:人民教育出版社,2015.
3. 高月梅,等.幼儿心理学[M].杭州:浙江教育出版社,1993.

案例分析

音乐活动时,敏敏接连打了好几个喷嚏,鼻涕都流到了桌子上,以至于我的钢琴声总要暂停下来,小朋友都在埋怨了:"谁呀?怎么老打喷嚏呀?"原来是敏敏感冒了,所以鼻涕总是挂在嘴上,平时我总拿餐巾纸给她擦鼻涕,现在敏敏的两条鼻涕又懒洋洋地挂在鼻子下了。玲玲看见了,从口袋里拿出一张餐巾纸出来,像个大人似的帮敏敏擦鼻涕。敏敏呢?则一动不动地让她擦着。这时候,玲玲看见我在看他们,连忙缩回了手,很不好意思地笑了笑,然后轻轻地说:"李老师以前也是这样帮小朋友擦鼻涕的,所以我也会帮她擦鼻涕。"我马上当着全班小朋友的面表扬了玲玲:"玲玲,你帮她擦得很干净,真是个好孩子!"班上的其他小朋友听了,哈哈哈地笑了起来,并纷纷转过头模仿着玲玲的话语跟旁边、后面的小朋友说:"我也来帮你擦鼻涕吧!"反倒是玲玲听了老师的表扬,难为情地转过身去。

虽然这个音乐活动被这样不小心地"砸"了,但我一点也不觉得可惜,而是感到欣慰,因为我们的小朋友们又参与了一次生动的"乐于助人"活动。毕竟是大班的孩子,比小中班的孩子"老练"了许多,却又比小学生要"幼稚"。平时老师苦口婆心地告诉小朋友:"我们要从小养成乐于助人的好习惯,要有同情心,要经常帮助别人……"他们总会笑一笑,点点头,然后置之不理,现在好了,一件小小的"擦鼻涕"事件,却让这么多小朋友相互模仿着去帮助伙伴。如果当时老师一味地追求活动纪律,而忽视了这种随机教育,那我想幼儿对同情心的理解肯定也不会那么透彻。由此可见,幼儿同情心的培养应把认识与行为结合起来,并能在教学过程中进行随机教育,这样效果才是最为显著的。

分析参考:

《纲要》在社会领域中明确提出要培养幼儿乐意与人交往,培养幼儿的同情心。在上述案例中,玲玲能主动地去帮助其他的小朋友,主要是因为看到老师平时也是这样对待小朋友,从她的心里也产生一种同情与模仿的成分。而其他小朋友看到这一幕,听到这些话,也都会纷纷跟着效仿。著名教育家陈鹤琴先生曾经说过:"同情行为在家庭里在社会里是一种非常重要的美德。若家庭里没有同情行为,那父不父,母不母,子不子,家庭就不成为家庭;若社会里没有同情行为,尔虞我诈,人人自利,社会也不成社会了。"

幼儿心中爱的种子是需要从小播种的,爱的获得是幼儿健康发展的要素,是幼儿精神需要中最珍贵的部分。在幼儿的成长过程中,如果没有食物、阳光、空气等物质,他们就无法生存;而爱则是他们精神上的食物、阳光、空气,假若没有爱的满足,幼儿就难以健康地成长。那么,怎样使幼儿学会同情、关心他人,从小形成良好的健全人格呢?幼儿期是人格形成的关键时期,尽管社会环境、家庭等因素对幼儿的人格形成具有一定的影响,但许多研究表明,教师的影响最大。在以上案例中,虽然一个音乐活动被小朋友们"搞砸"了,但老师能随时随地进行随机教育,平时也非常注重幼儿的同情心教育,经常讲一些中外名人帮助别人的故事,比如美国女作家海伦·凯勒、张海迪阿姨等感人的事迹,相信幼儿的同情心也就更能升华了。

通过以上案例,我们可以清楚地看到,教师的教学策略和理念直接影响着幼儿的各个方面,《纲要》中也明确指出:教师应成为幼儿学习活动的支持者、合作者、引导者。这是对现代教师在教学中的作用和角色的最新诠释,对照《纲要》,根据幼儿的年龄特点和心理特征对幼儿在音乐活动中出现的"擦鼻涕"事件,可以得到一些启示。

一、教师要善于抓住幼儿的细小问题,将其"发展光大",促进幼儿的个性发展

幼儿的一日生活活动中,会发生很多很多的事情,有些很随意地就过去了,而有些事情,只要教师把握住机会是很好的教育契机。正如本案例中,其实也就是一个非常细小的问题,即在音乐活动中,一个小朋友经常打喷嚏干扰了大家,导致小朋友无法专心活动,但玲玲小朋友却能马上拿出餐巾纸帮助其擦鼻涕。如果当时老师直接批评打喷嚏的小朋友打断了活动,而不是停下来表扬玲玲,那么老师也就错过了一个教育幼儿的好机会,忽视了从身边的小事和现实生活中对孩子进行爱的教育。随机教育、潜移默化的渗透比老师单纯抽象地向孩子灌输爱的教条效果要好得多!

二、营造同伴间相互关心、友爱的氛围,让幼儿学会正确地关心人的行为方式

让全班有一种相互关心、友爱的气氛是良好精神环境创设的一个重要内容。如果一个班的幼儿经常向老师告状,碰到一点点小事就哇哇大哭,或者就是常常为一件小事而"大打出手",那就说明了这个班的气氛不是那么友好了。而如果一个班里的小朋友都是相亲相爱的,遇到事情都能相互礼让,使用玩具时能主动分享、谦让,接受别人的帮助后能马上道谢,很明显就可以看出这个班级的氛围非常好,教师和幼儿之间也很有民主感。有时在班级中,大部分小朋友都能做到谦让和分享,且都有一颗善良的心,小吵小闹不可避免,但相对来说,同情心方面就不是那么突出了,有的小朋友经常有种幸灾乐祸的感觉,看到别人在哭,也不会马上去安慰,而是笑笑了之,所以在今后的日常生活中,教师也应该常常提醒自己要多为幼儿建立一种相互关心、友爱的氛围。幼儿长期处在一个相互关心、友爱的氛围中,他们的同情心、分享、友好、谦让等方面都比其他同龄人要强得多。

三、教师注重自己的言行,给孩子树立良好的榜样

《纲要》中对教师的要求是:"教师应自觉意识到自身行为的榜样作用,随时注意自己的言行态度,严格自律,对幼儿潜移默化地施加积极影响,能够用自己爱的情感感染幼儿,以自身良好的道德修养给幼儿树立榜样。"成人是孩子行为最直接的模仿对象,特别是教师。在幼儿心目中,教师是社会的规范、父母的替身,他们会把教师的言行作为学习的榜样,模仿教师的态度、行为举止、音容笑貌等。因此,教师有意识地对孩子进行教育的同时,更要以身作则,通过自己的言行来对孩子起示范作用,营造爱的氛围,感染孩子的心灵。平时应尊重和关心孩子,比如案例中的玲玲就说过:"李老师以前也是这样帮小朋友擦鼻涕。"正是教师自己的言行举止,孩子们看在眼里,记在心里了,就更能直接感受到来自成人的浓浓的爱;平时教师之间也应相互友爱,相互帮助,多说几句"谢谢你"等;在长辈面前,多表达一份尊敬和关心,比如给孩子的爷爷奶奶泡杯茶,态度和蔼地说句体贴的话等。成人之间的体贴尊重和相互关爱恰恰是孩子爱心得以生根发芽的关键。教师要时时注意自己的行为细节,处处保持良好的形象,避免无意间给孩子造成不良的影响。

总之,同情、关心是人生活的动力和源泉,它的发展为幼儿良好的社会行为,如分享、谦让等奠定了重要基础。对于人来说,它就像空气和水一样重要,不可分离。作为教师，我们要为幼儿从小播种爱的种子，为他们将来成为具有人道主义精神和高尚道德情操的社会成员奠定基础。

 本章练习题

请结合实践阐述学前儿童亲社会行为的主要类型。

第七章 学前儿童社会认知发展与教育

 学习目标

1. 了解学前教育社会认知的概念。
2. 理解与学前教育社会认知有关的几种理论。
3. 知道学前儿童社会认知的基本内容。

第一节 学前儿童社会认知概述

婴儿从出生的那一刻起,就处于社会的包围之中,婴儿生活和发展的各方面都要受到周围世界的影响。不管婴儿是否愿意,他都会同周围的世界发生各种各样的互动,并在与周围世界的互动中,开始了对周围世界的认识。婴幼儿对周围世界的认识既受到先天因素的影响,也受周围环境和文化的影响。儿童通过与他人交往,观察、理解他人的行为,形成自己对社会的认知。婴幼儿已形成的社会认知又影响着婴幼儿的自我意识和社会交往,是婴幼儿社会性发展的核心部分。

一、社会认知的内涵

20世纪70年代以来,儿童社会认知逐渐成为心理学领域研究的重要课题之一。但到目前为止,学术界对社会认知的界定还没有形成一致的看法。弗拉维尔和米勒认为,"社会认知以人和人类事件为对象,是关于人们及其所作所为的认知"。① 克鲁塞克和林顿认为,社会认知是对"发生在他人和自己身上的心理事件以及社会关系的思考"。② 我国的部分学者认

---

① [美]J·H·弗拉维尔等.认知发展[M].上海:华东师范大学出版社,2002:237.
② 张文新.儿童社会性发展[M].北京:北京师范大学出版社,1999:231.

为,社会认知是"指对他人表情的认知,对他人性格的认知,对人与人关系的认知,对人的行为原因的认知"。笔者认为,社会认知是指对社会性客体(如父母、教师等)及其之间关系(如父子关系、师生关系、朋友关系)的认知,以及由这种认知而产生的对人的社会行为的理解和推断(如幼儿生病了,父母会很着急,因为父母都爱自己的孩子),即个人对他人的心理状态(如高兴、害怕、伤心等)、行为动机和意向(如希望得到表扬、避免受到批评等)等作出推测与判断的过程。

对儿童社会认知发展研究起到推动作用的是瑞士心理学家皮亚杰(Jean Piaget),他认为儿童的道德判断是从他律阶段发展到自律阶段,即儿童的道德判断是从重视行为后果逐步发展为重视行为动机。皮亚杰的这一做法推动了学术界对儿童社会认知的研究。皮亚杰还认为学前儿童的思维特点是以自我为中心,即儿童在思考问题的时候往往从自己的角度出发,很难站在别人的角度上去考虑问题,也不能将自己的观点与他人的观点很好地进行区分(比如,小朋友认为喝热水对身体有好处,就会给小花浇热水,觉得这样也可以让小花健康长大)。

拓展阅读

三山实验

心理学家皮亚杰做过一个著名的实验——"三山实验":如图7-1所示,在一个立体沙丘模型上错落摆放了三座山丘,首先让儿童从前后、左右不同方位观察这座模型,然后让儿童看四张从前后、左右四个方位所摄的沙丘的照片,让儿童指出和自己站在不同方位的另外一人(实验者或娃娃)所看到的沙丘情景与哪张照片一

图 7-1 三山实验

样。7岁前的儿童无一例外地认为别人在另一个角度看到的沙丘和自己所站的角度看到的沙丘是一样的!这个实验证明了7岁前的儿童不具备观点采择能力,即不具备从他人的角度来看待事物的能力。

资料来源:https://baike.baidu.com/item/三山实验/672988?fr=aladdin.

二、社会认知发展的主要理论

(一) 社会学习理论

以班杜拉(Bandura)为代表,班杜拉认为学习理论是探讨认知、行为、环境因素及其三者交互作用对人类行为影响的理论,人类的大部分学习都是通过观察别人的行为获得的。他把观察学习分为四个环节:注意—保持—转换—再现。注意过程是观察学习的起始环节,在这一过程中儿童认真观察榜样行为。榜样的特征、榜样行为的特征以及儿童本身的性格特点决定了榜样行为的哪些特质会被注意到。在观察学习的保持阶段,幼儿把所观察到的榜样行为转变为符号表征,储存在头脑中。在观察学习的转换阶段,幼儿把头脑中的符号表征转化为具体的行为。行为的后果则决定了儿童是否会把所观察到的行为再现出来。根据他的观点,真正影响幼儿社会认知的是幼儿的观察学习。幼儿从出生后,就开始观察周围的人,并在对周围人的观察、与其互动中形成对社会的认知。幼儿通过观察形成的社会认知更加稳定、长久。

(二) 认知发展理论

以皮亚杰为代表的心理学家把儿童的认知发展划分为四个阶段:感知运动阶段(0—2岁)、前运算阶段(2—7岁)、具体运算阶段(7—11岁)、形式运算阶段(11—15岁)。学龄前儿童处于第一、二个阶段。皮亚杰认为儿童认知发展水平决定了儿童的社会认知发展水平。处于感知运动阶段的幼儿以直觉行动思维为主;处于前运算阶段的幼儿以具体形象思维为主,体现在社会认知方面就是以自己为中心,很难站在别人的角度思考问题。但事实上,认知发展水平与社会认知发展水平往往并不完全一致,生活中常常存在认知发展水平很高但社会认知发展水平却相对较弱的人,也会存在社会认知发展水平很高但认知发展水平却相对较低的人。

认知主义理论对社会认知发展的另一个重大贡献是在儿童道德发展领域,以美国心理学家科尔伯格(kohlberg)为代表。科尔伯格继承并发展了皮亚杰的道德发展阶段理论,认为儿童的道德发展是一个由他律到自律的发展过程。同时,科尔伯格也提出了自己的观点。科尔伯格用道德两难故事法研究了儿童的道德发展,把儿童的道德发展划分为三个水平六个阶段,学前儿童道德发展处于第一个水平——前习俗水平,处于这一水平的儿童根据行为带来的后果或者事物对自己的好坏来判断是非。这一水平包括两个阶段,第一阶段:惩罚与服从定向阶段。处于这一阶段的儿童根据行为的直接后果及其严重程度或权威人物的评论来判断是非。儿童认为得到惩罚的事就是坏的,如幼儿认为小朋友不能打人,因为打人会被教师批评。这一时期的儿童也没有形成真正的是非观念,他们认为得到权威人物(如教师、父母)的表扬就是好的,得到周围人批评的就是坏的。第二阶段:相对功利取向阶段。这一阶段的儿童根据自己的利益或需要来评判行为的好坏。对于海因茨偷药这件事,他们会得出这样的结论:要去偷药,谁让药商那么坏,一点好处都不给。

> **拓展阅读**
>
> 海因茨盗药
>
> 　　劳伦斯·科尔伯格是美国著名的道德教育专家。一天,他在一试验班上讲了著名的海因茨盗药的故事。
>
> 　　海因茨的妻子是位美丽善良的人,非常不幸的是她得了一种很厉害的疾病。只有一种商店才有这种药,不过价钱非常昂贵。这对生活本来就不甚富裕的海因茨来说无疑是雪上加霜。于是海因茨求到那位药商的门下,恳求说:"先生,您就发发慈悲,把这个价钱降下来,只按成本价卖给我,好吗？我的妻子眼看就没救了!"药商吃惊地瞪大了眼睛,问:"你说什么？按原价卖给你？要是那样,我还做药干什么？"海因茨继续恳求他说:"要么就请您先把药卖给我,治我妻子的病。我把手头上的钱全给你,剩余的欠款我随后还你,您看行吗？"药商仍然一口回绝了他。海因茨无奈之下只好在夜深人静时去偷走了那种药物给妻子治病。科尔伯格讲到这儿,问同学们道:"同学们,你们认为海因茨应该偷药吗？偷一个人的药用来拯救另一个人的生命错了吗？人们在这种情形下偷药应受惩罚吗？"

(三) 社会文化历史学说

　　维果茨基(Vygotsky)将人的心理机能区分为两种形式:低级心理机能和高级心理机能。低级心理机能是人从动物直接进化的结果;高级心理机能是人类社会所特有的,是社会历史发展的产物,它以符号系统为中介。语言是人类最重要的符号系统,它是人类思考和认知的工具,是人们自我调节和自我反思的工具,它可以帮助人类进行社会互动和活动。[①] 维果茨基观察到儿童在遇到困难时,自我中心言语会成倍增加,说明儿童在运用自我中心言语帮助其思维,自我中心言语具有促进儿童心理发展的功能。[②] 另外,维果茨基认为人的心理是在活动中发展起来的,是在人们的各种活动和相互交往中发展起来的。儿童与儿童、儿童与成人之间的互动对儿童心理发展起着重要作用,是儿童心理发展的重要途径。一个经常参与

---

① 齐建芳,等.儿童发展心理学[M].北京:中国人民大学出版社,2009:56.
② 齐建芳,等.儿童发展心理学[M].北京:中国人民大学出版社,2009:56.

社交活动的幼儿,其社会认知发展水平要高于社交活动相对较少的幼儿。维果茨基有一个基本假设,认为"人的心理过程的变化与他的实践活动过程的变化是同步的"。维果茨基的观点对如何提高儿童社会认知有很大的启示意义,可以通过发展语言能力和提高人与人之间互动质量来促进幼儿社会认知的发展。

三、社会认知的内容

人与人之间按照一定的联系组成了人类社会,幼儿从出生起就处于一定的社会关系中,并以自己的方式对周围的社会进行认知。人际关系、社会环境、社会角色、社会规则和社会重大事件是婴幼儿社会认知的主要内容。这几个方面相互影响相互制约:一个方面的发展会促进其他方面的发展,同样其他方面的发展也会影响某一方面的发展。其中,对人际关系的认知是社会认知的核心,因为人际关系是个体经常面对且无法脱离的,对人际关系的认知会影响个体对其他方面的认知。

(一)人际关系的认知

不同的学科对人际关系的定义是不同的:社会学将人际关系定义为人们在生产或生活活动过程中所建立的一种社会关系;心理学将人际关系定义为人与人在交往中建立的直接的心理上的联系。在日常生活中,人际关系是人与人交往关系的总称,也被称为"人际交往",包括亲属关系、朋友关系、学友(同学)关系、师生关系、雇佣关系、战友关系、同事及领导与被领导的关系等。人是社会动物,每个人都会与周围的人发生不同程度的联系,每个个体均有其独特的思想、背景、态度、个性、行为模式及价值观,然而人际关系对每个人的情绪、生活、工作又有很大的影响,甚至对组织气氛、组织沟通、组织运作、组织效率及个人与组织的关系均有极大的影响。

(1)幼儿对父母长辈的关系的认知。幼儿从出生起,就生活在家庭中,幼儿最初的人际关系就是同父母之间的关系,幼儿与父母之间的关系是幼儿其他人际关系的基础,影响着幼儿的其他人际关系。幼儿对与父母长辈之间关系的认知主要受到两个方面的影响:一是父母的教养态度;二是主要看护者。父母的教养态度主要有四种:权威型、专制型、溺爱型和放任型。当父母的教养方式是权威型时,孩子对与父母长辈的关系认知发展水平最高,在这种家庭中长大的孩子独立、自主、尊重他人;在专制型的家庭中,父母过分约束孩子的行为,比如,限制孩子的社交活动或制定过多的规矩,在这种教养方式下长大的孩子对与父母长辈关系的认知发展水平最差,整天畏畏缩缩、胆小怕事;在溺爱型的家庭中,幼儿是家中的小皇帝,想要什么就可以得到什么、为所欲为,在这种教养方式下长大的孩子对与父母长辈关系的认知发展水平较差,他们只看到自己的需要而忽略父母的需要,不尊重父母;在放任型的家庭中,父母忙于自己的事情而忽略自己的孩子,任凭他们自由发展,在这种教养方式下长大的孩子对与父母长辈关系的认知发展水平也不高,与父母之间的关系冷淡。若幼儿的主要看护者是父母,幼儿则容易与父母形成亲密的关系;幼儿的主要看护者如果是保姆或者爷爷奶奶、外公外婆,幼儿则不易与父母之间建立亲密的关系。《3—6岁儿童学习与发展指南》(以下简称《指南》)也要求成人主动亲近和关心幼儿,经常和他一起游戏或活动,让幼儿感受到与成人交往的快乐,建立亲密的亲子关系。

(2) 幼儿对同伴关系的认知。同伴关系是指幼儿与和自己年龄相近的幼儿之间的关系,在这种关系里,幼儿是平等的个体,享有平等的权利,可以充分地展现自我。同伴关系是幼儿三大关系的重要组成部分,在幼儿的成长中占有重要地位,并且随着年龄的增长,同伴关系将取代其他两种关系成为幼儿生活中最重要的关系。良好的同伴关系有以下作用:促进其认知能力的发展;促进幼儿积极情绪情感的发展;促进幼儿社会交往能力和亲社会行为的发展;有利于幼儿为将来社会角色的扮演做好积极准备。幼儿对同伴关系的认知对同伴关系的形成起着重大作用:认为同伴关系是美好的、愉快的幼儿,则可能与周围人之间形成和谐的人际关系;认为同伴关系是功利的、复杂的幼儿,则可能与周围的人之间形成淡漠的人际关系。幼儿对同伴关系的认知主要受到两个因素的影响:一是幼儿与同伴之间的友谊;二是周围同伴对幼儿的接纳程度。在班级群体中幼儿和某个同伴建立友谊或受到其他同伴的认可等,都有助于幼儿对同伴关系形成良好的认知。幼儿对同伴关系的认知主要是通过幼儿与同伴的交往实现的,《指南》要求为儿童创造交往的机会,让幼儿体验到交往的乐趣。如鼓励幼儿参加小朋友的游戏,邀请小朋友到家里玩,感受有朋友一起玩的快乐。同时,幼儿园应多为幼儿提供自由交往和游戏的机会,鼓励他们自主选择、自由结伴开展活动。

(3) 幼儿对师生关系的认知。幼儿在进入幼儿园以后,大部分时间都和教师生活在一起,教师的一举一动、一言一行都影响着幼儿。教师是幼儿生活中的"重要他人",也是幼儿心目中的权威人物。科尔伯格用道德两难故事法研究了权威与服从的认知发展,幼儿对师幼关系的认知发展也遵循对权威认知发展的规律,幼儿对权威认知的发展要经历以下六个阶段:

阶段1 儿童将权威人物的要求看成是自己的愿望,对权威人物的要求无条件地服从。如教师说小花的衣服很好看,小明也认为小花的衣服很好看。

阶段2 儿童知道权威人物的想法和自己想法是不同的,但是儿童会顺从权威人物的想法,以避免不必要的麻烦。如教师认为小花的衣服很好看,小明觉得小花衣服上的小熊不好看,但是小明仍会说小花的衣服很好看。

阶段3 儿童把社会地位上存在优势(如教师、警察)、身体上存在优势(如一个身强力壮、高大魁梧的人)、知识上存在优势的人(如科学家、教师)看作权威,对权威的崇拜和畏惧影响着儿童的思想和行为。某天,小刚和小明对金鱼是否会睡觉的问题争论不休,这时小花走过来说:"陆老师说了,金鱼是会睡觉的,只是它不会闭眼睛。"小刚很得意地说:"你看,陆老师都说金鱼晚上会睡觉。"小明也停止了争论,若有所思地说:"哦,原来金鱼是会睡觉的,我以前都不知道。"

阶段4 儿童将对权威的服从看作是对权威过去付出的一种回报或者是为了获得某种好处而进行的投资。如某幼儿觉得自己应该听妈妈的话,因为妈妈对他付出了很多。

阶段5 儿童开始以理性的眼光来看待权威,并有条件地服从权威。权威的合理性在于领导或控制他人的特定能力。如儿童觉得某老师人很好,应该听从他的命令。

阶段6 儿童将能给集体带来利益或受集体欢迎的个体视为权威。

(二) 社会环境的认知

社会环境是指人类生存及活动范围内的社会物质、精神条件的总和。广义包括整个社会经济文化体系,狭义仅指人类生活的直接环境。有人将社会环境按其所包含的要素的性质分为:物理社会环境,包括建筑物、道路、工厂等;生物社会环境,包括植物和驯化、驯养的动物;心理社会环境,包括人的行为、风俗习惯、法律和语言等。有人按环境功能把社会环境分为:聚落环境,包括院落环境、村落环境和城市环境、工业环境、农业环境、文化环境、医疗休养环境等。幼儿生活在一定的社会环境中,社会环境中的各种因素总以各种各样的方式与幼儿发生着互动,影响幼儿各方面的发展,幼儿也在与环境的互动中形成自己对社会环境的认知。

随着时代的发展,越来越多的人认识到社会环境在人的发展中所起到的重要作用。其中,比较有影响的是美国著名的心理学家布朗芬布伦纳(U. Bronfenbrenner)提出的生态系统理论。他认为个体生活在相互作用的环境系统之中,个体在与环境系统的相互作用中不断成长。环境系统是一个由小到大层层扩散的复杂的生态系统,可划分为4个层次:微观系统,是指与个体直接接触的环境系统,如家庭、幼儿园。中间系统,间接影响个体发展的、与个体不直接发生联系的系统,如哥哥的幼儿园。微观系统和中间系统之间积极的、正向的联系可以使儿童的发展实现最大化。如哥哥在幼儿园学会了轮流玩玩具,回到家里和弟弟玩玩具时也会尝试着轮流玩,弟弟也在与哥哥的互动中学会了轮流玩。外层系统,是指与孩子不直接发生互动但却会对孩子的发展产生影响的环境,如社区、父母工作环境。宏观系统,主要指文化、观念、信仰、法律、政策等。有的学者对影响人发展的环境因素进行研究,发现政策对个体的发展所起的作用最大。如芬兰幼儿教育的根本目标是将所有幼儿培养成幸福的人,幼儿园就要以儿童的兴趣、需要为中心,让幼儿度过一个开心、快乐的童年;美国的幼儿教育是为幼儿入小学做准备,那么幼儿园教育就注重幼儿在读、写、算方面的训练。幼儿对社会环境的认知,也遵循从小到大的规律,即由微观系统—中间系统—外层系统—宏观系统构成。宏观系统通过影响外层系统、微观系统而使幼儿获得对它的认知。幼儿对中间系统、外层系统和宏观系统的认识是在与周围人的互动中、以自己的经验为基础来实现的。

(1) 对家庭的认知。 儿童对家庭的认知是逐步发展的,从对父母及家庭成员的认知到对家用物品的认知,从基本的日常生活规范认知到家庭中社会规范的认知。比如:知道家庭的主要成员、称谓、姓名、职业、出生年月或属相等,激发儿童对家人的热爱和关心的情感;知道家庭地址、电话号码、家庭中的主要设施,学会自我保护;知道家中常见的一些生活用品和家用电器的名称、用途或功能,培养儿童的动手能力;知道热爱、尊重和关心父母及长辈,为他们做一些力所能及的家务劳动等。幼儿园应组织以家庭为认知内容的一些社会教育活动,从小培养儿童对家庭的责任感和了解对父母应尽的义务。

(2) 对托儿所、幼儿园的认知。 托儿所、幼儿园是学前儿童进入的第一个集体教育机构,也是需要他们充分认知的一个重要社会环境。这主要包括知道自己所在幼儿园、班级的名称及班级教师的姓名,认识园内其他教师和工作人员的姓名,以及他们所从事的主要工作,意识到他们的劳动与自己的关系等,知道幼儿园内外的主要环境、主要设施和相关的行为规范等。

(3) 对社会机构的认知。 学前儿童的生活离不开一定的社会机构,如医院、邮局、商场、超市、餐厅、理发店、银行、消防站、动物园、公园、影剧院、博物馆等。儿童通常会在幼儿园角色游戏活动中再现这些机构的情景和情节。此外,儿童应认识飞机、火车、公共汽车、出租车、地铁、轮渡等公共交通工具,认识清洁车、洒水车、救护车、消防车、车站、机场、码头等公用设施或设备;参观工厂、学校等,知道它们的名称、相关社会职能,了解各种职业人群的主要工作以及与自己的关系等。

(4) 对家乡、国家与民族的认知。 从小建立学前儿童对家乡、民族与国家的初步认知,激发儿童爱家乡、爱祖国的情感,培养儿童一定的民族荣誉感。这主要包括知道自己的家乡、民族、祖国的名称,以及在地图上的大致方位;知道首都、国旗、国徽、国歌等;知道家乡以及祖国的风景名胜、著名建筑、风土人情,以及主要的生活方式等;了解国家和民族的重大节日,如春节、清明节、端午节、中秋节、重阳节等;知道与自己关系密切的主要节日,如三八妇女节、五一劳动节、六一儿童节、教师节、国庆节、父亲节、母亲节等。

(三) 社会角色的认知

社会角色是指与人们的某种社会地位、身份相一致的一整套权利、义务的规范与行为模式,它是人们对具有特定身份的人的行为期望,构成了社会群体或组织的基础。社会角色的要素包括:(1)角色权利——角色扮演者所享有的权力和利益。角色权力是指角色扮演者履行角色义务时所具有的支配他人或使用所需的物质条件的权力。角色利益是指角色扮演者在履行角色义务后应当得到的物质和精神报酬,如工资、奖金、福利、实物等属于物质报酬,表扬、荣誉、称号等属于精神报酬。(2)角色义务——角色扮演者应尽的社会责任。角色义务包括角色扮演者"必须做什么"和"不能做什么"两个方面。(3)角色规范——角色扮演者在享受权利和履行义务过程中必须遵循的行为规范或准则。角色规范包括不同的形式：从范围上可以分为一般规范和特殊规范；从具体要求上可以分为正向规范（即扮演者可以做、应当做和需要做的行为规范）和反向规范（即扮演者不能做、不应当做的各项行为规定）；从表现形式上可以分为成文规范（法律、法规、制度、纪律等）和不成文规范（风俗习惯等）。

幼儿对社会角色的认知是指幼儿对社会角色（如教师、警察、工人）所享有的权利、履行的义务以及所遵循的社会规范的认知。幼儿对社会角色的认知发展水平主要通过角色扮演表现出来，幼儿的角色扮演遵循一定的发展规律：重复角色的一个或几个行为——表现角色之间的互动——表现角色一系列复杂的行为。小班幼儿对社会角色认知主要停留在社会角色的外显行为上（如警察叔叔指挥交通），因而对角色的表现也主要是表现成人的外显行为，如一个小班幼儿会重复给娃娃喂奶的动作。比起小班幼儿，中班幼儿对成人社会角色的认知要更加细致、深刻，并开始对社会角色之间的关系进行认知，体现在他们的游戏中就是角色之间开始出现互动行为。如某幼儿在家里和妈妈进行角色游戏，他要求妈妈扮演学生，由他来扮演老师。他像老师一样坐在椅子上，说："谁坐得最好？"妈妈还没有坐好，他就去纠正妈妈："妈妈你这样子不对，我在学校里都是老师说'谁坐得最好'以后，我就坐好了。"大班幼儿的生活经验较丰富，对社会角色的认知也更加细腻深刻，他们在角色游戏中会把角色的一系列复杂行为展现出来。如某大班幼儿在娃娃家玩做饭游戏，从洗菜—切菜—打开煤气灶—炒菜—把菜放在桌子上等一系列复杂行为全部展现出来，甚至连端菜时被"烫"了一下，也表现得惟妙惟肖。

（四）社会规范的认知

社会规范认知的形成，是儿童社会认知发展的一个重要方面，也是儿童社会化的主要任务之一。儿童在不同的社会环境中会遇到各种各样的社会规范。他们要成为未来社会的合格成员，就必须了解和理解这些规范。学前儿童对社会规范的认知主要来源于三个方面：一是父母、教师的影响，如父母经常告诫儿童"不能往楼下乱扔垃圾""吃饭时不能用筷子在盘子里乱翻""乘车要有次序地上下车"等；二是同伴互动，如一个儿童抢夺别人的玩具，同伴就会批评教育他；三是法律和道德规定，如公民文明行为规范、法律规则、交通规则等。社会规范在这里是一个较为宽泛的概念。学前儿童对社会规范的认知主要包括基本道德规范、文明礼貌行为规范、公共场所行为规范、群体活动规范、人际交往规范等。

基本道德规范的认知包括对是与非、对与错、爱与憎等道德问题的认知和判断。

文明礼貌行为规范的认知包括个体自身的素质修养、与人交往时的礼仪等，以及文明的言谈举止、使用礼貌用语、不随意打断别人的讲话、集中注意倾听他人讲话等。

公共场所行为规范的认知，包括全社会都应该共同遵守的各种规则，主要包括公共卫生规则、公共交通规则、公共财产保护和爱惜规则等。

群体活动规范的认知,是个体对自身所处的某一社会群体活动规范的认知。学前儿童主要是对幼儿园集体活动规则的认知,这包括两个方面:一是对幼儿园日常活动规则的认知,如排队公平等待规则、轮流规则、集体服务规则等;二是学习、娱乐、游戏等活动的规则。

人际交往规范的认知是在社会系统内对社会互动起结构性作用的行为规范,这主要是指人际交往中待人接物的一些礼仪与规则,如接待客人或到别人家做客的礼仪,以及不同的民族和国家的一些习俗规则等。

此外,还有一种类型的社会规范认知——谨慎规范(Prudential Rule)。由于学前儿童年龄较小,缺乏社会生活经验,这种类型的社会规范认知不可缺少。所谓谨慎规范,是指那些经常遇到的、用以调节安全的行为规则,如"危险的地方不能去、危险的事儿不能干"等,以及"不给陌生人开门""外出要切断一切电源水源和煤气""不要触摸电插座、开煤气、玩打火机"等。我们通过各种途径,让儿童充分认知这些防止消极后果的行为规则。

幼儿对社会规范的学习是一个由外部活动向内部活动转化的过程,要经过一个相当长的时间才可以完成。我国的一些学者把幼儿对社会规范的认知分为三个阶段:服从、模仿和理解。四岁前的幼儿处于服从水平,对社会规范没有自己的见解,只是出于对长者的尊敬或畏惧而遵守社会规范,该水平的幼儿对社会规范的遵守是被动的。如某幼儿很喜欢模仿成人说脏话,但畏于教师的批评,才不敢在教师面前说脏话。模仿水平主要指幼儿通过模仿成人或同伴的行为来遵守社会规范。如幼儿看到妈妈每天早上都会对教师说"早上好",幼儿也一见到教师就说"早上好"。处于模仿水平的幼儿有主动学习社会规范的意愿,所以,在层次上要高于服从水平,但在很长一段时间,这两种水平是共存的。五六岁的幼儿对社会规范的认知达到理解水平,处于理解水平的幼儿对社会规范的认知有自己的看法,能够主动地遵守社会规范。如,幼儿明白遵守交通规则可以尽可能地避免交通事故,过马路时遇到红灯,幼儿都会自觉等待。

(五) 对重大社会事件的认知

重大社会事件的认知,是学前儿童了解社会、关心社会的一个重要途径。这主要包括了解社区、家乡和国家以及世界近期的一些重大活动,如所在社区的"爱鸟周"活动、家乡的环境治理和环境保护活动等;了解国家和世界上发生的一些战争、重大灾害等。

第二节 学前儿童社会认知发展的年龄特征

儿童的社会认知并非与生俱来,而是在个体与周围社会环境的互动中形成的,是生物因素与社会因素共同作用的结果。儿童从出生的那一刻起就开始与这个世界互动,并在互动中形成自己对社会的认知。儿童的社会认知将伴随他的一生并影响他的成长和发展。

一、儿童社会认知的萌芽

(一)婴儿社会性萌芽的相关理论

以弗洛伊德(Freud)为代表的精神分析学派认为,幼儿从出生至18个月处于口唇期,这个阶段的幼儿主要是通过口唇的吮吸、咀嚼和吞咽等活动来与世界发生联系。幼儿的口唇对他的人格发展有很大影响。这一阶段发展的主要人格是信任对怀疑。如果发展得好,婴儿就认为世界是安全的、可以信任的,反之,婴儿对周围的世界将不信任,充满怀疑。

生态学是德国生物学家恩斯特·海克尔(Haeckel)于1869年定义的一个概念:生态学是研究生物体与其周围环境(包括非生物环境和生物环境)相互关系的科学。生态学中有一个基本观点就是人类为满足自身的需要,不断改造环境,环境反过来又影响人类。生态学中的一个基本定律是每一事物无不与其他事物相互联系和相互交融。根据生态学的观点,婴儿一出生就处于一定的社会联系中,婴儿通过与周围人的互动,主要是与父母的互动形成社会认知。

斯金纳(Skinner)是行为主义心理学的主要代表人物,他把人的行为分为两类:操作行为和应答行为。操作行为是幼儿自发做出的行为。应答行为是给出一个特定的情境后幼儿做出的相应行为(比如要求幼儿自己穿鞋,幼儿就去做)。斯金纳还认为幼儿有了行为反应后,我们给予强化物或消退物,可以控制幼儿的行为。我们都知道婴儿在出生的时候有八大基本的无条件反射,即斯金纳所说的操作行为,教养人在婴儿做出无条件反射行为后,即刻给予相应的强化或消退,幼儿可以形成特定的行为模式。幼儿也会从中形成自己对周围世界的认知。

皮亚杰把人的认知发展分为几个相应的阶段,0—2岁的幼儿处于感知运动阶段,这个时期的婴儿主要通过感觉和动作来认识周围的世界。根据皮亚杰的理论,我们可以知道:婴儿在出生以后,通过观察和模仿成人的态度,体验自己行为带来的相应后果,形成了对周围世界的认知。

(二)婴儿社会认知的早期表现

婴儿出生几天后,会对人说话的声音有反应,对母亲的声音表现得更明显;在2.5个月的时候,可以根据母亲的声音判断母亲是愉快的、悲伤还是愤怒的,并根据自己的判断作出反应;在3个月左右,对人脸的注视时间要长于对物品的注视时间;到了六七个月的时候,婴儿与看护者建立起了依恋,婴儿对看护者的长时间离开会表现焦虑不安;在8个月左右,婴儿开始出现客体永久性和人的永久性,即物体或人消失在婴儿视线范围之外时,婴儿仍然知道该物体或人依然存在,这种能力的出现使得婴儿的分离焦虑减轻。

拓展阅读

婴儿对人无差别的微笑反应

施皮茨与沃尔夫在1941年时就对145名婴儿做了"对人无差别的微笑反应"实验,实验结果如下。

表7-1 婴儿对人无差别的微笑反应

	微笑的脸	歪嘴皱眉的脸	戴假面具的脸	奶瓶或玩具
发生微笑	142	141	140	0
不发生微笑	3	4	5	145

从以上实验结果我们发现,婴儿对人脸或类似人脸的物品能作出微笑反应,而对奶瓶或玩具则不会作出微笑反应。这说明:婴儿与生俱来就有社会性,喜欢与人类交往。

资料来源:秦金亮.儿童发展概论[M].北京:高等教育出版社,2008:78.

二、3—6岁儿童社会认知的年龄特点

3—6岁儿童阶段,儿童的生活范围进一步扩大,与成人和同伴互动的频率也进一步增加,社会认知的总体水平显著提高。

3—6岁幼儿对他人想法与观念的认知特点。3—4岁儿童不能站在他人的立场上理解对方的想法与观念,但是知道别人的想法和自己的不一样;4—5岁是转折期,儿童开始理解不同的立场有不同的看法;5—6岁的儿童开始能够试图站在他人的立场上理解对方的观点。向3—5岁的儿童讲述这样一个故事:"一个叫小明的小男孩把巧克力放到抽屉A里。然后他到外面玩去了。在小明不在的时候,他妈妈从抽屉A里拿出巧克力做蛋糕,然后把剩下的巧克力放到抽屉B里。小明回来后,想吃巧克力。小明会到哪里去找巧克力呢?是到抽屉A里找呢还是到抽屉B里找呢?"3—4岁的儿童会回答说,小明回来后会到抽屉B里找巧克力,因为巧克力实实在在的在抽屉B里。这说明3—4岁的儿童还不能站在他人的立场上理解对方的想法,他们没有意识到其实小明不知道妈妈把巧克力放在抽屉B里了。4—5岁的

儿童则认为小明有可能先到抽屉A里寻找巧克力。这说明4—5岁的儿童已经开始意识到不同立场上的人会有不同的看法。5—6岁的儿童则认为小明会到抽屉A里寻找巧克力，因为小明没有看到妈妈把巧克力放进抽屉B里，小明认为巧克力还在抽屉A里。这说明5—6岁的儿童已经开始站在对方的立场上试图理解对方的观点。[1]

学前儿童对社会环境和社会规则的认知。3—4岁儿童对社会规则已经有了初步的认知，能作简单的道德判断，判断往往依据事物后果的大小，而忽略事物背后的动机；4—5岁儿童知道更多的社会规则和行为规范，并且能够体会他人的情绪反应；5—6岁儿童能够从事物背后的动机来进行道德判断，但是仍然相信权威。

学前儿童对社会角色的认知。3—4岁儿童知道有不同的社会角色，对职业开始有了初步的认知，但是认识程度受到其生活环境的影响；4—5岁儿童知道更多的职业及其特征，并开始对不同社会角色形成基本观念，比如领导、家长等；5—6岁儿童对社会角色有了更为全面和客观的认知，并且对自己将来所要承担的社会角色有了基本的期望。

三、儿童社会认知发展的影响因素

（一）认知能力及思维特点

儿童社会认知的发展也是随着年龄的变化而发展变化的，并受到儿童认知能力及思维特点的影响。儿童认知能力是儿童社会认知能力发展的必要条件。0—2岁的幼儿处于感知运动阶段，这一阶段幼儿主要通过动作来认识周围世界，同时无法区分自己和他人的观点。2—7岁的幼儿处于前运算阶段，幼儿的思维以自我为中心，具有不可逆性，这一阶段的幼儿很难站在他人的立场上考虑问题，对规则和权威绝对服从。幼儿年龄越小，其社会认知发展水平就越受到认知发展水平的影响，等幼儿到了十一二岁时，其社会认知发展水平与幼儿认知发展水平关系就已经不是那么密切了。

（二）与同龄人的交流

有研究表明，同伴交往有利于促进幼儿社会认知能力的发展，表现为受欢迎儿童的社会认知能力的发展水平较高。与同龄人的交往是幼儿社会认知的一种需要，幼儿在与同龄人的交往中可以感受被尊重与被接纳。幼儿在与同伴交流中，也会出现各种各样的问题与矛盾，在处理这些问题与矛盾时，幼儿可以逐渐学会站在他人的立场上考虑问题，尝试着让他人接纳自己的观点和想法，从而养成助人、分享、谦让等良好品质。

（三）父母的养育实践

幼儿社会认知的发展主要有两种途径：模仿和互动。父母自身特征和父母与子女互动

---

[1] 王振宇.儿童心理发展理论(第二版)[M].上海:华东师范大学出版社,2016:30.

的方式都会影响幼儿社会认知的发展。父母待人和善、经常使用礼貌用语、遵守交通规则,他们的孩子会见面就向人问好、过马路遵守交通规则。反之,父母待人冷漠、随手乱扔垃圾,孩子也会见人不问好、垃圾四处扔。研究表明,父母与子女的互动方式也会影响幼儿的社会认知。父母经常教导幼儿使用文明礼貌用语、遵守交通规则、学会帮助别人的家庭,幼儿的社会认知发展水平就高。反之,则低。

(四) 教育与文化

文化是一个民族的灵魂。个体总是生活在一定的文化氛围之中,个体的一言一行、一举一动都会受到文化的影响。文化有时间差异,也有地区差异。中国古代文化和中国现代文化之间是有差异的,同样,国家和国家之间、地区和地区之间也是存在差异的。

教育也是影响幼儿社会认知发展水平的一个重要因素。学校教育把幼儿集中在一起,在短时间内向幼儿传递社会认知知识,使幼儿的社会认知在此阶段内得到提高。教师在向幼儿传递社会认知知识时,要注意结合幼儿的认知发展水平和思维发展特点,这样才能做到因材施教、有的放矢,使幼儿在最近发展区内得到发展。

第三节 学前儿童社会认知的教育活动设计

学前儿童社会认知教育活动的类型多种多样,但也有其共同点,其设计的基本要求和基本结构如下。

一、学前儿童社会认知教育活动的基本要求

(一) 体现学前儿童在社会化过程中的主动性和主体性

学前儿童很早就表现出对社会环境和社会现象的好奇,并在此基础之上形成对社会规范的认知。近年来,研究者发现,学前儿童对社会环境和社会规范的认知,不再是简单地接受成人的传递和要求,而是已经由社会规则被动的接受者变为主动者。他们在充分了解社会环境以及社会规范的基础上作出自己的判断、抉择,形成自己的见解。他们不是被动的个体,而是社会活动中积极的参加者。社会规范是通过主客体相互构建而形成的。站在个体的角度,这个建构过程就是个体对外部世界的体验过程,是个体用自己的身心去感受、关注、欣赏、评价外部世界,进而形成经验的过程。它必然是个体自主进行的活动,其他人无法代替个体的主体地位。它具有主观能动性,不是对道德认识原封不动的认可和接受,而是自主地感悟和发现,是道德情感的内化。它必然会引起道德认知在一定程度上外显为儿童的自主行动。

因此,社会认知教育活动要充分体现学前儿童的主体地位,营造宽松和谐的氛围,让学前儿童以主动性和创造性的方式参与社会认知教育活动,在主动建构中形成社会道德规范。

(二) 鼓励学前儿童与环境、材料产生积极互动

社会认知发展理论强调幼儿在对环境适应过程中的主动性。早在二十多年前,美国的高瞻学前课程模式就认为,幼儿主要依靠动作、自主学习、直接作用于环境而获得经验。马图索夫(Matusov)认为,学校要给学生提供充分的活动和交往的环境,发挥学生的学习自主性。特别是充分利用师幼之间、同伴之间的相互作用,对幼儿的社会环境和规范认知发展具有一定的促进作用。因此,我们在开展社会认知教育活动时,要鼓励儿童与环境、材料积极互动,精心选择和设计社会活动环境,发挥学前儿童社会认知的主动性。

(三) 将游戏和体验作为社会环境和社会规范认知生成的途径

维果茨基认为,研究幼儿心理不能脱离儿童具体的生活环境。其社会建构主义思想认为,游戏是促进儿童社会性发展的手段。教师可以组织儿童开展角色游戏,以增进儿童对社会规范的认知。比如到娃娃家做客、带娃娃文明乘车、带娃娃到"医院"看病就诊等,都可以丰富和强化儿童对文明礼貌行为规范和人际交往规范的认知。

目前,"体验"被学术界认为是社会规范认知与道德生成的一种重要方式和途径。"体验"就是让儿童亲身去经历,让儿童在实践的过程中动手动脑,使儿童在对社会环境和社会活动的直接"体验"中建构社会规范认知和道德价值观。

二、学前儿童社会认知教育活动设计与实施的基本结构

任何一种社会领域教育活动,都有其自身的结构,但各种活动间的结构又有不同之处。社会环境与社会规范认知教育活动的目标、对象、方式的特殊性,在活动的设计与实施结构中都有所反映。一般说来,有以下几个环节。

(一) 运用多种方式引出活动主题

所谓引出活动主题,是指教师在活动开始时,开门见山地告诉学前儿童本次活动中究竟要做什么,如是参观某一社会环境,还是观看图片、影片,或者讲故事,即通过何种方式来认识社会环境,学习相关的社会规范。在引出活动主题时,教师要灵活地采用多种方式,如唱相关的儿歌、直接告知等方式,激发学前儿童对活动主题的好奇心和参与活动的积极性。

(二) 引导学前儿童充分观察认知对象

此环节的主要目的是在教师的指导下,使学前儿童对新的认知对象,如社会环境和社会规范进行初步的认知。如外出参观、实地观察等,都是学前儿童社会认知和社会学习的主要

形式。因此,在社会环境和社会规范认知教育活动中,教师要充分发挥观察的重要作用,让儿童在自己细致的观察中认识新的认知对象。例如,在活动"参观超市"中,教师要带领儿童到超市进行实地观察,观察商店里有哪些工作人员,有哪些种类的商品,是怎样摆放的,顾客又是如何购物的,在超市购物应遵守哪些社会规范等。

(三) 组织学前儿童自由表达、表现自己的认知体验

通过前面的活动,学前儿童对新的认知对象已有初步的认识和了解。这时,教师有必要提供一个供幼儿交流、讨论、对话的平台。以上述"参观超市"的活动为例,参观结束后,教师可以组织幼儿对话交流:"我在超市里看到了什么,它放在哪个货架上?""我在超市里看到顾客是如何买东西的?""在超市中看到哪些不文明的行为? 应该怎样做才是文明的行为?"此外,教师也可以让幼儿把自己在超市里看到的不文明现象画出来和说出来,供大家交流评价。这样的表达、表现,有助于加深儿童对新的认知对象的认识。

在学前儿童社会认知的过程中,对话是一种适宜的方式和途径。"课堂教学不是教师的独白,而应当是智慧的对话。正如弗莱雷(Freire)所言,'没有了对话,就没有了交流,也就没有了真正的教育'。在对话中,我们不是相互对抗,而是共同合作。对话仿佛是一种流淌于人们之间的意义溪流,它使所有对话者都能够分享这一意义之溪,并因此能够在群体中萌生新的理解和共识。"[①]如在我国传统故事《铁杵成针》的教学活动中,在欣赏故事之前,教师出示一根大铁棒,问儿童:"这根铁棒可以把它磨成一根缝衣针吗?"结果16名参加活动的大班儿童中有6名儿童选择"可以",10名选择"不可以",这是儿童的第一次选择。讲完故事后,教师再次提出刚才的问题,儿童的选择发生了改变,有10名儿童选择"可以",6名选择"不可以"。两次选择之后,教师和儿童开展了交流与对话。"老奶奶为什么要磨针? 磨针的故事教会我们什么? 如果到了现在,可以怎么来做?"结果,大班儿童在与教师的交流中,逐渐明白了"只要功夫深,铁杵也能磨成针"的道理,明白了做事要持之以恒。他们也提出现代社会可以直接买一根针,但"铁杵成针"的道理始终可以运用于实际生活的各个方面。这样的社会教育活动魅力无穷,既保留与发扬故事中的传统美德,又敢于突破故事本身,进行引申和联想学习,将过去那种"我说你听""我讲你记"的价值主宰式教学方式变为价值引导式教学方式,让儿童在对话、争论、思考和体验中心情愉悦地建构适应现代社会生活的社会认知和价值观。

(四) 引导学前儿童正确认知社会环境和社会规范

在教育关系上,教师与儿童是平等的。按后现代教育理论的观点,教师是"平等中的首席",应与儿童共同参与学习、思考、探究、体验。在这一环节中,教师与学前儿童共同沉浸在

---

① 范敬梅,周晓兰,肖鸿雁.幼儿园道德价值观建构管窥——后现代教育理论对幼儿园道德教育的冲击[J].学前教育研究,2005(11):48—49.

对话、交流与游戏之中。教师应用符合时代要求的社会规范来引导儿童,用自己对社会环境的正确认识来影响儿童。当学前儿童对社会环境和社会规范的认知发生冲突时,教师应对儿童进行合理而积极的引导。如对"在超市中不想购买的物品可不可以随手乱放""图书馆里可不可以拨打和接听手机"等问题,当儿童争论不休的时候,教师要对儿童合理引导,启发儿童思考,从而找到真正的答案。

教育活动设计方案

活动方案1:送礼知多少(大班)

设计思路

  幼儿在与成人和同伴交往的过程中,不仅学习如何与人友好相处,也在学习如何看待自己、对待他人,不断发展适应社会生活的能力。大班幼儿有自己的好朋友,每逢生日的时候都喜欢给好朋友送生日礼物。但是在送礼物时,幼儿不知道哪些礼物是不能送的,哪些礼物是适合什么样的人的。所以,我们希望通过本节集体教学活动帮助幼儿了解一些和别人交往过程中送礼物的技能与技巧,同时也感受礼物文化的博大精深与其中的注意之处。

  导入环节——情景导入,激发幼儿的兴趣。以小玉儿的生日为由,帮助幼儿了解哪些礼物是不能送人的并知道原因。

  中心环节——动手操作,知道礼物的赠送要考虑到对方的年纪、喜好和礼物的意义,并尝试练习给不同的人送适合的礼物。

  结束环节——了解古人送礼物的涵义,感受礼物文化的博大精深。

活动目标

1. 了解哪些礼物是不能送人的并知道原因。
2. 尝试练习给不同的人送适合的礼物。
3. 感受礼物文化的博大精深。

活动准备

物质准备:

1. 网上下载图片:钟表、菊花、手帕、伞等。
2. 黑板一块,贴上爷爷奶奶、爸爸妈妈、小朋友的图片。
3. 礼物若干(或拍摄礼物图片):蜡笔、图书或各类文具、玩具、口红、包、剃须刀、领带、保温杯、血压计、保健品等(可依据幼儿人数决定礼物份数)。
4. 可供摆放礼物的桌子。

5. 网上下载图片：字画、珠宝等。

活动过程

（一）看看说说，了解哪些礼物是不能送人的并知道原因

1. 情景导入（小玉儿的生日）。

教师提问：明天就是小玉儿的生日啦，小朋友们，你们想送给小玉儿什么礼物呢？

教师小结：你们说的这些礼物可能都是小玉儿喜欢的。

2. 交流讨论（哪些礼物不能送人）。

教师提问：(1) 你们知道哪些礼物不能送人吗？

(2) 为什么这些礼物不能送人呢？你知道原因吗？

出示图片：钟表、菊花、手帕、伞等。

教师小结：在我们国家源远流长的文化历史中，这些物品都不适合送给别人，有不好的寓意。我们在送别人礼物的过程中，一定要注意哦。

（二）动手操作，一起来送礼物

1. 出示黑板上的图片及展示桌上的礼物。

教师提问：(1) 今天我请来了这些人，我们来看看他们是谁？

(2) 这里也有很多不同的礼物，我们一起来看看有哪些？

(3) 今天我要请小朋友一起来动脑筋，挑选一个礼物送给黑板上的这些人。

2. 交流讨论，为什么要送这个礼物。

教师提问：请每个小朋友挑选桌上的一份礼物，送给一个你觉得应该送给他的人。

教师提问：(1) 我们一起来看看，小朋友的礼物你们都送了些什么？

(2) 为什么你们觉得要送图书、文具、玩具给小朋友呢？

教师小结：没错，文具、图书、玩具都是适合小朋友的礼物。

教师提问：(1) 那你们给爸爸妈妈们送了什么礼物？

(2) 平时你们的爸爸妈妈都需要这些东西吗？

(3) 除了这些以外，我们还可以送些什么呢？

教师小结：如果我们需要给爸爸妈妈送礼物的话，我们也要挑选适合他们的礼物。

教师提问：(1) 那爷爷奶奶他们这些年纪大的人，我们可以送些什么给他们呢？

(2) 他们年纪大了,可能会需要哪些东西呢?

教师小结:是呀,爷爷奶奶们年纪大了,需要一些对他们身体有益的东西。

(三) 分享讨论,古人送礼物的小涵义

教师:互赠礼物是友爱和关心的象征,我国有着与亲朋好友互赠礼物的传统,它不仅融入到民族文化中,更体现在日常生活的方方面面。那你们知道古时候的人们都流行送什么呢?我们一起去看看。

出示图片:字画、珠宝等

教师小结:原来,我们的古代人就开始和好友互赠礼物,这是好朋友相处之道。我们国家的礼物文化博大精深,源远流长。回家以后,我们可以去了解更多的古代人送礼物的小故事哦。

上海市黄浦区瞿溪路幼儿园　陈璐

资料来源:尔雅润育——幼儿园社会性教育主题课程。

案例评价

该活动通过学习送礼物的社会规则,发展幼儿的同伴交往能力。首先,活动的设计扎根实际,与生活紧密相连,不仅能够帮助幼儿了解交往过程中送礼物的技能与技巧,还将中国传统文化的意蕴融入其中,可以说是特色与实用性兼具;其次,在活动的环节设计上,活动采用情景导入以小玉儿的生日为由能够在很大程度上调动幼儿的积极性,同时中心环节以动手操作为主,将理论与实践相结合,让幼儿通过亲手挑选礼物并和同伴讨论发现送礼物的要点,结束环节则以古人送礼结尾使整个活动得到了升华。整个活动环环相扣,很好地运用了认知训练法。

活动方案2:游戏规则(中班)

活动目标

1. 知道在比赛、游戏中都需要规则。
2. 要有自觉遵守规则的意识。

活动准备

1. 活动材料准备:人手一个塑料圈、刘翔比赛的视频等。
2. 幼儿经验准备:认识刘翔、进行跑步比赛、拍球比赛。

活动过程

1. 观看刘翔比赛片段。

(1) 教师提问:这个运动员是谁?他参加的是什么比赛?

观看第一次比赛。

教师提问:第一次比赛为什么取消了?(因为有人抢跑而取消了)

(2) 观看第二次比赛,完整看完比赛。

教师提问:除了同时起跑,跨栏比赛还可能有什么规则呢?让我们仔细地找找看。

(3) 教师小结:大家要同时起跑,跑自己的跑道,跨完所有的栏,第一个冲过终点为冠军。只有运动员们都遵守了规则,才是一场公平的比赛。

2. 参与套圈游戏。

(1) 教师提问:今天我们就来举行一次套圈比赛,怎么比才公平呢?让我们也要制定一下规则。

(2) 鼓励幼儿讨论比赛规则。

教师小结:要站在线的后面,脚不超过这条线;每个人的塑料圈数相同。

(3) 幼儿开始比赛套圈,老师观察幼儿比赛的过程后再进行统计。

(4) 教师小结:在今天的活动中,我们可以发现遵守比赛规则让比赛更公平;遵守游戏规则能让我们玩得更愉快。其实在我们的活动中还有许多的规则,就让我们都来做个遵守规则的好孩子吧。

3. 愉快游戏。

教师小结:我们刚刚讨论了游戏规则,大家都知道了在玩游戏时要遵守规则。现在,请你和你的好朋友们,一起玩游戏吧。

活动延伸

一起制作有关游戏规则的海报,放在区域活动内,供大家游戏时参考。

活动方案3:乘火车的礼仪(中班)

设计思路

虽然乘火车并不是居住在城市里的人每日必须的交通工具,但是每到节假日,越来越多的家庭选择乘火车前往不同的地方旅游。火车不同于地铁,乘坐火车的礼仪对于幼儿而言也十分重要。当一名文明小乘客、掌握基本的乘火车礼仪,可以更好地培养幼儿的交往礼仪。

活动通过对不同乘车行为图片的辨析,对乘坐火车的基本要求有初步的认识。通过观看视频:候车室的礼仪、车厢里的礼仪、上下车的礼仪等三个方面,让幼儿全面了解乘火车的礼仪,并且在玩玩演演中,体验乘坐火车感受,促进幼儿遵守乘火车时各项规则意识的发展。

导入环节——准备若干乘坐火车的行为图片(有正确的,有错误的),通过这些图片辨认,了解乘火车(高铁)的基本要求。

中心环节——通过乘坐火车的视频,如候车室的礼仪、车厢里的礼仪、上下车的礼仪,学习乘火车的相关礼仪。

结束环节——情境设置在候车室、车厢里,通过角色扮演的形式,体验乘火车的乐趣以及激发乘火车时幼儿遵守规则的意识。

活动目标

1. 初步了解乘火车的基本要求。
2. 学习乘火车时的相关礼仪。
3. 乐意遵守乘火车的规则。

活动准备

物质准备:

1. 视频一:候车室礼仪。

安检处,大家都听从安检人员的指挥,将行李放在安检机的输送带上,并配合安检人员检查身体,在安检台边上挂着不能携带的危险物品图片。在候车室里,大家安安静静地坐在座位上等待检票,看到有需要帮助的乘客(孕妇、老年人等)会主动让座,行李也没有放在其他空位子上。在候车室里,有位叔叔在抽烟,工作人员主动劝阻。排队检票时,大家拿出了车票,整整齐齐地排队检票,没有人插队。

2. 视频二:上下车礼仪。

大家在站台边候车时,工作人员提醒大家站在安全线内,大家根据自己的车票上显示的站台号,站在指定的位置候车。火车来了,大家先下后上,不推不挤,井井有条。但是有个人携带的行李很大,不小心撞到了老爷爷,差点摔倒了。

3. 视频三:车厢里的礼仪。

有乘客喜欢坐窗口的位置,但是一定要对号入座后,实在想坐,可以与他人商量。大部分人都把行李放在了行李架上,但有个别乘客把行李放在走道上,影响了别人的走动,乘务人员前来提醒。有的乘客喜欢和朋友大声聊天,在乘务人员的提醒下,放低了声音。在座位上有位乘客不知应该把吃完的食品包装扔在哪里,他旁边的乘客指着座位前的垃圾袋示意。

4. 乘车行为图片(正确、错误的行为均有):安检处拒绝安检的图片、携带危险品(烟花爆竹)的图片、在候车室安静等检票的图片、在候车室把行李放在空位子上的图片、在候车室主动让座的图片、检票时整齐排队的图片、上下车时争先恐后的图片、车厢内吸烟的图片等。

5. 情境布置:候车室情境(用椅子、小屏风)、车厢情境(用椅子、屏风、桌子)

6. 小乘务员服装、小行李箱若干

经验准备:有乘坐火车的经验。

活动过程

(一)图片辨析、了解乘火车的基本要求

1. 谈话导入。

教师提问:你们坐过哪些交通工具?

教师提问:谁坐过火车?你知道乘火车有什么要求吗?

2. 出示各种乘火车图片(正确、错误的行为图片均有)。

教师提问:(1)看一看这些图片里,哪些是乘火车正确的行为?哪些是不正确的行为?

(2)那些不正确的行为,应该怎么改正呢?

(3)现在你知道乘火车有哪些要求了吗?

教师小结:乘坐火车的要求,其实和地铁差不多,需要过安检,不能携带危险物品,全程不抽烟。

(二)观看视频、学习乘火车礼仪

1. 播放视频一:候车室礼仪。

教师提问:(1)你看到了候车室里的礼仪有哪些?

(2)如果不注重这些礼仪,会造成什么影响呢?

教师小结:候车室里有很多的乘客,大家都在候车,我们不要大声地喧哗、不要抽烟,并且要保持候车室的卫生整洁,行李不放在空位子上,排队检票时,要排好队,不插队,才是文明小乘客。

2. 播放视频二:上下车礼仪。

教师提问:(1)视频中,你看到了哪些行为是有礼貌的,哪些行为是不礼貌的?

(2)那些不礼貌的行为应该怎么改正呢?

教师小结:上下车时,礼仪也很重要,先下后上,不推不挤,大件行李要注意不撞到别人。

3.车厢里的礼仪。

教师提问:(1)视频中,车厢里发生了哪些事情?

(2)如果你是乘务员,你会怎么提醒乘客呢?

(3)作为文明小乘客,你还可以怎么做?

教师小结:在车厢里,大声说话就更不可以了,垃圾要扔在垃圾袋里,行李要放在行李架上,不能放在走道里,会影响他人。不能抢靠窗的位子,要对号入座,实在想坐靠窗座,可以与他人商量。

教师小结:乘坐火车的礼仪真多啊,我们不仅要注意车厢里的礼仪,候车室、上下车的礼仪同样重要。大家都文明,坐火车才舒适。

(三)角色扮演、体验遵守规则的乐趣

1.选择角色、自主装扮。

教师引导:大家一起来玩玩乘火车的角色游戏吧,选择你们想扮演的角色,自己装扮吧!

2.角色扮演,体验乐趣。

教师引导:我们分成2组,一起来玩吧,注意你们的礼仪哦。

教师小结:你们刚才玩的乘火车游戏,我看到了你们个个都是文明小乘客,太棒了!

上海市黄浦区瞿溪路幼儿园　吴悠之

资料来源:尔雅润育——幼儿园社会性教育主题课程。

案例评价

此活动中教师首先利用观看视频、图片来引发幼儿对乘火车的好奇心和参与活动的积极性。充分发挥观察的重要作用,让幼儿在自己细致的观察中认识社会环境,学习乘火车相关的社会规范以及乘火车时应遵守的文明礼仪。其次,教师通过提问、讨论、总结等方式,让幼儿在对话、争论、思考和体验中心情愉悦地建构适应现代社会生活的社会认知和价值观。这样的表达、表现有助于加深幼儿对乘火车的规则和礼仪的认识。最后,教师通过角色扮演游戏,让幼儿在实际情境中联系乘火车的礼仪,体验遵守规则的乐趣,有助于幼儿积极地将学习到的社会规则转化为行动。

他们的职业（小班）

《指南》中虽然没有明确提出社会认知这个概念，但是在社会领域中提到的一些典型行为是儿童认知发展的反映。比如，关心尊重他人，能注意到别人的情绪，知道父母的职业；在遵守基本的行为规范中，感受规则的意义，能遵守基本规则；在提醒下，能遵守游戏和公共场所的规则，等等。对于3—4岁的幼儿而言，在社会认知发展上，应通过游戏活动了解父母职业，知道父母的工作场所，掌握基本的规则，具有一定的规则意识。

本次活动是小班的社会认知活动，教师利用班级中幼儿家长的职业，通过照片这种直观的方式让幼儿在游戏中了解各个幼儿父母的职业，并在角色扮演的过程中体验职业的角色以及各个职业所承担的社会责任。本次活动的目标是了解家长的职业和工作地点，其难度也符合小班幼儿的认知发展水平。

在活动内容和活动过程上，教师始终围绕幼儿对家长职业的认识和工作场所上，先是通过照片来提问，询问幼儿家长的职业。其次是引导在角色扮演中的幼儿通过自己穿的衣服来判断自己所扮演的职业。通过活动实录可以看出，幼儿对家长的职业已经有了一定的了解。在此基础上，教师可提高提问的难度，询问角色扮演中幼儿所扮演的职业的工作内容，以此来加深幼儿对角色本身的认识。在活动过程上，教师注重发挥幼儿的主动性和积极性，选择幼儿喜欢的形式——游戏来推进活动的开展，并根据小班幼儿的注意力集中时间短的特点，采用多个场景的方式让幼儿参与游戏，体验角色。为幼儿提供生活中一些常见职业所需要的工具，供幼儿选择扮演自己喜欢的角色。

本次小班社会认知活动有两种活动形式，形式一是幼儿的个别化学习。幼儿在区角中通过照片匹配幼儿家长以及家长的工作，教师事先为幼儿准备好一些家长工作时的照片，放在区角中让幼儿辨认。这些照片中家长的角色都是幼儿在日常生活中能接触到的，保证幼儿园中的教育经验能与幼儿的日常生活经验接轨，比如，警察、护士、厨师等。

形式二是角色游戏，教师共创设了四个情景，分别是"小厨师""理发店""马路上""小医院"。幼儿穿着不同职业的制服，在幼儿游戏的过程中，教师注重用问题来引导幼儿对自己行为的解读，比如，在场景一小厨师中，教师问幼儿："你在做什么呀？"幼儿回答："我在煮饭。"教师："你是谁？"幼儿："厨师。"教师："你穿的是谁的衣服？"幼儿："小厨师的衣服。"在对话中，教师通过提问，加深幼儿对角色职业的认识。教师在角色游戏中的提问是有层次的，从场景一中对角色身份的基本问题的询问，到场景二理发店中对扮演理发师的幼儿对使用工具的提问；到场景三马路上，询问扮演司机的幼儿行车的目的地以及在司机面前扮演交警的幼儿，除了指挥交通，作为交警还要做什么；再到场景四小医院中，通过对幼儿的提问,让幼儿区分病人与医生以及幼儿在看病过程中使用了哪些医用工具。在提问的过程中,从职业角色的辨认到职业的作用再到职业工作中需要使用的工具,让幼儿一步步地熟悉角色,了解角色,体验角色,进而对职业形成相对全面的认知。

在本次活动中,教师采用了个别化学习和角色游戏的形式,既能让幼儿在日常的区角游戏中认识家长职业,又让幼儿在角色游戏中体验职业角色。活动让幼儿获得关于职业的直接经验,结合游戏和日常生活经验,为幼儿的认知提供最大化的支持。

主要参考书目

1. [美]J·H·弗拉维尔,等.认知发展(第四版)[M].邓赐平,评.上海:华东师范大学出版社,2002.
2. 张文新.儿童社会性发展[M].北京:北京师范大学出版社,1999.
3. 齐建芳.儿童发展心理学[M].北京:中国人民大学出版社,2009.
4. 范敬梅,周晓兰,肖鸿雁.幼儿园道德价值观建构管窥——后现代教育理论对幼儿园道德教育的冲击[J].学前教育研究,2005(11):48—49.

案例分析

某天小红和小明因何时才能过马路争论起来了,小红说:"等绿灯亮了以后才可以穿过马路。"小明说:"你真傻,如果绿灯一直不亮你不是要等很长时间吗?红灯亮时,要路上没有车子也可以过马路的。"二人对此争论不休,你是老师,你会怎么做?

分析参考:

首先,对二人的观点进行分析,分别说明观点的正误之处在哪里。

其次,再向他们讲述为什么要制定交通规则。

再次,找一个案例来说明,如果红灯时,看到没有车就过马路可能带来的后果。

本章练习题

简述学前儿童社会认知的主要内容。

参考答案:

(1)人际关系的认知。幼儿对父母长辈的关系的认知;幼儿对同伴关系的认知;幼儿对师生关系的认知。(2)社会环境的认知。家庭的认知对托儿所、幼儿园的认知;社会机构的认知;家乡、国家与民族的认知;社会角色的认知。(3)幼儿对社会角色的认知是指幼儿对社会角色(如教师、妈妈、警察、工人等)所享有的权利、履行的义务以及所遵循的社会规范的认知。(4)社会规范的认知。学前儿童对社会规范的认知主要包括基本道德规范、文明礼貌行为规范、公共场所行为规范、群体活动规范、人际交往规范等。(5)对重大社会事件的认知。

第八章 学前儿童归属感的发展与教育

 学习目标

1. 了解归属感的内涵和意义。
2. 知道学前儿童归属感发展的特征及学习目标。
3. 在学习幼儿园归属感典型教育活动的基础上,能设计不同层级目标的归属感教育活动。

归属感是儿童社会认知中的重要情感,对于幼儿的亲社会行为和人际交往有着十分深远的影响。对于幼儿来说,归属感就是让幼儿感觉到自己是集体或幼儿园的重要一员、被他人接受、被他人认为有价值以及与他人成为一个整体的一种情感,是对自己所处群体在思想上、感情上和心理上的认同和投入,使幼儿愿意承担作为集体一员的各项责任和义务,乐于参与集体活动。

第一节 学前儿童归属感概述

一、归属感的定义

归属感,或称隶属感,是指个人自觉被别人或被团体认可与接纳时的一种感受。归属感还是美国心理学家弗洛姆(E·Fromm)理论中的术语,意指心理上的安全感与落实感。1943年著名心理学家马斯洛(Maslow)提出了"需要层次理论",认为"归属和爱的需要"是人的重要心理需要,只有满足了这一需要,才有可能自我实现。大部分教育学者认为,归属感是自己被他人或团体接纳时其产生的亲切、自豪的情绪体验。如果一个个体被群体所接纳,他就会产生安全感、信任感。归属感既包括对特定对象(父母、家人)的归属感,也包括对群体的归属感。归属感分为对人、对事业、对家庭、对自然的归属感。幼儿的归属感主要包括集体归属感、民族归属感和国家归属感。幼儿最早期的归属感是对集体中人的归属感,并逐渐扩展到群体(如班级等),这种情感强调归属一个人或集体(如家乡、祖国等)。将归属感作为社会适应中的重要目标,而非只是放在民族文化或多元文化的认识中一带而过的内容,是一种重大的进步和突破。

学校归属感这个概念在教育和心理学领域已经提出了几十年时间。有研究者提出,学校归属感(Sense of School Belonging)是学生在学校环境中得到教师和同学们的接受、尊重和支持的感觉,在学校生活和课堂活动中感觉自己是重要的一部分。也有研究者把学校归属感定义为,学生感觉到自己是班级或学校的重要一员、被他人接受、被他人认为有价值及与他人成为一个整体的一种情感。L·H·安德曼指出,学校归属感就是学生在一个特定的学校内感到自己是受人尊重的,是舒服的;2003年,他在原有基础之上完善了对学校归属感的理解,他认为学校归属感提及的是学生观察到的教学的社会背景以及他们认为自己在学校结构中的位置是怎样的一种感受。我国学者徐琴美等人指出,学校归属感是学生对自己所就读的学校在思想上、感情上和心理上的认同和投入,愿意承担作为学校一员的各项责任和义务,及乐于参与学校活动,对于幼儿而言,学校归属感即意味着对于幼儿园的归属感和融入感。

二、幼儿获得归属感的意义

归属感对于个体的成长和发展具有十分重要的意义。个体对所属团体产生了归属感之后,能自觉地以所属团体的规范约束自己的行为,把自己看作为团体中的一个成员,在团体中接受信息、经验和情感。归属感在一定的社会情境下会表现得更加强烈。当团体取得荣誉时,团体成员进一步增强归属感,进而激发自豪感,故团队成员间的团结意识更强,亦更稳固;当团体受到外界压力时,也会使其成员增强归属感,使成员之间团结得更加紧密。

1. 获得归属感使人具有安全感和舒适感

美国著名心理学家马斯洛在1943年提出的"需要层次理论"中指出,同一时期,一个人可能有几种需要,但每一时期总有一种需要占支配地位,对行为起决定作用。各层次的需要相互依赖和重叠,高层次的需要发展后,低层次的需要仍然存在,只是对行为影响的程度大大减小。"归属和爱的需要"是人的重要心理需要,只有满足了这一需要,人们才有可能"自我实现"。

2. 获得归属感使人具有责任感和成就感

缺乏归属感会使人抑郁,缺乏朋友,社交圈狭窄,导致缺乏工作激情和责任感,缺乏兴趣爱好。对于幼儿而言,缺乏归属感除了会带来心理上的伤害和影响,同时也会表现出不恰当的行为,影响自己和周围人的互动。

3. 获得归属感使人具有爱的情感和爱国情怀

幼儿获得归属感,是培养幼儿热爱家庭、热爱家乡、热爱集体、热爱民族、热爱祖国的坚实基础。如果一个幼儿缺乏归属感,那么他就很难会对别人产生兴趣,进而也会导致其产生诸如孤僻、不合群等异常行为表现。

> **拓展阅读**
>
> **马斯洛的需要层次理论(Maslow's Hierarchy of Needs)**
>
> 马斯洛认为需要分为五种,像阶梯一样从低到高,按层次逐级递升,分别为:生理上的需要、安全上的需要、归属感和爱的需要、尊重的需要、自我实现的需要。另外两种需要——求知需要和审美需要未被列入到他的需要层次排列中,他认为这二者应居于尊重需要与自我实现需要之间。其中归属感和爱的需要,是指个人渴望得到家庭、团体、朋友、同事的关怀爱护理解,是对友情、信任、温暖、爱情的需要。社交的需要比生理和安全需要更细微、更难捉摸。它与个人性格、经历、生活区域、民族、生活习惯、宗教信仰等都有关系,这种需要是难以察悟,无法度量的。
>
> 马斯洛认为,虽然五种需要像阶梯一样从低到高,但这一次序不是完全固定的,可以变化,也有种种例外情况。

第二节 学前儿童归属感发展的年龄特征

幼儿归属感的发展具有层级性的特点,总体来说具有以下四方面的特征:(1)由近到远,即生活半径从家庭、社区、幼儿园,再到家乡、国家、地球,越来越远。(2)由小到大,即地理版图从小到大,家庭最小,越来越大,扩大到国家和地球。(3)由个体到群体。从自己到他人、群体。(4)由熟悉到陌生。交往的对象从亲人到陌生人,社会环境、社会规则等都是从熟悉到陌生。因此,在幼儿园中为归属感的发展提供支持性策略,应遵循逐级扩展和提升的规律和原则。不仅要注意到年龄段的发展特点,也要注意到归属感培养目标自身的层级特点。

一、小班儿童归属感的主要特点

小班儿童的归属感主要是对家庭的依恋,表现出对家庭较为强烈的依恋、亲近和信赖长辈。小班幼儿大多知道自己的家住在什么社区,对于陌生人和陌生环境容易产生焦虑和抗拒情绪,缺乏安全感。这一阶段幼儿的归属感的建立与其和抚养人之间的依恋质量密切相关。

> **拓展阅读**
>
> ### 分离焦虑
>
> 　　分离焦虑是指婴幼儿因与亲人分离而引起的焦虑、不安或不愉快的情绪反应,又称离别焦虑。约翰·鲍尔比通过观察把婴儿的分离焦虑分为三个阶段:(1)反抗阶段——嚎啕大哭,又踢又闹;(2)失望阶段——仍然哭泣,断断续续,动作的吵闹减少,不理睬他人,表情迟钝;(3)超脱阶段——接受外人的照料,开始正常的活动,如吃东西,玩玩具,但是看见母亲时又会出现悲伤的表情。

　　自20世纪60年代美国心理学家约翰·鲍尔比(John Bowlby)对依恋进行精细的研究以来,关于儿童依恋的研究开始受到研究者的关注。这是儿童社会化研究的重要领域。现在学者普遍认为,依恋是人类适应环境和生存的本能的行为,是通过自然选择进化而成的。这种行为使婴儿通过与主要照顾者的亲密接触而在危险的环境中得到保护,从而提高婴儿生存的可能性;也建构了婴儿终身适应的特点,并帮助婴儿更好地向适应环境和生存的方向发展。

　　儿童在与母亲(或者是主要抚养者)之间积极的、充满深情的相互作用中,逐渐意识到他们能满足自己的各种愿望和需要,因而产生了高度的信赖和安全感,建立了最初的人际关系。尤其是母子依恋,其程度和性质在其他人际关系之上。鲍尔比在报告一些由于过早离开父母,没有在早期形成依恋关系的婴儿的状况时指出:他们不能很好地与人相处,常常感到不安,缺乏对人基本的信任感;怕做游戏,怕冒险,怕探索,怕发现超过他身体之外的世界,乃至自己等。

　　鲍尔比据此得出结论:心理健康最基本的内容就是婴幼儿应当有一个与母亲(或一个稳定的代理母亲)之间温暖的、亲密的、连续不断的情感关系。这一关系将有助于一个人信赖和自我信任的形成,并且能成功地依恋自己的同伴与后代。也就是说,婴儿早期如果缺乏母亲的精心照顾,缺乏一种与母亲或主要抚养者之间积极而充满深情的情感联结,那么种种需要和感情表示就会因得不到及时的反馈和满足而渐渐减弱。由于没有良好的社会适应行为,儿童也就不能建立起对人对己的信赖。然而,婴儿对于依恋对象的选择具有一种潜在的本能倾向,即最初只能对一个人,通常是对母亲产生依恋,而这种最初的依恋较之后来形成的对他人的依恋更基本、更重要、更有意义。因而就本性而言,婴儿起初只能形成一种具有情感意义的依恋关系,母婴结合体具有独特的地位,多人看护反而有害无益。

> **拓展阅读**
>
> ### 经典依恋实验——恒河猴实验
>
> 美国威斯康星大学动物心理学家哈洛(H. F. Harlow)用恒河猴做的"母爱剥夺"实验是心理学界的经典实验。他们将刚出生的"幼猴"脱离母猴的哺养,单独关在笼子里。笼子里装有两个"代理妈妈":一个用铁丝编成,身上装有奶瓶;另一个用绒布做成,身上不设奶瓶。小猴饥饿时在铁丝猴妈妈身上吃奶,但当小猴歇息或恐惧时便趴到绒布猴妈妈身上去。研究发现,小猴不仅需要食物,还有一种先天的需要便是与母亲亲密的身体接触。哈洛称之为"接触安慰"。从这个实验推断人类婴儿也具有接触安慰的先天需要。

(一)依恋的类型

依恋研究的一个重要的领域就是对依恋类型的测量。美国心理学家安斯沃思(Ainsworth)在接受美国心理学会1989年授予的杰出成就奖时,坦言她之所以获此殊荣,是因为对儿童依恋类型测量孜孜不倦的探寻。她所提出的用实验室观察——"陌生情景法",成为测量婴儿依恋行为的方法成为经典范式。此后,对依恋的测量都是以此为出发点的。1978年,安斯沃思和她的同事们通过长期观察和实验研究,设计了陌生情景测量,即把婴儿在陌生情景中的表现作为评定依恋性质的标准,指出婴儿的依恋行为可以分为三种类型,即A型:焦虑—回避型;B型:安全型;C型:焦虑—矛盾型。1990年,她的学生梅因(Maine)和所罗门(Solomon)又提出了一种新的依恋类型,即D型:紊乱型。这四种依恋类型主要的行为特征如下:

1. A型:焦虑—回避型依恋(Insecure-avoidant)

这类儿童约占10%—15%。他们常常表现出:母亲在与不在身边无所谓,在母亲离去时并无紧张或焦虑不安;当母亲回来时也无明显情绪波动,或者只是短暂接近一下很快又走开,表现出忽视及躲避行为。这类儿童接受陌生人的安慰与接受母亲的安慰没有很大差别。实际上,这类儿童对母亲并没有形成特别的依恋,所以有人称之为"无依恋儿童"。

2. B型:安全型依恋(Secure)

这类儿童约占65%。他们与母亲在一起时能舒心地玩玩具和做游戏,并不总是依附母亲。当母亲离去时,他们会明显地表现出苦恼;当母亲回来时,他们会立即寻求与母亲的接触,并很快安静下来继续做游戏。

3. C型:焦虑—矛盾型(Insecure-ambivalent)

这类儿童约占15%—20%。他们非常在意母亲在与不在身边。当母亲即将离去时,他们会非常警惕;当母亲离开时,他们会表现出强烈的反抗,甚至发怒,大哭大闹,不再做游戏;当母亲回来时,他们对母亲的态度极其矛盾,既希望寻求与母亲的亲密接触,但当母亲亲近、拥抱他们时,又表示出反抗与拒绝。但是,他们并不马上离开母亲,会时不时地朝母亲那里看,似乎期待着母亲再次地拥抱和亲吻他们。所以,这种依恋又被称为"矛盾型依恋"。

4. D型:紊乱型(Disorganized)

这类儿童约占5%—10%。他们缺乏对陌生情境产生一致的策略,当母亲离开时,他们会跑到门前哭泣;当母亲回来时,他们会迎向母亲,头却突然转向另外一个方向,表现出寻求亲近,但又回避与反抗的矛盾行为方式。有时还表现出突然的或者怪异的举动,表情茫然,或者僵立不动。有时出现冷淡、静止、缓慢的运动和表现,有时则会直接对父母表现出莫名其妙的恐惧和异常的行为。总之,这种类型的依恋是A、B、C三种类型以非同寻常的方式复杂地结合起来,在陌生情境中,其表现为杂乱无章,缺乏目的性、组织性,前后不连贯。有研究表明,D型儿童常常来自低收入家庭,尤其以被虐待和母亲有抑郁倾向的儿童居多。

在以上四种依恋类型中,A型、C型和D型都是属于不安全依恋的类型。在以后的发展中,A型儿童很容易出现退缩行为;C型儿童很容易出现攻击行为;D型儿童则很容易出现A型和C型儿童的混合行为,发展的结果常常是产生许多行为问题和心理障碍。一般来说,儿童的安全或不安全依恋类型是相对稳定并长期保持的,但是也可能随周围环境的变化而变化。

(二)依恋的成因

儿童依恋的发展受多种因素的制约。抚养质量,尤其是母亲的反应性和敏感性,是影响儿童依恋安全性的重要外因;儿童自身的气质构成,则是制约依恋性质的重要内因。依恋的发展总体上是内外因辩证运动的过程。

1. 母亲的抚养质量

抚养质量通常是指抚养者对儿童需要信号的敏感性及反应性。如果父母亲或其他抚养者能对儿童所发出的需要信息敏锐地觉察,并予以恰当、及时、一贯的满足,则抚养质量高。抚养质量与婴儿的依恋质量密不可分。儿童一出生就处于一定的社会抚养环境中,成人尤其是母亲的喂养方式及其与婴儿的相互作用,构成了影响儿童依恋的关键因素。安斯沃思等人研究发现,儿童之所以形成不同性质的依恋,主要在于抚养者,即母亲对儿童的态度和行为方式不同,如母亲喜爱孩子的程度、母亲照料孩子的质量、母亲对于孩子的信号和交往能够觉察、理解和反应的程度等。

近十年来,依恋研究在发展精神病理学中非常活跃,研究者着重探讨了早期依恋在不同发展环境下的结果、不安全依恋的类型、儿童环境中的高危因素等。克拉克(Clarke)从反应性(对儿童的哭、喊、语言要求等的反应比例)、积极情感的表达(充满感情的接触、微笑、表扬、说话等)、社会刺激量(母亲亲近儿童、对儿童的微笑和说话或模仿儿童的频率等)三个维度描绘母亲的抚养行为。其研究结果表明,形成不安全型依恋的母亲在这三个维度上的得分普遍较低,而安全型依恋的母亲则得分相对较高,这说明依恋与母亲的抚养质量有很大的相关性。研究还显示 A 型婴儿的母亲倾向于拒绝和不敏感,有时对儿童缺乏耐心、反应迟钝,常常表现得很消极;C 型婴儿的母亲常常错误地理解儿童的需要,不能形成与儿童和谐相处的节奏;D 型婴儿的母亲常常虐待儿童,对儿童的看护不连贯和不规律。因为母亲对儿童的情感比较矛盾,所以常常表现出强烈的亲近和强烈的回避行为,致使儿童的情感混乱和矛盾。家庭的虐待行为与人际冲突使儿童的需要难以得到满足,从而导致安全感、信任感的丧失,行为缺乏组织性和定向性。而安全型依恋的母亲恰恰与之相反,她们一般对儿童所发出的各种社会性信号与需要非常敏感,并给予迅速积极的反应;能主动调节自己的行动和情绪情感以适应儿童;经常愿意主动与儿童有亲密的身体接触,富有充沛的感情与良好的情绪情感和语言表达,对儿童总是充满爱心与关怀。

一般认为,儿童与母亲短期分离不会对儿童发展产生决定性影响,但实际上却是创伤性的。儿童在母亲缺失的初期往往表现为持续的焦虑与自我防御,以后才逐渐减弱。短期分离的长期效应并不显著,而长期分离则对儿童具有长期效应。道德梅(Dowdmey)等学者在20 世纪 80 年代中期指出,早期的母亲缺失会对儿童的社会能力、认知、语言发展产生破坏性的影响,以致他们成年后,往往还表现出人格失调、人际关系破裂、犯罪、父母角色意识与能力较差等倾向或特征。鲍尔比在《母亲照顾与心理健康》一书中强调,如果婴儿在关键期内没有与母亲建立亲密的情感联结,那么儿童的人际关系和情绪发展就会受到严重的、不可逆转的损害,形成一种"无情感的性格"。例如,如果儿童到 2 岁半才能得到母亲的关爱,那这种关爱对儿童的成长就几乎不起什么积极的作用了。

2. 儿童自身的气质特征

心理学家在研究中发现,早期儿童的行为特征、活动水平、挫折耐受力与生活的节律性有明显的差异性。儿童气质是依恋类型的决定因素之一,是影响儿童行为的动力特征的关键因素。它在很大程度上赋予儿童依恋行为以特定的速度和强度,制约着儿童的反应方式与活动水平。陌生情境测出的儿童差异主要是儿童气质上的差异,而不是依恋性质上的差异。发动缓慢型的儿童往往被归为焦虑—回避型不安全依恋(即 A 型);容易教养型的儿童被归为安全型依恋(即 B 型);难教养型的儿童则被归为焦虑—矛盾型不安全依恋(即 C 型)。

儿童自身的气质特点影响了父母尤其是母亲对他们的抚养态度。研究中发现:有些儿童从出生起就不喜欢别人抱他,不喜欢密切的身体接触,易烦躁,易哭闹,不爱笑,因此他们一般较少得到母亲的关爱与注意,与人交往的机会也少,也较少获得成人的关注。而有些儿童则特别喜欢别人抱、亲吻、抚摸,而且特别爱笑,这样容易得到父母的喜爱和欢心,父母与之交往也特别积极。气质论者认为,这些行为特征并不能归因于早期抚养方式的影响,而主要应归因于儿童先天特性,尤其是气质的作用。实际上,儿童的气质特性与特定抚养环境是相互作用、相互影响的。气质赋予儿童行为以特定的反应性与活动水平,影响儿童抚养的难度与成人,尤其是父母对儿童的看法,进而影响到父母的抚养质量;而这种抚养质量,尤其是反应性与敏感性的变化又反过来作用于儿童,使其依恋产生与发展呈现出相应的个体特点,从而表现为一个循环作用的过程。

(三) 学前儿童依恋的发展

真正的依恋要在儿童生命的特定时期才能产生。美国心理学家鲍尔比认为,儿童的依恋是呈阶段性发展的,是其行为的组织性、目的性、适应性日益发展和成熟的过程。鲍尔比依据儿童行为的组织性、目的性与变通性的发展情况,把儿童依恋的产生与发展过程分为以下四个阶段。

1. 前依恋期(0—2 个月)

婴儿最初表现出一系列不同的机能性反应,即哭泣、微笑、咿呀呢喃等信号行为与依偎、要求拥抱等亲近行为。这种未分化行为在生物机能的驱使下统合起来,用来促进婴儿与父母及其他照看者的亲近,以此来获取慰藉和安全感。这一时期,儿童还未实现对人际关系客体的分化,因而对任何人都表现出相似的行为反应,可以接受来自陌生人的关注与爱护。所以也有人称这个阶段为对人无差别的反应阶段。

2. 依恋关系建立期(2—7 个月)

婴儿出现了对熟悉人的识别或再认,熟悉的人较陌生的人更容易引起婴儿强烈的依恋反应,并特别愿意与之亲近。但仍然无区别地接受来自任何人的关注,也能忍耐同父母的暂时分离,但是带有一点伤感的情绪。所以也有人称这个阶段为对人有选择的反应阶段。

3. 依恋关系明确期(7—24 个月)

儿童对特定个体的依恋真正确立。这一时期的儿童出现了分离焦虑、对陌生人谨慎或恐惧;出现了对熟悉的人产生持久的依恋情感,并能与之进行有目的的人际交往,从而形成对特定个体的一致的依恋反应系统。

4. 目标调节的伙伴关系期(24 个月以后)

2 岁以后的幼儿已能理解父母的要求、愿望和情感,同时能调节自己的行为,建立起双边的人际关系。他们掌握了为了达到特定目的而有意地行动的技能,并注意考虑他人的情感与目标。此时的儿童已完成了由自动激活的反应(如由身体不适而引起的哭闹)向指向特定个体的复杂的目标调节系统的转换(如哭泣已被幼儿用作召唤母亲的手段)。例如,虽然幼儿非常不愿意与父母分离,但是他们却不得不放手。因为他们知道父母有工作要完成,不能不去上班,但是他们坚信父母下班后一定会回来与他们团聚。

3岁以后,大多数儿童进入幼儿园,他们逐渐把依恋对象从父母转移到教师和同伴身上。此时,学前儿童依恋行为的发展进入高级发展阶段——寻求教师和同伴的注意与赞许的反应阶段(3—6岁),尤其是对教师的依恋情感逐渐产生。学前儿童对教师的依恋主要表现为更多地寻求教师的注意与赞许,这一特点中、大班儿童身上尤为明显。

拓展阅读

初入园焦虑

对初入园的孩子而言,幼儿园是一个非常陌生的环境,孩子心理上难免会有起伏、跌宕,孩子一生中最大的"分离焦虑"往往就是这时产生的。

幼儿入园焦虑一般为分离性焦虑,持续时间通常是1—3个月。有的幼儿一开始高高兴兴地上幼儿园,对新环境表现出极大的兴趣和好奇,而随着新鲜感的消失,他们开始想家,开始哭闹;有的孩子一入园就表现为大哭大闹,不肯上幼儿园;有的孩子则整天眼泪汪汪,不由自主地自言自语"我要回家,我要妈妈";还有的孩子甚至会表现出生理上的种种不适,如头痛、肚子痛、尿频等现象,一回家症状马上消失。孩子这些不适应幼儿园生活的表现如不及时加以纠正,会严重影响其正常学习和生活。

那么,如何帮孩子顺利渡过"断奶期"呢?

一定的焦虑有助于孩子的成长,但长时间的焦虑则会影响孩子的健康,这也正是许多家长所担心的。孩子入园的不适应困扰着家长,甚至动摇送孩子入园的信心。然而,家长的担忧、摇摆和焦虑反过来又会强化孩子的焦虑。所以,要有效缓解孩子入园的焦虑,家长首先要调整好自己的心态,放心地把孩子交到教师手上,相信教师有办法解决孩子的问题。家长放心,孩子才可能安心。为此,家长应该:

- 为孩子提供爱心和支持。当他哭时,给以安慰,当他害怕时,消除其疑虑,设法减轻孩子的恐惧。
- 做好思想准备工作。告诉孩子长大了,要上幼儿园了,那里有许多小朋友陪他一起玩,有许多好玩的、好吃的,爸爸、妈妈下班了就来接他回家。

- 与孩子一起准备入园用具。陪孩子一起买新书包,家人赠送文具,祝贺孩子长大进入幼儿园。
- 陪同孩子参观幼儿园。在教师的安排下,可以参与到亲子游戏当中。在幼儿自由游戏过程中,教师与家长可以亲切地交谈,让幼儿感到父母与教师很熟悉,以促使幼儿放心地与教师交往。
- 结伴入园。在参观幼儿园的过程中,家长有意与其他家长交谈,帮助自己的孩子主动与其他孩子交朋友,入园时见到有认识的小朋友,幼儿会比较容易且愉快地融入集体。

二、中班儿童归属感的主要特点

中班儿童的归属感主要是对幼儿园和集体的归属感,表现出喜欢自己所在的幼儿园和班级,为自己是班级的一员而感到高兴,也十分愿意参加集体活动,比较关心所在班级和小组是否获得荣誉,当被教师和同伴认可和接纳时感到特别愉快,反之则沮丧、失落。中班儿童开始了解和知道自己居住地周围的环境和标志性建筑,意识并且知道自己是中国人,认识国旗,会跟唱国歌。这一阶段的儿童的归属感主要和其集体融合感密切相关,开始在意教师和其他儿童对于自己的看法和观点。例如在班级的小朋友生日的时候,会喜欢送别人一些礼物,在自己生日的时候,也会喜欢邀请小朋友到自己家中一起过生日,或者平时一起放了学回家等,当被问及"谁是你的好朋友"时,也会指出自己的同伴。

三、大班儿童归属感的主要特点

大班儿童的归属感是对集体的归属感和对国家民族的归属感,相比于中班的集体归属感,大班儿童的这种情感体验更为深刻,表现出更多的自觉性和自主性。大班儿童更愿意承担集体的责任和义务,积极参加集体活动,他们很喜欢集体活动,为了集体的荣誉竭尽全力、加油呐喊,非常在意竞赛的成绩,很在意自己是否被教师和同伴肯定和接纳,喜欢听教师和家长介绍社会热点新闻、家乡的变化以及祖国取得的重大成就,知道各个民族的风俗习惯和民族文化。这一阶段的儿童的归属感与其集体荣誉感和责任心密切相关,他们开始关注集体的荣誉和自己在集体中的作用和地位,而且也开始关注国家和民族与自己联系的纽带,为自己是中国人而自豪。

> **拓展阅读**
>
> ### 多元文化教育
>
> 　　什么是多元文化教育(Multicultural Education)？世界各国的教育家们对这一问题做出了不同的回答。美国学前教育专家莫里逊(George Morrison)认为，多元文化教育是帮助儿童理解、欣赏、尊敬来自其他种族、性别、社会经济、语言环境和文化背景的人，并使儿童能够在一个不同文化的世界中生活、学习、交往和工作的教育。英国学前教育专家福斯特(Hitary Faust)认为，多元文化教育是反种族偏见的教育(Anti-Racist Education)，它不仅能满足少数儿童的需要，而且也能为所有儿童提供反映英国社会多文化特性的教育。在澳大利亚，多元文化教育被认为是多元化的澳大利亚的教育(Education for a Pluralistic Australia)，学前教育专家艾伯利托(Julie Appleton)进一步指出，多元文化教育是对儿童进行公平、敏感性和归属感的教育，这种教育被设计成能促进对文化多样性的尊重、相互理解和丰富。
>
> 　　不同的学者在界定多元文化教育这一概念时虽然表现出差异，但都强调引导儿童意识到文化的独特性和多样性，使儿童学会尊重别人、友好地与别人合作；这也是儿童形成归属感的重要教育途径。

第三节　学前儿童归属感的教育活动设计

　　儿童归属感的培养应结合多种方式和途径，将专门的活动与渗透性的活动相结合，社会、情感领域的活动与其他领域的活动相结合。同时，在目标的设定上应注意儿童的年龄特征以及归属感培养目标的层级特点。

一、幼儿园教师的教育策略

　　在进入幼儿园后，幼儿脱离原有的小家庭环境，开始了全新的集体生活，这时候幼儿由自我中心不断地向集体意识转化。现在的孩子在家里容易养成自我中心的特性，在学校与小朋友的相处中往往缺乏集体荣誉感与责任感，进而也会影响其融入班级的水平，从而影响其归属感的建立。孩子的集体观念是在成人的感染和熏陶下形成和发展起来的，尤其是教师，更应该在日常生活中培养孩子的集体感与责任感。

(一) 通过积极参与集体活动,培养集体荣誉感

现代社会个人和集体总是分不开的,一个人总是属于各种集体中的一分子,因此人的发展离不开集体。具有集体观念的人更容易融入到一个新的环境中,并与集体共荣辱,这是一个人不可或缺的品质。如果在这个阶段请幼儿集体讨论决定幼儿园和班级里的重大事情和计划,可以培养孩子良好的集体意识。此外,孩子在幼儿时期会表现出各种主动尝试的愿望,如要自己吃饭、穿衣服等,这都是一种责任心的萌芽,教师应该及时抓住机会,给孩子分配他能完成的任务,通过让孩子劳动的方式,让他明白每个人都应该承担属于自己的责任。对于孩子自己动手的行为,家长应给予表扬,让孩子以有责任心为荣。

(二) 鼓励交往和互动,让孩子尽快融入集体

要让孩子有集体感,首先要让孩子在这个集体里感受到放松和快乐,这就要求孩子能尽快适应幼儿园的集体生活。教师在平时的教育中,应该让孩子学会与人交往,懂得分享。培养孩子的自信与谦让的品质,让孩子在幼儿园成为一个受欢迎、有礼貌的小朋友。良好的同伴关系会让孩子在集体生活中感受到快乐,孩子之间也会渐渐形成彼此关心、互相帮助的友爱关系,让孩子感受到集体就是一个温暖的大家庭。此外,教师也应当多和孩子一起参加活动和游戏,尽量在班级中营造温馨的氛围,可以通过和幼儿一起翻阅照片、讲幼儿成长的故事等。例如可以在大班教学活动中,教师通过和孩子们一起分享绘本《逃家小兔》的故事,和孩子一起探讨:"孩子们,为什么妈妈要变这么多东西追小兔呢?""你是小兔你会怎么做呢?为什么?"引导孩子们去理解,孩子都是妈妈的心肝宝贝,妈妈是非常爱他们、关心他们的。在故事讲述中,让幼儿感受到家庭和幼儿园的温暖,教师的和蔼可亲,对养育自己的人产生感激之情。

(三) 通过日常竞赛性活动,激发集体荣誉感

在日常的幼儿园生活中,教师会通过让孩子做游戏、讲故事的方式让孩子对集体观念有直观的理解。一些团队活动能让孩子懂得"集体力量大"这一道理,而通过与别的班级进行竞赛活动,会让孩子懂得个人与集体的关系。孩子会渐渐明白自己是集体的一名成员,自己做得好就会给整个集体加分,自己做得不好,就会影响别的小朋友或整个集体。孩子会发现在集体中不能像家里一样随心所欲,必须受到集体规则的约束。

(四) 通过专门性活动和渗透性活动萌发幼儿爱家乡、爱祖国的情感

所谓专门性活动是指幼儿园常规的社会领域集体教学活动,具有有目的、有计划、有组织的特点,可以保证社会领域教育目标的达成。渗透性活动是指在一日生活的各个环节、其他领域教育活动中有机地开展归属感教育。可以在社会领域活动中进行专门性的归属感教

育,在其他领域活动中渗透归属感教育。例如,可以利用外出游览收集到的信息资料、电视节目或画报、绘本等,渗透归属感的教育。

> **拓展阅读**
>
> **动画片对于幼儿文化和民族认同的影响**
>
> 　　众所周知,动画片是通过活动的画面,并运用光影技术来表现事物和讲述故事的。幼儿动画片具有如下特点:生动形象、活泼有趣;语言规范,简洁明了;剧情简单,易于理解;想象奇特、夸张奇妙;连续播放、节奏感强;动态呈现、吸引力强。幼儿动画片能够调动幼儿的多种感官,使他们的各种感官相协调,全身心地投入到观看动画片的活动中,不易分心,如身临其境,与动画片中的角色一起经历活动、体验,有效地克服了现实生活中的孤独感,因而深受幼儿喜爱。而有些具有鲜明民族特色的优秀动画片诸如《大闹天宫》《小蝌蚪找妈妈》也都成为了孩子了解自己国家文化和艺术的主要途径之一。通过这些动画的观看,有助于培养孩子增进对自己国家文化和民族艺术的了解。

二、家庭中的教育策略

(一) 帮助建立对于幼儿园的积极情感

幼儿归属感的建立也需要家园之间的教育合力,家长对于幼儿园教育工作的支持也会更好地促进幼儿的归属感的建立。

首先,家长要经常向孩子转达教师和其他小朋友对他的喜欢和关心。比如,家长可以告诉孩子,教师如何喜欢他,小朋友如何喜欢他等。尤其是在孩子因故(生病、幼儿园放寒暑假)不能上幼儿园时,家长更要设法让孩子了解到教师和同伴对他的思念。从而让他时刻体会到集体的温暖,进而对班集体产生归属感。

其次,家长要注意唤起孩子在幼儿园的积极体验。每天孩子回家后,家长可以问问他:"今天幼儿园里有什么快乐的事发生?你和小朋友玩了什么有趣的游戏?你和老师说了些什么?老师给了你什么帮助?"家长经常这样问,既有利于让孩子感觉到幼儿园生活的乐趣,又有利于引导孩子逐渐学会发现幼儿园和小朋友对他的"好",进而更加向往幼儿园的生活。家长切记:不要用幼儿园教师来吓唬孩子,这样只能让孩子越来越害怕上幼儿园。

(二) 培养孩子对于家人家族的归属感

其一,让孩子参与制定家庭决策,并且多和孩子待在一起。例如,你们可以从一起讨论周末干什么、过生日该买什么礼物、午饭吃什么之类的简单问题着手,家长甚至可以以家庭会议的形式来讨论这些,这样孩子就能提出自己的想法。如果可能的话,也可以尽可能多和孩子一起就餐。虽然不能每餐都在一起,至少保证每周1—2次与全家人一起就餐。同时记得要关掉电视,大家边吃边增进感情。

其二,给孩子讲家族的故事,让他了解自己与家族的历史渊源和发展过程。此外,也可以让孩子有机会与家族成员相处,可能的话,带他们去看望家中长辈,堂表兄妹等。尤其是在重要的节假日,例如春节的时候,可以举办一些家族活动,让孩子体验到家族的温情和凝聚力。

(三) 培养孩子对于民族和国家的归属感

其一,以讲故事的方式告诉孩子中华民族悠久的历史,并让他了解中华民族有许多优秀的传统文化,比如,说上下五千年的中国历史、古代的四大发明,以及一些能够推动历史前进的英雄人物的事迹等。

其二,通过画报和地图告诉孩子中华民族是一个多民族的大家庭。让孩子知道除了自己以外,在这片土地上还生活着一些和自己生活习惯、衣着服饰、饮食文化、居住环境都大不相同的人,而这些人都有一个共同的名字:中国人。有机会的话,品尝一些民族小吃,听不同的民族音乐,都是丰富孩子对祖国的认识的好办法。

其三,爱祖国是一个庞大的概念,可以让孩子从身边做起,爱爸爸妈妈、爱老师、爱班级、爱社区、爱家乡……点点滴滴的爱累积起来,就是对祖国的爱。此外,也可以让孩子亲身游历祖国的大好山河,或者去参观各种纪念馆、博物馆、文物古迹,既陶冶了身心,也能激发出他对祖国大好山河的热爱之情。

教育活动设计方案

活动方案1:亲情电话(大班)

设计思路　　儿童情绪理解的发展是儿童社会性发展领域研究的重要内容之一。5—6岁的幼儿已经能够对自己和他人的情绪体验给出合理的解释,他们在一定的情境中,能站在他人的角度,理解他人的情绪状态。因此,设计这个活动,是让幼儿通过亲情电话来感受他人情绪的变化,从而养成及时电话沟通的积极态度。

导入环节——谈话导入,引出主题。通过讨论,知道在我们需要及时与爱自己的人进行联系时,可以拨打亲情电话。

中心环节——观看视频,深入理解。通过观看视频讨论,让幼儿在一定的情境中理解亲情电话的重要性。

结束环节——情境游戏,模拟打电话。在玩打电话的游戏中,养成及时电话沟通的好习惯。

活动目标

1. 知道亲情电话是告知爱自己的人一些信息,以免他们担忧。
2. 从亲人不同的情绪反应理解亲情电话的重要性。
3. 养成及时电话沟通的积极态度。

活动准备

物质准备:

自拍视频1:爸爸因为加班不能回家吃饭了,给妈妈打电话。

自拍视频2:奶奶生病了,给奶奶打电话表示关心。

自拍视频3:每个星期天的早上,给外婆打电话表示问候。

经验准备:幼儿已有打电话的经验

活动过程

(一)谈话导入,知道亲情电话的作用

教师提问:

1. 你打过电话吗?

2. 你给谁打过电话?

3. 为什么要打电话?

4. 打电话时你会说些什么?

教师小结:电话已经成为我们联络感情、沟通信息、交流思想不可或缺的得力助手,在我们需要及时与爱自己的人进行联系时,可以通过打电话的方式告诉他,以免他们担忧。

(二)看看说说,理解亲情电话的重要性

1. 打电话以免担忧。

播放视频1,教师提问:

(1)现在是几点?妈妈心情怎么样?怎么会这样的呢?

(2)爸爸在哪里?他在电话里说了些什么?

(3)妈妈接到爸爸的电话后,心情怎么样了?

(4)爸爸为什么要打电话回家?

教师小结：爸爸因为要加班，不能回家吃饭了，可是妈妈在家如果不知道情况会很担心，所以打电话告知一下很重要。

2. 打电话表示关心。

播放视频2，教师提问：

(1) 这是谁？她怎么了？你从哪里看出来的？

(2) 这是谁打来的电话？她说了些什么？

(3) 奶奶听了电话后怎么样了？

(4) 小妹妹为什么要给奶奶打电话？

教师小结：奶奶生病了，小妹妹给奶奶打电话，是对奶奶的一种关心，一种爱，希望奶奶快点康复。

3. 打电话主动问候。

播放视频3，教师提问：

(1) 视频里的小妹妹在给谁打电话？她说了些什么？

(2) 外婆接到电话后怎么样了？外婆又说了些什么？

(3) 小妹妹为什么会每个星期天都要给外婆打电话呢？

教师小结：在周末、节日时可以用打电话的方式给自己远方的亲人，送上自己的问候。

(三) 情景游戏：打电话

1. 教师提问：到底遇到什么情况下需要打亲情电话呢？

2. 根据幼儿回答进行模拟打电话游戏。

教师小结：我们应该养成及时电话沟通的好习惯，当你遇到急事无法完成约定时，可以通过打亲情电话的方式及时告知亲人一些信息，避免他们担忧。同时，平时也可以用打电话的方式给亲人送去问候，增进感情。

上海市黄浦区瞿溪路幼儿园　沈美玲

资料来源：尔雅润育——幼儿园社会性教育主题课程。

案例评价

归属感是幼儿园社会教育领域的重要内容，对于幼儿来说，归属感就是让幼儿感觉到自己是家庭、集体或幼儿园中的重要一员，被他人接受、被他人认为有价值以及与他人成为一个整体的一种情感。随着年龄增长，大班幼儿对于归属感的情感体验更深刻，表现出更多的自觉性和自主性。该活动则是以此为基础让幼儿学会承担起家庭成员的责任，养成与家人及时通电的良好习惯，设计符合儿童的年龄特点和发展需要。活动的主要环节就是通过观看视频,在讨论中教师引导幼儿交流对于亲人不同情绪反应的感受,从真实的情境出发能够有效地促进幼儿对于亲人和家庭的归属感的建立。

活动方案2：五星红旗升起来

活动目标

1. 知道五星红旗代表中国,为自己是一个中国人而感到骄傲。
2. 尝试创编诗歌,萌发爱国旗的情感。

活动准备

PPT、音乐、图片。

活动过程

1. 在日常生活中,我们见到的五星红旗。

   (1) 了解五星红旗的特征。

   教师提问：你看到了什么？一颗大星星,四颗小星星,会让你想到什么？

   (2) 说说五星红旗在哪里飘扬。

   教师提问：你们在哪里看见过五星红旗？（幼儿自由讲述）

   教师小结：在学校、天安门、一些公共场所等都会升起五星红旗。

2. 了解五星红旗升起的含义。

   (1) 出示四张图片（在奥运会、南极、太空、珠穆朗玛峰上升起五星红旗）。

   (2) 幼儿分散、自由观察。

   (3) 交流分享。

   教师提问：你看到五星红旗在哪里升起了？你知道它表示什么意思吗？

   教师总结：五星红旗在奥运会上升起,告诉我们中国的运动员得奖了！

   五星红旗在太空升起,告诉我们中国人上太空了！

   五星红旗在南极升起,告诉我们中国科学家到达南极了！

   五星红旗在珠穆朗玛峰上升起,告诉我们中国人登上世界最高峰了！

   过渡：刚刚我们说到了五星红旗升起的含义,现在老师把它编成了一首好听的诗歌,我们来一起听听看吧!

3. 仿编诗歌(诗歌是提升的语言)。

(1) 教师朗诵诗歌两次。

(2) 幼儿仿编。

① 幼儿选择教师提供的图片,模仿教师朗诵的诗歌尝试仿编。

重点指导:五星红旗在……升起,告诉我们……

② 交流分享。

活动方案3：我们的旅行

设计意图　　大班孩子的社会性已经有了一定的发展,结合自己的已有经验,通过感受祖国各地不同的风景、建筑、特产,感受祖国各地的美,从而激发孩子们热爱生活、热爱祖国的情感。

活动目标
1. 欣赏祖国风光的美,把对祖国风光的感受讲给朋友听。
2. 通过互相介绍旅行风景的方式,激发幼儿热爱生活的情感。

活动准备
1. 儿歌音频。
2. 让幼儿搜集家人在祖国各地拍的建筑、特产等照片。
3. 有关的名胜古迹的PPT。

活动过程
1. 播放录音,教师自录的自编儿歌。

咚里个咚,咚里个咚,下面请听我来唱。风景秀丽是泰山,泰山高高有十八盘。孔子故居赏孔府,桂林山水甲天下,青岛旅游洗海藻。泉城济南美名扬,胜利油田多产量。潍坊风筝飞世界,菏泽牡丹花称王。万里长城长又长,天安门城放金光。洁白美丽和平鸽,展翅飞翔在歌唱。歌唱祖国美如画,人人爱我大中华。

教师提问:你听到了什么?

2. 欣赏风景,相互学习。

(1) 你们旅行过吗?你去过哪里?

(2) 幼儿相互介绍自带的风景图片等,如:"这是泰山的十八盘。"

(3) 介绍自己与家人在祖国各地拍的照片,讲出感受,如:"这是我和妈妈在天安门前拍的照片。"

关键：鼓励幼儿作简单介绍。

（4）教师小结：原来你们都去过这么好玩的地方，也发生了很多有趣的事情，旅行真开心！那我也来介绍介绍有趣的地方，请你们跟着我一起去旅行，好吗？

（5）欣赏各个名胜古迹。

教师简单介绍名胜古迹的特点。

3. 祖国列车排排队。

引导幼儿将图片、照片分类，可分建筑类、风景类等，幼儿照片可以"祖国列车"分为北京、济南等城市车厢，将照片摆放在内。

4. 活动延伸：

让幼儿绘画，题目为"我爱……"。让幼儿把自己最喜欢的地方画下来，把自己的感受与理想表达出来。

活动方案 4：新疆行

设计思路

在《番茄的旅行》中，出现了新疆维吾尔族的画面背景，孩子们对番茄的故乡——新疆产生了浓厚的了解兴趣，在本次"新疆行"活动中，幼儿将走近新疆，了解维吾尔族风土人情，感受我国文化的丰富多彩。

活动目标

1. 知道新疆是维吾尔族的居住地之一，了解新疆的风土人情。
2. 欣赏维吾尔族的音乐、舞蹈，感受其风格，感受祖国文化的多样性和差异性。

活动准备

1. 新鲜水果：葡萄、哈密瓜；干果：葡萄干。
2. 介绍新疆风光的视频、动画片《聪明的阿凡提》片段、维吾尔族歌舞的视频。
3. 铃鼓、维吾尔族服饰及其他乐器和民族服饰，新疆民歌音频。
4. 水果挂图和中国地图。

活动过程

1. 介绍活动，引发兴趣。

（1）听音乐(新疆民歌)进教室。

(2) 教师导语:告诉大家一个好消息,今天幼儿园举办综艺节目,请小朋友参加,今天的奖品是番茄的故乡——新疆三日游,小朋友可以免费到新疆玩,还可以领到奖金、到新疆买东西,你们想参加吗?

这个综艺节目有一个老规矩,就是答对问题的小朋友才能去,你们有信心答对问题吗?

2. 答题游戏,丰富认知。

(1) 观看视频,回答第一个问题:

① 视频里播放的是什么地方的风景?答对有奖励。

② 教师加知识点:

a. 你们知道新疆在哪吗?(介绍新疆地理位置)

b. 新疆人口最多的少数民族是维吾尔族。

(2) 观看题板,回答第二个问题:

① 题板上有几种水果?什么水果是新疆的特产?

② 教师讲解特产,奖励品尝哈密瓜。

(3) 看动画片《聪明的阿凡提》,回答第三个问题:

① 阿凡提骑的是什么?(马、驴、骆驼的卡片)

② 讲解新疆的交通工具和地形特点?(沙漠、盆地、高山)

③ 介绍现代沙漠公路。

(4) 欣赏维吾尔族歌舞,回答第四个问题:

① 请幼儿挑选舞蹈中的乐器或穿上舞蹈中的衣服。(备有各种乐器和衣服)

② 请幼儿跟随教师学跳新疆舞蹈。

3. 旅游游戏,交流体验。

(1) 游戏:游新疆。(放新疆民歌,幼儿跟随教师伸平手臂做乘飞机状绕场一周到达"巴扎"场景设置区域)

(2) 下飞机到"巴扎"参加贸易活动。

① 教师介绍"巴扎"(巴扎,是维吾尔族语中集市的意思,即买卖交易的地方)。

② 介绍维吾尔族见面礼节。

③ 幼儿分角色模拟买卖场景,购买物品的幼儿领取每人五个雪花片作为代币券,每个雪花片可以购买一样物品。教师观察幼儿在买卖活动中的交流情况,引导幼儿使用文明用语。

夸夸我的班级（中班）

教师通过在日常生活中创设温暖、关爱、平等的集体生活氛围以及组织专门的归属感活动，让幼儿在积极健康的人际关系中获得安全感和信任感，促进幼儿形成基本的认同感和归属感，使其在思想上、感情上和心理上认同并投入集体中。

《指南》中指出，4—5岁中班幼儿"愿意并主动参与群体活动""喜欢自己所在的幼儿园和班级，积极参加集体活动"。中班幼儿的归属感主要是对幼儿园和集体的归属感，表现出喜欢自己所在的幼儿园和班级，为自己是班级的一员而感到高兴，十分愿意参与集体活动，比较关心自己所在的班级和小组是否获得荣誉，当被教师和同伴认可和接纳时会感到愉快，反之则感到沮丧。本次活动为中班的归属感活动，活动目标牢牢契合中班幼儿社会适应的核心经验与鲜明特点，目标表述具体清晰、重点突出。

从活动内容来看，教师始终围绕"接纳认可自己的班级，愿意为集体出力"及"分享自己热爱集体的理由"的活动目标来开展活动，引导幼儿在集体活动中形成并加深对集体的认同感与归属感。教师的活动准备丰富多样，并且充分考虑到了幼儿的已有经验、年龄特点和对游戏的兴趣，为幼儿在活动中多样化的自我表征作出了细致的考虑。值得一提的是，在整个活动过程中，教师始终以幼儿的自主活动为前提，鼓励幼儿积极思考、自由讨论，用语言、绘画、游戏等各种方法表达自己对同伴、教师、集体的想法与情感。

活动共有三个环节。首先是破冰环节，不同班级的幼儿相互介绍、彼此了解，教师利用该环节为接下来的活动开展作了铺垫。第二个环节是夸夸自己的班级，帮助幼儿激发集体荣誉感。在这个环节中，教师首先给予了幼儿最大的表现自由，鼓励幼儿回忆集体故事并畅所欲言，幼儿在这个过程中能够尽情释放自己对集体的情感，然后教师才出示照片进行总结，引导幼儿感受的同时还促进了幼儿的表述与概括能力。接着，教师通过提问的方式调动幼儿的前期经验，"班里最高的是谁呢""到园最早的是谁呢"，一连串有趣的问题启发了幼儿的思考，使得幼儿更加关注集体中的每一位同伴；其次，教师鼓励幼儿用图画的形式记录和表达自己为班级做过的事情，由表及里、层层深入幼儿的内心世界。最后，教师还组织了幼儿喜闻乐见的体育游戏——拔河，使得幼儿最直观地感受到为集体而努力的荣誉感，激发集体中的归属感。第三个环节是结束环节，欣赏集体照片，共同回忆生活中的点滴，将对班集体的归属感上升到对幼儿园的归属感，较好实现了活动的延伸与情感的升华。

总体来看，活动设计综合考虑到幼儿的年龄特征、社会经验和情绪情感，兼顾幼儿的游戏体验，形式丰富多样，环节层层递进，目标达成度高，活动过程中教师能够敏锐地捕捉幼儿的情绪情感,善于运用提问的方式引导幼儿多角度地进行对集体的思考,同时能够充分发挥幼儿的主观能动性,鼓励幼儿自由表达、互相分享。教师的教育机智显现在教育活动中,有意识的引导和无意识的渗透有机结合,共同影响了幼儿对集体的认识与情感,激发了集体荣誉感,增强了认同感与归属感。

主要参考书目

[英]谢弗. 儿童心理学(精装修订版)[M]. 王莉,译. 北京:电子工业出版社,2016.

案例分析

  小明的妈妈遇到了一件麻烦事情,就是小明每次入园之前都必须哭闹一番,尽管每次事前都跟他说过妈妈会来接他,但是仍然是一见到妈妈离开就哭起来,而且哭个不停,哭得声嘶力竭,拉扯着妈妈不许妈妈离开他。为此,每次早上只能是校车接送,但是情况仍然是很不理想。如果你是小明的老师,面对这样的情况,你会采取什么措施和建议给小明的妈妈呢?

本章练习题

1. 结合本章内容,试述归属感的内涵和意义。
2. 结合本章中提到的入园焦虑,谈谈你的看法。
3. 如何能够在多元文化教育和本土教育之间达成平衡,谈谈你的看法。

第九章 学前儿童问题行为的干预与矫正

 学习目标

1. 了解学前儿童的主要问题行为类型以及表现。
2. 懂得初步的问题行为的鉴定和判断。

近年来,儿童的问题行为发生率呈现出急剧的上升趋势,引起了全社会的广泛关注。2004年,全国15个城市的儿童医学专家对我国学前儿童的问题行为进行调查。他们从学龄前(3—6岁)儿童常见的大量问题行为中,评出影响中国学前儿童身心健康发育最常见的十大问题行为,指出气质是影响儿童行为发育的重要因素,并提供一系列针对性的矫正方法。这项调查有助于家长、教师及早发现问题,真正做到防患于未然,从而提高儿童的素质,促进儿童的身心健康发展。本章主要讨论学前儿童问题行为的表现特征及其各种影响因素,并介绍一些干预技术的运用,例如强化法、惩罚法、模仿法、系统脱敏法、代币制等。

第一节 学前儿童问题行为的表现特征及其成因

一、学前儿童问题行为的涵义与分类

(一) 问题行为的涵义

问题行为是相对于学前儿童的正常行为而言的,二者处于一个连续体的两端。大多数儿童都处于该连续体的中间位置,也就是说,大部分儿童都存在一定的问题行为,只是在程度上有所差异。那么儿童行为究竟具有什么特征,才称为正常行为呢?评估幼儿的行为是否正常的标准主要有以下几个方面:(1)行为必须与年龄相符,也就是说,幼儿所表现的行为与大多数同龄儿童是一致的或相似的;(2)幼儿的行为必须与当地的社会文化相适应;(3)幼

儿通过学习能掌握并使用所处社会的语言等,参与社会生活和人际交往;(4)在日常生活、学习中,能够逐步学会遵守纪律,懂得奖与罚的意义,并能遵守有关的法则;(5)能够正确处理同伴关系以及与同伴之间发生的冲突;(6)逐渐学会控制自己的情绪,其情绪表现与环境相一致。问题行为通常是指在严重程度和持续时间上都超过相应年龄所允许的正常范围的异常行为,因此问题行为又被称为行为异常。也就是说,这些幼儿的行为通常和他们同等发展或成熟的儿童所遵守的标准相冲突,遭遇了社会适应的困难,无法从事学习活动和接受正常教育。

有关研究表明[①],从总体上看,幼儿问题行为的发生率较低,不存在显著的性别差异,却表现出显著的年级差异,即小班幼儿的问题行为明显多于中班和大班幼儿。有问题行为的儿童占儿童总体的10%以上,他们在行为上所表现的偏异往往显示出心理和情绪的冲突。一般具有以下几个特征:首先,幼儿的社会适应有持久性困难。这是从某一特殊行为持续的时间来说的。如果幼儿的某种特殊行为(如胆小、易怒等)长期存在,就需要特别关注。其次,幼儿的社会行为不受普通方法的限制。这是从对该行为的教育实施方面来说的。如果教师在组织开展集体教育的过程中,发现应对某一幼儿的行为有难度,这种行为就可能是问题行为的表现了。例如,在美术活动中,孩子们都在认真地画画,可是有一个孩子却不画画,还不断地抢别人的颜料和画笔,或者在其他小朋友的作品中加上几笔等。那么,这个幼儿就表现出问题行为了。再次,对周围环境和社会现实不理会。这是针对幼儿易发生问题行为的情境来说的。例如,在正常情形下有不适当的愤怒、无理由的猜疑、莫名其妙的紧张,不能和四周人群建立交往关系等,都表明幼儿的行为可能有一定的问题。

具体地说,幼儿的问题行为表现为三个方面:第一,行为不足。这是指人们所期望的行为在该幼儿身上很少发生或从不发生,例如幼儿很少讲话或者不愿与别人交往,不喜欢参与集体活动,智力发展可能比较迟滞,生活难以自理等。第二,行为过度。这是指某一类行为发生次数太多或持续时间过长,反应过于强烈。如在上课时经常思想不集中,小动作不断,随便走动;常常为一点小事就大喊大叫,吵闹不休;经常咬指甲等。另外,有些原本的正常行为如果发生太多也会成为问题行为,如幼儿一天到晚反复地洗手。第三,不适当行为。这是指人们所期望的行为在不适宜的情境中发生,但在适宜的条件下却不发生。例如,幼儿在遇到教师、家里来客人时不愿意打招呼,但是在独处时却反复地说:"你好!""请坐!""再见!"

(二) 问题行为的分类

一般说来,对幼儿的问题行为进行分类,是从问题行为的内容着手的,主要可以分为四类。

---

① 池丽萍,陈甜甜.幼儿问题行为发展特点研究[J].中华女子学院学报,2004(04):66—68.

1. 发育过程中的问题行为

这类问题行为是与幼儿的成熟度有关的。也就是说,在 3—6 岁期某一段时间可能发生一些问题行为,但是在后来适当的教育训练下可以得到缓解、好转,甚至消失。因此,这类问题行为一般都是暂时性的,主要有吮吸手指、咬指甲、依赖性、退缩、乱发脾气等。

2. 心理发育障碍性问题行为

这是指由于幼儿心理障碍而引发的问题行为,如多动症、言语障碍、进食障碍、学习困难等。这类问题行为一般需要特殊的教育训练和专业指导才能克服。

3. 心理性问题行为

这是指由于心理问题而造成的问题行为。比如:由于矛盾心理原因引起的神经性行为,表现为强迫行为、歇斯底里行为、神经性厌食等;或由不良情绪引发的问题行为,表现为过度敏感引起的神经质、多疑、过分依赖、敌对情绪等;或性格方面的问题行为,表现为性格偏执、粗暴、胆怯、退缩等;或学习方面的问题行为,表现为拒绝上幼儿园;或活动过度的问题行为,有注意障碍、冲动、综合多动症等;或习惯性方面的问题行为,表现为厌食、儿童遗尿症、吮吸手指、睡眠失调等。

4. 品德性问题行为

这是指由于接受不良教育的原因而造成的问题行为,如撒谎、说脏话、偷窃、不遵守规则、攻击性行为等。这类问题行为需要家长和教师长期的教育指导,才能得以改善。

(三) 常见问题行为

1. 儿童自闭症

儿童自闭症(或称孤独症)是发生于儿童早期的一种涉及感知觉、情感、语言、思维和动作与行为等多方面的发育障碍,也是广泛性发育障碍中最为常见和典型的一种,它不是由一般单一的原因造成的,而是来自多种原因的障碍症候群。其主要症状为:

(1) 社会交流障碍。一般表现为缺乏与他人的交流或交流技巧,与父母亲之间缺乏安全依恋关系等。

(2) 语言交流障碍。语言发育落后,或者在正常语言发育后出现语言倒退,或语言缺乏交流性质。

(3) 重复刻板行为。

(4) 智力异常。70%左右的孤独症儿童智力发育落后于同龄人,但这些儿童可能在某些方面具有较强能力,20%智力在正常范围,约 10%智力超常,多数患儿记忆力较好,尤其是在机械记忆方面。

(5) 感觉异常。表现为痛觉迟钝、对某些声音或图像特别的恐惧或喜好等。

(6) 其他常见行为包括多动、注意力分散、发脾气、攻击、自伤等。这类行为可能与父母教育中较多使用打骂或惩罚有一定关系。

> **拓展阅读**
>
> ### 自闭症的临床症状
>
> **一、社会交往障碍**
>
> 社会交往障碍是自闭症的核心特征之一,即与他人缺乏感情联系,极端孤僻与外界隔离(自闭)。这种征象在婴儿期就表现出缺乏与他人眼与眼的对视,缺少面部表情,对人缺乏兴趣。母亲将其抱着喂奶时,他不会将身体与母亲贴近,不会望着母亲微笑。6—7个月还分不清亲人和陌生人,不会像正常幼儿一样发生咿呀学语声,只是哭叫或显得特别安静。有的患儿即使1—2岁发育正常或基本正常,但起病以后有饥饿、疾病或不舒服时,不会到父母亲身边寻求食物或安抚,或只是拉着父母亲的手去取东西,而不会以言语或姿势来表达。不会伸开双臂要人抱,有的患儿甚至拒绝别人的拥抱,或当抱起他时表现四肢僵硬或全身松软。当父母离开或返回时没有依恋的表示。和父母易于分离,跟随陌生人也很少有胆怯不安的反应。对亲人呼唤他们的名字时常无反应,以致使人怀疑他们是否有听力问题。不与周围小朋友交往,更谈不上建立友谊,喜欢独自玩耍。病情较轻的自闭症患儿社会障碍在2岁前不明显,5岁后患儿与父母同胞之间建立起一定的感情,但患儿仍极少主动进行接触,在与伙伴的活动中常充当被动角色,缺乏主动兴趣。他们青春期后仍缺乏基本的社交技能,不能建立亲近关系。
>
> **二、语言发育障碍**
>
> 自闭症患儿表现的语言、语言发育障碍十分常见和严重,这是最早也是最容易引起父母注意的症状,常为自闭症患儿的首诊原因。自闭症的语言障碍是一种质的全面的损害,具体表现有以下几种形式。
>
> 1. 语言发育延迟或不发育
>
> 患儿语言发育迟滞。约一半自闭症患者终生沉默,仅以手势或其他形式表达他们的要求,或极少情况下使用极有限的语言。也有些患儿2—3岁前语言功能出现后又逐渐减少甚至完全消失。
>
> 2. 语言内容、形式的异常
>
> 不主动与人交谈,不会主动提出话题或维持话题。他们常常是自顾自地说话,毫

不在意对方听与不听，也不顾及周围的环境或者别人正在谈话的主题。部分患儿不会使用代词，或代词混淆不清，不能正确运用"你、我、他"，或把"我"说成"你"等，以致其言语变得毫无意义或不知所云。有的患儿即使有相当的词汇量，也不能运用词汇、语句来与人进行正常的语言交流。

3. 刻板重复的语言或模仿语言

刻板重复的语言可为反复模仿别人说过的话，亦可是患儿重复提类似的问题或要求对方回答一样的话，或重复自造的话，并渴望维持这种刻板重复语言和重复简单游戏活动不变，有的患儿则表现出无原因的反复尖叫、喊叫。

4. 言语音调、节奏的障碍

语言缺乏声调，存在速度、节律、语调、重复等方面的问题，语言单调平淡或怪声怪调，缺乏抑扬顿挫，没有表情配合。患儿有时尖叫、哼哼或发出别人不能听清或不可理解的"话"，或者自顾自地说话，也有称之为"自我中心语言"。

5. 非语言性交流障碍

面部表情、手势或姿势语言缺乏，患儿很少用点头、摇头或摆手及其他动作来表达其意愿，常以哭或尖叫表示他们的需要或不舒服。稍大患儿可拉着成人的手走向他们想要的东西。

三、兴趣范围狭窄及刻板、僵硬行为

1. 对环境倾向于要求固定不变或不正常反应

表现对日常生活常规变化的拒绝，有的患儿每天要吃同样的饭或菜且数年不变；每天需要固定的排便时间、地点或便器；出门一定要走某条路线，若不能这样则会烦躁不安、吵闹或拒绝。

2. 兴趣狭窄和游戏方式奇特

表现为对某些特别物件或活动的特殊迷恋，患儿常对一般儿童所喜欢的玩具或游戏缺乏兴趣，尤其不会玩有想象力的游戏，而对某些特别的物件或活动表现特别的兴趣或迷恋，尤其是圆的或可以旋转的物品，可达到着迷的程度。对喜欢的物件终日拿着，数日、十数日不更换。若强迫更换，往往会选择另一件作为新的迷恋对象。伴随情绪不稳定，易发脾气。

3. 刻板、重复的行为和特殊的动作姿势

表现来回踱步、自身旋转、转圈走、重复地蹦跳，最常见的姿势是将手置于胸前凝视，这种动作常在 1—2 岁时发生，随着年龄增长而减轻消失。还有扑打、摇动、敲击、撞击、旋转等动作。亦有破坏行为及自伤行为，如咬手、撞头、以拳击墙等，这些行为

往往在患儿无事可做时出现,有时则在其兴奋、烦躁时频繁出现。不许别人改变事物的固定模式,也是自闭症患儿常见的现象。如反复触摸光滑物体的表面,似乎能从中得到一种愉快,有的则不论给他们食物或非食物,接过来都先闻一闻。特别依恋某一种东西,反复看电视广告或天气预报,爱听某一首或几首特别的音乐,但对动画片通常不感兴趣。往往在某个阶段时间有某几种刻板行为,并非一成不变。患儿动个不停,常以跑代走,东张西望,眼神飘忽,很难长时间集中注意力。

四、感知觉异常

大多数自闭症患儿存在对刺激感觉异常,包括对某些声音的反应特别迟钝,如一个突然的声响对于正常儿童会引起惊跳,而自闭症患儿则若无其事。在后面对他们讲话或呼叫他们时,他们似乎像没有听到一样毫无反应,但对某些刺激又会特别敏感,如当电视机播广告、天气预报时,音量即使放得很小,他们也会作出相应反应。有些患儿表现对某些视觉图像恐惧;很多患儿不喜欢被人拥抱,触觉、痛觉异常也较常见。

五、智力和认知缺陷

约70%的患儿智力发育迟缓,但这些患儿可以在某些方面有较强能力,20%智力正常,约10%智力超常。智力正常和超常的自闭症患儿又称为高功能自闭症。多数患儿记忆力较好,尤其是在机械记忆力方面有超常能力,如数字、人名、路线、车牌、年代和日期推算、速算的能力、音乐等。在应用操作、视觉空间技能、即时记忆测验较优,而在那些象征性、抽象思维和逻辑程序的测验上较差。其他认知缺陷表现在模仿、对口述词和手势的理解,灵活性、创造性、制定和应用规则上,与智商相同的非自闭症患儿相比,前者认知障碍则更广泛。1967年对自闭症患儿的智商研究中发现,自闭症患儿可出现"孤立性才能",在音乐、计算、推算、日期、机械记忆和背诵等方面有超常能力,被称为"白痴天才"。在临床表上,部分患儿可见神经系统阳性体征,包括肌张力减退或增高、流涎、肌阵挛性抽搐、踝阵挛、手部或手指的失张力性姿势、表情肌麻痹、斜视等。

2. 幼儿多动症

幼儿多动症又称注意力缺陷多动症,或脑功能轻微失调综合征,是一种常见的儿童行为异常疾病。这类患儿的智力正常或基本正常,但学习、行为及情绪方面存在缺陷,主要表现为注意力不集中,注意短暂,动作活动过多,情绪易冲动,学习成绩普遍较差,在家庭及学校均难与人相处,日常生活中常常使家长和教师感到没有办法。

> **拓展阅读**
>
> **多动症的临床症状**
>
> （1）注意力集中困难。多动症儿童注意力短暂、易因外界干扰而分心。不能自始至终地做完一件事，上课时不注意听讲，做小动作，东张西望或走神开小差等。
>
> （2）活动过多。多动症儿童常常手脚不停、坐不住。上课小动作多、话多、乱跑、乱跳、爬上爬下、不知危险。喜欢惹人、常与同学吵嘴打架等。
>
> （3）冲动任性、情绪易激动。多动症儿童自控能力差、情绪不稳定、易激动、易怒、易哭、易冲动、常发脾气。个性倔强、固执、急躁、表现幼稚、缺乏荣誉感、不辨是非；有的说谎、逃学、欺骗；有的外出不归，甚至染上恶习。
>
> （4）多动症儿童虽然智力正常，但都表现出学习困难。记忆辨别能力差、常把"b"写成"d"或把"6"写成"9"等，学习成绩低下。有的智力很好，但学习成绩却不理想，表现为忽上忽下、成绩波动很大，成绩呈跳板式改变，抓一抓成绩就上去，不抓就下降，甚至造成留级。
>
> （5）精细及协调动作困难，多动症儿童动作笨拙，如系纽扣、系鞋带、削笔动作不灵活，走路不成直线等。
>
> （6）神经系统体征。常见的检测方法如指鼻试验，快速对指试验，轮替试验，翻手试验为阳性。

二、学前儿童问题行为的影响因素

近年来，有关学前儿童问题行为影响因素的研究非常多。研究发现，幼儿发生问题行为的危险因素包括生物学、环境教育和家庭等诸多因素，是多种因素综合作用的结果，属于多病因模式。教师和家长要想科学有效地干预并逐步改善幼儿的问题行为，需要通过观察访问，逐步了解引起幼儿产生该行为的原因，即把握问题行为的影响因素。了解幼儿问题行为的影响因素，不仅有助于干预矫正幼儿的问题行为，而且对于预防幼儿问题行为的产生有积极的意义。

（一）生物因素

生物因素主要包括遗传、孕产期损害、疾病感染、身体发育状况等，这是幼儿产生问题行为的先天条件。一般来说，对于这样的孩子，更需要成人因地制宜地运用适当的方式方法对幼儿的问题行为进行控制和改善。遗传与环境对幼儿的影响，一直是发展心理学界有争议的话题。虽然我们不是遗传决定论者,但是也不能完全否定遗传对幼儿问题行为产生的影响。李红娟等对我国太原市学龄前儿童问题行为发生的情况及影响因素的研究发现,母亲孕期以及围产期的情况,是学前儿童问题行为产生的重要因素之一。[①] 幼儿发展的成熟度也是影响其问题行为产生的因素之一。研究表明,年龄小的幼儿比年龄大的孩子的问题行为更多一些。另外,幼儿自身的气质特点也是其发生行为问题的原因之一。有行为问题的孩子一般在集体中处于不受欢迎、受到拒绝或忽略的地位。屡次遭受拒绝的儿童最易产生攻击和破坏行为,而被忽视的儿童在各个方面的积极性都较低。

(二) 家庭因素

家庭是影响幼儿产生问题行为的环境因素之一,是学前儿童最初成长、生活时间最长的场所。在家庭里,幼儿逐步学会最初的社会生活技能、道德规范和行为准则等。家长的教养方式、家庭的环境,包括物质环境、精神环境的创设都可能成为导致幼儿产生问题行为的原因。有关研究表明,学龄前出现问题行为要比青春期出现问题行为,更易导致成年时所显现的反社会行为,而且青春期及成年期的问题行为与学龄前问题行为密切相关。

1. 家庭教养方式

在家庭中,家长的教养方式是直接影响幼儿行为习惯养成、社会化发展的因素之一。研究表明,[②]可能对儿童的行为产生不良影响的父母教养方式主要包括:父母教养技能缺失、父母角色能力不足、父母不良的人格特征和行为模式,以及双亲关系不良等。父母缺乏养育技能,表现在育儿方面缺乏自信,经常采用简单批评、粗暴体罚等方式,不能很好地教育孩子。此外,父母抑郁、酗酒等不良性格特质以及夫妻关系紧张,也会导致孩子问题行为的产生。例如,父母抑郁程度越高,对幼儿的控制就越多,往往采用批评的方式对待孩子。我国学者凌辉研究发现,温暖、理解的父母与儿童品行问题、冲动、多动呈负相关;父母的情感支持行为可以减轻儿童的社交退缩、违纪、攻击性行为和强迫行为;而父母的拒绝、过度保护或溺爱则与儿童的行为问题呈正相关。

拓展阅读

规则与自由

6岁的小凯已经上小学一年级了。学校离小凯家不过400米,邻居家的小朋友都

[①] 李红娟,刘德华. 学龄前儿童行为问题及影响因素研究[J]. 中国学校卫生,2001(1):16—17.
[②] 肖凌燕. 儿童行为问题产生的原因及家庭干预[J]. 中国特殊教育,2004(01):64—68.

是放了学大家结伴回家,可是小凯妈妈却给小凯立下了严格的规定:妈妈不来接他,他就不能独自回家;周末不准小凯出去玩,即使学校里组织春游,他也不能参加……总之,小凯大部分的时间都被爸爸妈妈给安排好了,最后导致小凯没有一个朋友,不论遇到什么事情都首先要向爸爸妈妈汇报。现在家长往往因担心孩子安全而进行过度保护,担心孩子日后发展而给孩子设立种种规则所致。结果限制了小凯自主性的发展,严重伤害了孩子的自尊心。家长必须把握好规则与自由的张力,让孩子在规则中自由成长,这样的孩子才会既守规则又有创新精神。

资料来源:http://new.060s.com/center/stalnn/all/t-%253D%253Dg%252BWP%252FxLj8%252BLL%252Fzhv7uWLsy2PNO2MmY_148185.html.

2. 家庭教育环境

苏联教育家马卡连柯(Макаренко)指出:"家庭是最重要的地方。在家庭里,人初次向社会生活迈进。"布朗芬布伦纳也提出,家庭是人类发展生态学理论中的微观系统,该系统对孩子的影响最为深刻。家庭是幼儿最早的社会化环境,尤其是家庭中营造的精神环境氛围,与幼儿的行为发展有密切的关系,对幼儿的发展有潜移默化的影响。由此可见,和谐的家庭气氛、良好的家庭道德观念是促进儿童社会行为发展的有利条件。除精神环境之外,家庭的物质环境对幼儿的行为发展也同样重要,这是因为,物质环境是幼儿得以成长的基石,能够满足幼儿生存的基本需要。当前一些地方居住条件差、幼儿活动空间小以及"电视保姆"等现象的存在,使得幼儿交往的伙伴减少,交流对象单一,这不仅不利于良好人际关系的建立,还限制了幼儿户外活动的自由,不可避免地给幼儿的身心和谐发展带来负面效应,影响幼儿的社会化发展。

拓展阅读

家庭教育案例

案例一

妈妈在家里给5岁的小华制定了严格的作息制度:每天晚上8时准时睡觉,早上7时必须起床。刚开始,小华能按照妈妈的要求去做。可是每晚当小华睡觉的时候,客厅里还隐隐约约传来爸爸妈妈看电视的声音;有好多次小华早上7时醒来时,妈妈却还在睡懒觉……

案例二

一天,小虎的妈妈带小虎过人行道时,恰好遇到了红灯。见两边没有车,妈妈便一把拉住小虎的手直往前冲。小虎不解地问:"妈妈,你不是告诉我不能闯红灯吗?"妈妈却不耐烦地说:"一会儿妈妈还有事,要赶时间,哪有时间浪费在这里。"

分析:

家长给孩子制定严格的规矩,但是自己却不愿遵从,这会让孩子感到矛盾和愤怒,长此以往,孩子就不愿意再听从父母的意见了。所以父母不仅要求孩子遵守规则,也要自己在行为和言语上遵守自己制定的规则,即使孩子违反了,也不能一味地严厉处罚,而是要先告诉他不可以这样做的原因和可能导致的后果。

3. 社会因素

社会环境包括儿童居住地区的社会风气和学习环境。良好的社会环境可以使儿童的行为向好的方面发展,有助于减少儿童行为问题的发生;反之,则会增加儿童行为问题,如品行障碍的发生。这里介绍的社会环境,不仅包括幼儿园环境以及其中的同伴关系和师幼关系,同时还包括社会大环境,即大众传媒的介入。幼儿园是幼儿除家庭之外接触较多的一个环境团体,为幼儿拓宽交往范围提供了一个平台。在这里,幼儿与家庭成员以外的教师、同伴打交道,有利于促进幼儿社会化的进程。但是,幼儿园也可能成为幼儿产生问题行为的温床。例如,幼儿在班级中不受欢迎,是导致他们产生问题行为的原因之一。有关研究表明,一般而言,受忽视的儿童表现出攻击等问题行为较多。此外,幼儿还受社会上各种视觉媒体的影响。一项研究(电视暴力)表明,幼儿时期看电视暴力与其学龄期攻击性行为呈正相关。

第二节　学前儿童问题行为的干预技术

作为一种超越社会应允范畴的特殊行为,儿童的问题行为将不同程度地影响到个体今后在社会交往等各方面的正常发展,严重的还可能引发违法犯罪。所以,必须选择恰当有效的干预措施,以促进儿童健康地成长,但每种干预技术都有其长处与不足。作为教育工作者,如何认识各类干预技术的价值,如何在实践中正确地运用,如何综合运用不同的干预技术解决问题行为,应当成为我们关注的重要问题。

一、强化法

1. 强化法的定义和分类

强化法是行为矫正法中的常见方法之一,也是教师常用的一种干预技术。在解读本方法之前,我们来看下面两则案例。

> **拓展阅读**
>
> **强化法使用案例**
>
> **案例一 多动的乐乐**
>
> 乐乐已经上幼儿园大班了。他是个非常活泼好动的孩子,"好动"得简直让人难以置信,就像装上了发条一样,一秒钟都停不下来。他走路上蹦下跳,左摇右摆,还故意撞人。上课对他来说,与下课没有任何区别,想干什么就干什么,心里根本没有集体活动规则。即使硬被老师按在椅子上,也无济于事。他总是要左拧右拧,打闹嬉戏。要求他集中注意力做一件事情,更是难上加难。在家更甚,回家时他像圈在笼子里的小猴子重返了大森林,上蹿下跳。用家人的话说,和他在一起就头疼。
>
> 后来,经医生诊断发现:乐乐原来是患了多动症。医生给乐乐开了一些药物,同时要求家长和教师配合进行教育治疗。医生告诉他们:药物治疗只是辅助,必须结合有效的行为干预技术。在对乐乐多动特征观察分析的基础上,他们一起为乐乐制定了行为改善计划,即只要乐乐有点滴进步,比如能坐下来五分钟听老师讲话,老师和家长就马上奖励他:给他一个拥抱,允许他看最喜欢的动画片,请他做小组长等。渐渐地,乐乐比以前安静和懂事多了,也不再总是和小朋友吵闹了。
>
> **案例二 爱打人的强强**
>
> 强强刚上幼儿园小班没几天,就成了幼儿园里的"公众人物"——他总是欺负别的小朋友。今天他无故把同桌推倒在地上,明天揪隔壁桌女孩子的头发,第三天和几个男孩子打架……天天如此,没过一个月,老师就吃不消了。过来告状的家长走了一拨又来一拨。无奈,老师只好把强强的妈妈请来。
>
> 妈妈说,强强无故打人的情况早就有了。他很小的时候,好像是出于好奇,喜欢拍打其他孩子。强强的爸妈因为工作忙,很少关注他,也没在意。谁知,他慢慢地养

成了习惯。妈妈多次说服教育,甚至惩罚都不管用,强强好像就是管不住自己。现在,妈妈也不知如何是好。

得知这些情况后,老师和妈妈商量如何帮助强强改掉打人行为的办法。她们达成一致意见:每次,只要强强有打人的倾向或行为发生,就上去抓住他的手,不准他攻击别人。如果强强想要摆脱这种束缚,就必须放弃攻击性行为。经过一个月的共同努力,大家发现强强的攻击性行为减少了。只要老师用语言提醒,他就可以控制自己想打人的冲动。

(一)强化法的定义

在上述案例中,教师和家长采用强化的方式来帮助儿童矫正问题行为。强化包括正强化和负强化。所谓正强化,是指当被强化人出现他人所期待的操作性行为(外显的、可视的行为)后,如果立即得到他需要的强化物,则被强化人再次发生同样操作性行为的可能性和次数会增加。案例一中,乐乐每次稍微安静一会儿,就得到他想要的一样东西。于是,为了获取后者,他努力地按照家长和教师的要求去做,这是正强化。

负强化是指被强化人改正问题行为,出现他人所期待的操作行为后,取消使他感到厌恶的刺激。为了避免厌恶刺激,被强化人会加强发生所期待行为的几率。负强化的过程包括两个阶段:逃避和回避。厌恶刺激的出现,使得儿童想要避开它,但他只有发生了所期待的行为以后才可以逃避。经过多次反复以后,儿童逐渐明白厌恶刺激和期望行为之间的必然因果关系。于是,为了不再经历那样不愉悦的体验,他会努力做出所期望的行为,以回避厌恶刺激的出现。在案例二中,强强的攻击性行为引发了身体自由受限制的厌恶刺激,这让他很不悦,为了回避它,强强开始减少或者控制打人行为,这是负强化。

正强化和负强化是一对既有区别又紧密联系的干预方法。两者都是为了加强某种所期待的正常行为,但它们使用的方法不同,正强化是用愉快刺激的方式,负强化是用厌恶刺激的方式。两种方法在一定情况下可以相互补充,例如,当正强化中的刺激物对儿童无效时,可以采用厌恶刺激的方式,这也能达到同样的效果。

(二)强化法的使用要点

1. 明确强化行为

不管是正强化还是负强化,教师要首先明确要强化的儿童行为是什么,并尽可能地将其具体化,使其可观察、可控制和可评价,这样才能更有效地实施强化。如果选择的强化行为过于宽泛和一般化，如"促进儿童的同伴交往"，则会使强化的针对性不强，也无法考证强化的效果。

2. 恰当选择强化刺激物

强化刺激物在强化过程中起着关键的作用，恰当的强化物可以有效地引发所期待的行为。正强化物的类型有很多，例如，能满足儿童生理需要的消费性强化物，如糖果、食品和饮料等；能满足儿童活动本能需要的活动性强化物，如外出游玩、看电视、做某个游戏等；能满足儿童对心爱物品享用需要的拥有性刺激物，如赠送玩具、画片等；能满足儿童社会交往需要的社会性刺激物，如拥抱、赞赏的眼神和表扬的语言等。教师要根据儿童的需要，选择他最喜爱的事物作为刺激物。对儿童来说，同一刺激物如果长时间反复使用，可能会失去吸引力，尤其是消费性强化物。此外，为了使儿童施发行为的动机由外部转向心理内部，解除儿童对外部刺激的依赖，刺激物的选择要注意随儿童的心理特征变换，年龄小的儿童可能对物质性刺激更感兴趣，而年龄大的儿童则更喜欢满足社会性需要的刺激物。

负强化物是能够使儿童产生消极情绪体验的事物，例如语言警告、自由受束缚、各种强烈的感觉刺激或心理惩罚。首先应该是学校教育和社会道德以及儿童身心健康发展所允许范围内的事物，其次能使儿童产生一定的消极情绪体验，否则很难起到相应的效果，甚至产生负效应。例如，老师发现有一个孩子上课总是不停地讲话，就把他叫到孩子们面前站着。结果，这个孩子并没有觉得害羞，反而认为是一件很得意的事情——老师终于注意到他了，效果就可想而知了。

这里要提醒注意的是：正强化物的出现和负强化物的消失一定要及时。

3. 协助儿童明确强化物和强化行为的关系

教师在使用强化物时，一定要帮助儿童明确期望行为和强化物出现或消失之间的关系，这样可以更快地帮助他修正行为。比如有的儿童总是喜欢把别人的东西拿回家，在家长的教育下，他拿的次数少了，你就可以奖励他最喜欢吃的巧克力。但在吃之前，你要明确告诉他：他之所以有巧克力吃，是因为他今天没拿别人的东西，而不是因为其他理由。撤消厌恶刺激物时也是如此。这样，儿童才能更明确行为的方向。

4. 避免强化法误用

运用强化法改善儿童的问题行为简单易行，只要运用恰当，效果会十分显著。但是，在日常生活中，人们往往对它错误理解或误用。以下两种误用情况是比较突出的：

一种是有意或无意地正强化问题行为。儿童的许多问题行为在形成之初，可能是出于无意识或者好奇。如果成人不加以重视，不及时进行教育，反而对此进行肯定的话，会令儿童的问题行为形成得更快更顽固。例如在成人没有教给儿童正确的社会交往方式之前，儿童会自发地使用自己的交往方式和别人相处，而有些方式往往不符合社会规则——抓人、打人、破坏玩具、抢东西等。儿童的这些行为,如果不能及时得到纠正,其实在儿童看来,就是对这些行为的肯定。甚至有些家长认为孩子这样很厉害,表扬他的行为,这样就使儿童更加频繁地搞破坏。

另一种是期望行为未出现便撤销厌恶刺激。如瑭瑭非常不喜欢上幼儿园。每天早上,她会想各种各样的方法来逃避:装病、哀求、撒娇、死缠烂打、赖床等。家人每天都要经历一场不亚于"战争"的过程,才能把她送进幼儿园。有时候,奶奶觉得孩子很可怜,就跟瑭瑭妈说:"干脆别去了,你看她多不想去啊!"拗不过奶奶,妈妈索性就上班去了。奶奶就在家带着孩子自由玩。奶奶在孩子没有出现正确行为之前,就帮她消除了厌恶刺激,可以想象,以后让她去幼儿园会更加艰难。因为她已经知道:即使不做出正确的行为,也可以有愉快的体验。

此外,父母对于已经定下的强化必须执行,不可以"出尔反尔",否则以后此类强化就将失去效用。如明明的妈妈在为4岁的明明设立规则时,经常变换方法。有时候喊明明吃饭,明明不听,妈妈便用物质诱导:"乖宝宝,快来吃饭,吃饱了妈妈给你买变形金刚。"这下,明明高高兴兴地去吃饭了。可事后明明妈妈总以"叫你吃饭是为了你好"为由,经常不兑现诺言。有时,晚上到了睡觉时间,明明不愿关掉精彩的动画片,妈妈便强行关闭电视,催他睡觉……所以,在强化之前,一定要明确在所期待的行为出现之后再施加强化。

(三) 区分强化与消退

强化不同于消退。消退是指当行为者出现不良行为以后,没有像以前一样随即出现他期待的强化物,则他发生相应不良行为的次数会降低。比如,儿童为了买喜欢的玩具(期待的强化物),往往会采用哭闹的形式(不良行为)。如果父母对他的行为置之不理,即强化物没有预期出现,多次反复以后,儿童就可能放弃这种不良行为。以后,当他遇到同样的情境时,如果不无理取闹,父母就奖励他一个亲吻,这是正强化;或者在他能控制自己情绪的时候,父母不限制他看喜欢的动画片的时间,这是负强化。

总体而言,强化法是一种易操作且行之有效的儿童问题行为干预技术,但它也有不足之处。例如强化行为只限于操作性行为,是借助外在力量来改变儿童的内部问题,以及在改变行为上更注重量而不是质。因此,我们在使用时要明确该方法的使用范围和价值,不能盲目滥用,以免造成不良后果。

二、惩罚法

惩罚法是学前儿童社会教育中常用的一种方法。此方法不管对幼儿教师还是家长来说,是一种使用频率很高的方法。究其原因,人们似乎认为它是一种不需要专业学习就可以掌握的方法,而且具有立竿见影的效果。正因为如此,有相当一部分成人在使用中存在着很多问题,请看下面的案例。

> **拓展阅读**
>
> **惩罚法案例**
>
> 寒冷的早晨,老师在给孩子们讲故事。正讲得起劲的时候,体弱多病的兰兰和妈妈来了。"又迟到了。"老师心里嘀咕着。的确,因为身体原因,兰兰总是隔三差五地不来幼儿园,迟到更是家常便饭。为此,给带班的老师带来了许多不便,她对兰兰有些不满。这不,兰兰妈刚走,她就忍不住自言自语:"上学跟逛街一样,什么时候想来就来,真是烦!"然后,她对着兰兰说:"以后要是迟到了,就别来了!"
>
> 兰兰的眼眶里盈满了泪水……
>
> 在案例中,这位老师没有意识到,她正在对无辜的兰兰实施惩罚——责备、嘲讽,其实,语言的攻击也是一种惩罚。很多教育工作者搞不清惩罚的方式,在如何使用方面也存在着问题。所以,我们这里有必要介绍一下惩罚法。

(一) 惩罚法的定义

惩罚法是指当行为者出现不良行为后会承受不愉悦刺激,或者取消他正在享用的愉悦刺激,从而达到遏止不良行为出现的目的。例如,一个两岁半的幼儿,他不管走到哪里,不管在干什么,嘴里都要吮吸着自己的奶嘴,否则就抗拒从事任何活动。这是过度依恋某种特定事物。为克服这一问题行为,成人可以在奶嘴上涂些酸味的液体,或者他吃奶嘴的时候不允许他玩喜欢的玩具,让孩子意识到过度吃奶嘴的痛苦和要付出的代价,从而考虑放弃这一行为。这就是惩罚法。显而易见,惩罚法包括两个过程:给予不良刺激和剥夺愉悦刺激。

惩罚法不同于强化法。就实际操作而言,在上面的例子中,如果儿童能够放下奶瓶一会儿,就奖励他一块糖果,这是正强化;如果他不能忍受放弃心爱的玩具,丢下了奶瓶,成人就取消对他原来的约束,这是负强化。

综上所述,惩罚法主要是为了减少或遏止不良行为再次出现,如果想要完全消除问题行为,或者建立新的行为,尚需借助多种方法才能实现。

(二) 惩罚法的方式

按照惩罚法对儿童的作用方式,可以将惩罚法大致分为三类:责备、剥夺和暂时隔离。那么,对待同一个问题行为,如何使用不同的惩罚方式?请看下面的案例。

> **拓展阅读**
>
> ### 惩罚法使用案例
>
> 　　胜胜是一个6岁的男孩。因为他出生的时候是早产，从小就成为全家重点呵护的对象。尽管如此，也没有弥补先天身体素质差带来的问题：感冒、消化不良、拉肚子、支气管哮喘等问题频繁地发生在他的身上。全家人都觉得歉疚。为了补偿，大家竭尽所能满足胜胜所有的要求，希望他能够开心。
>
> 　　过度的溺爱使胜胜养成了一些问题行为。比如，他任性，爱发脾气。不管是谁，只要稍不满意，胜胜就躺在地上打滚，哭得异常凄惨。有时候还摔东西、打人，真是让家人伤透了脑筋。
>
> 　　这天，胜胜因为爸爸没有给他买昂贵的飞机模型而大为不满。虽然为了补偿，爸爸给他买了一辆遥控小汽车，但胜胜还是不高兴。为了表示抗拒，吃饭的时候，胜胜假装不吃，或者挑三拣四，说要吃这个、吃那个，专挑饭桌上没有的。
>
> 　　妈妈实在看不下去了，就警告他说："胜胜，你的飞机已经很多了，你再这样无理取闹，就没有一个人喜欢你了。"胜胜更不乐意了，闹得更凶。爸爸很生气，就把下午买给他的小汽车没收了，说要送给表弟玩。
>
> 　　这下胜胜彻底愤怒了，他开始大哭大闹，谁说话都不听。无奈之下，爷爷把他抱起来，放在他自己的屋里，让他闹够了再说。
>
> 　　在上述案例中，不同的家长分别采取了不同的惩罚法。首先，妈妈的警告起到了责备的作用，直接告诉孩子他的行为不对，希望能够终止。接着，爸爸没收了他喜欢的玩具小汽车，再次期待他能够意识到自己的行为可能带来什么样的后果。当第二次干预失败以后，爷爷则直接把他暂时隔离，让他在发泄自己负面情绪的同时，能够认真反省一下自己的行为。

　　使用惩罚法干预儿童的问题行为，往往是以责备开头，提醒行为施发者。它可以是具体的语言、责备的眼神，或严厉的面部表情，这对于管制较轻的问题行为有一定的效果。但大多数情况下，还要采取更为深刻的方式——剥夺正在拥有的享受，可以是具体的物品、活动或权利，这种方式对年龄较大孩子效果较好，因为它要求孩子能够尽快地控制自己的情绪，理性地思考自己的行为造成的后果，从而有效地控制行为。对于年幼的儿童，暂时的隔离可能是更有效的方式。它阻断了外界刺激的干扰，留下一个发泄情绪和反思的空间给儿童，符合年幼儿童控制情绪能力弱的特点。

(三) 惩罚法的运用

1. 意见一致地贯彻执行

首先,成人应该将儿童问题行为具体化于不同的情境中,归类整理儿童问题行为的各种表现,为有针对性地干预做好准备。例如攻击性行为,儿童在什么时候、什么条件下会有攻击性行为发生,有哪些具体表现?发生的强度和频率如何?对待这些问题行为,家庭和幼儿园要意见一致,认真地通过惩罚法来教育儿童,避免因不一致而影响教育效果。

2. 正确选择惩罚方式

就性质而言,惩罚法给儿童带来的是一种负面刺激和不良反应。所以,我们要尽可能根据儿童的年龄和问题性质,选择轻微且有效的惩罚方式实施。例如,对年龄稍大的儿童,可先进行语言警告,严肃认真地向他讲道理,就事论事,不粗暴、讽刺。如果发现抵触情绪比较明显时,再采用较严格的惩罚法。通常情况下,惩罚法要与强化法、模仿法等其他方式配合使用,才能收到最好的效果。

3. 避免可能诱发问题行为的情境

幼儿的自我控制能力差,在有诱发因素的情境中容易出现问题行为。因此,在干预儿童本身的同时,要为儿童创设一个有益于行为矫正的生存空间。例如,对攻击性行为儿童,一开始要尽量避免他和其他孩子可能发生摩擦的机会。

4. 避免惩罚法误用

在幼儿教育实践中,惩罚法误用的情况比较常见。例如,把讽刺、责骂等同于语言警告,而儿童并不明确自己错在哪里,以及如何改正;或把责备作为宣泄愤怒的渠道,责备无效时就妥协;或滥用惩罚法等。这些使用误区不仅没有起到应有的作用,很多时候还深深伤害了儿童的自尊,或激起他们的逆反心理。因此,一定要避免误用惩罚法。

5. 正确认识惩罚法的价值

正确使用惩罚法,可以从一定程度上减轻或遏止儿童的问题行为,而且往往显效很快。与此同时,我们应该认识到,惩罚法的使用毕竟伴随着儿童的消极情绪,经常使用可能会给儿童带来一定的伤害,而且可能引发儿童的效仿,造成更严重的后果。所以,在有其他方法可用的时候,要尽量避免采用惩罚法,尤其是体罚(也是惩罚法的一种方式)。

三、模仿法

(一) 模仿法的定义

班杜拉的社会学习理论告诉我们,儿童自出生以后,从未停止过从生存其中的社会环境进行学习的步伐。家人、教师、家庭环境、家庭氛围、学校教育环境、人文环境,甚至社会大环境,都无时无刻不在渗透性地影响着儿童发展的方方面面。近些年,越来越多的实验研究向我们展示:即使是年幼的婴儿,也具有惊人的模仿能力。例如,出生几天的婴儿能模仿父亲的吐舌动作。这些研究给我们的教育干预提供了更广泛的思考空间。

模仿法正是建立在这一理论基础之上,强调儿童通过对模仿对象(又称楷模)行为的观察学习,达到增强正常行为、消除问题行为的目标。在模仿法中,最关键的要素是模仿对象对儿童的影响力,这取决于模仿对象与该儿童的关系、模仿对象的特征以及儿童的心理需要状态等诸多因素。一个恰当的模仿对象能够最大限度地调动儿童行为的内在动力,从而达到事半功倍的效果,请看下面的案例。

拓展阅读

模仿法使用案例

冉冉是一个4岁半的活泼小女孩。她聪明、活泼、热情,喜欢探索新事物。在幼儿园,她是个招人喜欢的孩子。有一天,在娃娃家活动时,老师突然发现冉冉很害怕玩具娃娃——她一看见就立即跑开,即使老师在场引导,也不愿意看或者接近玩具娃娃。老师观察她一段时间后,发现冉冉对各类玩具娃娃都很害怕。这是一种比较持久、稳定的对特定事物的恐惧。

老师请来冉冉的妈妈了解情况。原来,冉冉在六个月大的时候见到过一种声控玩具,当时受到了惊吓,以后便拒绝看到相似的玩具。而家人对她的异常行为并未在意,反而逢人就说:"我们冉冉不喜欢娃娃的。"这种特殊的情感经历,加上成人的语言暗示,最终导致了冉冉对玩具娃娃的恐惧。

经过讨论,老师和家长决定采用模仿法帮助冉冉消除恐惧。首先,他们在冉冉开心的时候,陪伴她一起观看儿童与娃娃快乐游戏的图片、片段或者现场活动。开始的时候,冉冉还是害怕,慢慢地她就敢看了,但还是不敢碰娃娃。然后,老师找来她最信任的人在她面前表演和娃娃一起游戏的愉快场面。多次以后,发现冉冉有了很大的进步。现在,她已经和其他小朋友一样喜爱娃娃了。

(二) 模仿法影响学前儿童行为的方式

模仿学习既可以增强儿童行为,也可以削弱或者消除儿童行为。其价值主要通过以下几种方式来实现。

首先，帮助儿童习得正确的行为方式。具有问题行为的儿童之所以改善起来困难，一个重要的原因是儿童不知道怎么做才能克服它。对于这个困难，模仿法有它的优越性。因为它提供了一个真实发生的他人经验，这个经验可以从一定程度上弥补甚至取代儿童无法亲自获得的个体经验。比如过度依赖家长的儿童，可能是他最依恋的人突然、短暂的离开让他不知所措，经历了情感上的挫折后，儿童再也不愿意有同样的体验。这种体验产生的根本原因在于儿童对成人缺乏信任。如果他看到其他儿童在面临同样的处境时的处理方式，并相信依恋对象在离开后总会回来的，他就会逐渐消除对依恋对象离开时的焦虑情绪。

其次，冻结问题行为，解冻正常行为。儿童会无所畏惧地侵略他人、任性，或者无力地受制于恐惧、焦虑，这是因为他不曾感受过搞破坏的后果，也不知道冲出情绪束缚后会有怎样的积极体验。模仿法绕过儿童的直接经验，以他人的间接经验将他所缺乏的知识直观呈现，同样可以起到相应的效果。可以设想，儿童看到一个当众撒泼的孩子并没有得到想要的玩具，而是被母亲严厉地教育之后，他在想要获得自己想要的玩具或处于类似情景中时，一定会考虑避免采用这种方法。

最后，激发已掌握的良好行为。在这里，儿童在同一领域已同时养成了积极行为和不良行为，通过观察他人的积极行为，儿童进行同样行为的频率增加。例如要求学前儿童与他人分享并非一件容易的事。虽然从道理上讲，儿童懂得要分享，但他并不一定有分享行为发生。我们经常可以看到，老师说："大家有了好东西应该怎么做？"孩子们会异口同声说："和小伙伴分享。"但遇到具体的情况就完全是两回事了。当然，儿童也会有分享的行为，如果他看到周围的人都在分享，他的分享行为就会发生得频繁。

（三）模仿法的运用

1. 选择恰当的楷模

楷模的特性、模仿行为本身的性质，会影响儿童模仿行为的效果。一般来说，两类特征的楷模最容易激发儿童模仿的动力：一是儿童最尊敬的亲人、教师或英雄人物；二是和儿童各方面相仿的伙伴。不管是哪一类，都应该注意和儿童具体的生活紧密结合。模仿行为的内容同样如此，要能够结合实际进行创新。

2. 综合运用多种模仿方法

按照儿童与模仿行为的作用方式，可以把儿童的模仿分为视频模仿、现场模仿、参与模仿和想象模仿。视频模仿是指借助视频、电视和电影等资料呈现要模仿的行为，例如请恐惧海洋生物的儿童观看动画版海底世界或视频中真实的海下生物情况。现场模仿与前者的唯一区别就在于和楷模的真实距离，后者更真实、接近。参与模仿弥补了前两种方法缺乏真实体验的缺陷，在让儿童进行一定观察的基础上，邀请儿童参与到示范行为中来。想象模仿从简易、方便操作的角度出发,借助儿童本身的想象能力,模拟真实的楷模对象与行为,对模仿者本身相应的认知能力要求较高。四种方法各有千秋,又互相补充,在实践中要综合运用。

3. 模仿要循序渐进

通常情况下,单一楷模行为往往具有特定的情境性,而儿童的问题行为具有跨越情境的一致性,我们很难去模拟这种现实生活的复杂性。这就决定了借助模仿去实现儿童问题行为的稳固改变需要一个过程,即儿童要将特定情境下观察学习到的行为迁移到所有的情境,形成一种稳定的情绪情感认识。所以,成人千万不可操之过急,要根据儿童在模仿中的改进状态不断提供支持。

4. 为儿童创设一致的教育环境

既然只是外在观察和模仿,与儿童问题行为相一致的反面"楷模"同样可以影响儿童,抵消正面示范的效果。所以,教师要和家长携起手来,创设一致的教育环境。例如,在幼儿园,教师要求儿童参与模仿同伴友好相处,但回到家中父母让儿童大量接触有攻击性行为的媒体资料,那么,家庭削弱或抵消幼儿园教育的现象就会发生。

四、系统脱敏法

(一) 系统脱敏法的定义

系统脱敏法[①]是有计划、有步骤地帮助问题行为者摆脱对特定事物的过度敏感,主要用于治疗儿童对常规事物的过分恐惧,害怕常见的动物如猫、狗、老鼠、蛇;或自然现象,如打雷、闪电、下雪;还有对特定人物角色的恐惧,如医生等。由于儿童对这些人和物的恐惧达到相对严重的程度,并伴有明显的抵触情绪和生理反应,所以不再是简单的说服、教育可以解决。在系统脱敏中,成人要为儿童创设一个自由舒适的环境。在这个安全的空间里,恐惧的事物会根据儿童的接受程度慢慢地、以不同的方式接近,直至儿童能够完全接受它。

(二) 系统脱敏法的使用

> **拓展阅读**
>
> **天天的案例**
>
> 天天是个安静的 4 岁男孩子,性格比较内向,天生胆子小。他最害怕的就是去看

[①] 系统脱敏法多用于专业的心理治疗领域,幼儿园教师或家长在运用时要有专业人士指导。

医生。每次生病，妈妈一提到要去医院，天天就哭闹，不肯去。好不容易被家人带到了医院，他便紧张得不得了。尤其看到穿白大褂的医生时，他吓得脸色苍白，手心出冷汗，拼命地挣扎着要离开。

在幼儿园的教学中，带班老师发现了天天的这个问题。在职业角色课里，老师给小朋友介绍不同的职业。当讲到医生时，天天神情紧张，不愿意用眼睛看医生的图片，对老师讲解的内容也有意回避。

儿童惧怕这些常见的人和物，往往和特定的生活经验、周围环境，以及自身的个性特征有关。所以，系统脱敏的第一步就是要查清是哪些因素导致儿童的反常恐惧。教师和家长在心理学专家的指导下，一同分析天天恐惧医生的原因。妈妈提到，天天小的时候身体不太好，经常要上医院去打针，而医生的态度比较严厉。每次打针，天天都哭得很凶。有时候打点滴，护士要在孩子的手上、脚上或头上扎好多针，才能找到血管。这些经历加重了天天对医生的恐惧。天天又很敏感、胆怯。在他不听话的时候，祖辈有时候会拿"医生打针"来吓唬他，这就更加让他意识到自己的确是害怕医生。不仅他自己这样认为，家人也认同。性格上的弱点、亲人的暗示和特殊经历交互作用，终于导致了天天的恐惧。

找到原因以后，第二步是了解儿童的恐惧程度。教师可以结合家长的情况介绍，制定一个恐惧程度的等级表，评定一下儿童当前所处的位置，为选取具体的脱敏方法提供依据。

第三步是脱敏治疗。成人首先要安排一个安全、宽松的环境，同时教儿童一些自我放松的方法。对于年幼的儿童，由于他们的自我控制能力有限，教师可以借助游戏场景、生活活动和亲人陪伴等一些教育手段帮助儿童放松。

经过专家鉴定，天天对医生的恐惧处于中等偏高水平。所以，脱敏前的放松和过程控制就显得更重要。按照心理学专家的提示，教师安排了以下几个步骤：首先，请天天观看其他小朋友做的娃娃家游戏"我是一名小医生"，模拟化的医院环境和医生角色，以及病人反应，使天天有了新的感知与认识。如果天天无明显的排斥，可接着安排天天观看与医生有关的动画片，让天天懂得医生并不可怕，他是为人们消除病痛的。接下来，进入真实的图片形象认知阶段。教师告诉孩子：医生是保护我们的健康和生命的，我们应该尊重医生。最后，可以把儿科医生请到班里来，和小朋友们一起做游戏，逐步消除天天的恐惧。

系统脱敏法是一个循序渐进的过程。要注意控制恐惧事物接近儿童的程度必须是儿童可以承受的，否则会前功尽弃。

五、代币制

(一) 代币制的定义

拓展阅读

苗苗的案例

苗苗是个比较内向的女孩,今年跟父母一起从外地迁到上海。新的社会环境让苗苗很不适应,本来就不爱讲话的她讲得更少了。为了激发她开口,带班老师和家长想了一个办法:只要她主动讲话,就奖励她一朵小红花。累计到一定数量,可以获得不同的奖励:精美的故事书、观看《猫和老鼠》、去公园玩等。

今天的语言活动上,苗苗又主动开口跟小朋友交流,老师立即奖励她一朵小红花,苗苗很高兴。这时,一直等待老师关注的昊昊开始不满了,他对苗苗酸酸地说:"哼,有什么了不起!我妈妈可以做很多这样的小红花,明天我就带给你们看。"

他的话正好被老师听到。"昊昊,你怎么又上课捣乱,是不是看别人有小红花,就妒忌了?"老师板着脸说。

"我才不要,我妈妈说小红花不值钱,都是骗小孩子的。"昊昊一脸不屑。

"你……?!"老师气得不知说什么好,苗苗则是一脸的惊讶。

如何理解和认识案例中教师的矫正措施呢?老师运用一种综合的问题行为矫正技术——代币制,来改善苗苗不爱讲话的行为。这里,老师借助了一个重要的介质——小红花,来代替儿童在做出期望行为以后可以获得的奖励。行为主义把这种介质称为"条件强化物",即原本不具有强化作用的事物,一旦和强化刺激物结合起来,就具备了强化的功用。小红花原来只是一个普通的事物,对苗苗来说没有意义,但当她和成人约定用小红花换取自己想要的事物时,小红花就自动具备了约定所蕴涵的价值。借助条件强化物,成人可以激发儿童改善问题行为的动力,这种矫正技术称为代币制,其中运用的条件强化物是代币。代币可以是不同的事物,实践中比较常见的有做记号、塑料卡片、各类图像、手工小作品等。

以代币替代直接的强化物,具有很多优点。首先,代币的数量和儿童行为的改进直接相关,儿童可以清楚地看到自己的进步,从而继续努力;其次,代币使用简便,不会因为外在因素,如成人的情绪发生改变,对儿童更具说服力;第三,代币可以代表许多强化物,这样可以避免单一刺激的长期作用导致儿童厌烦,从而失去强化的功效;第四,要注意强化物在儿童期望行为发出以后尽快发放，以使其更加有效。这样就限制了强化物的选择范围，而代币不受此限制，只要是儿童合理、实际的需要，都可以作为代币的内容。

(二) 代币的使用流程

1. 确定目标行为

同其他干预技术一样，实施代币制的第一步是明确成人所期望的行为在日常生活各个环节的具体目标是什么，例如，改变儿童的社会性退缩行为，预期发展目标具体表现为在教师、同学面前不胆怯，能主动发表自己的观点，喜欢和小伙伴一起游戏等，而不是笼统地讲要合群或积极主动。第二步是评定儿童目前在这一行为上的具体状况如何，从现状到目标行为之间的差距有多大，具体进展的节奏和步伐多大才合适等，一开始就要尽可能的具体化。有必要的话，也可以制定行为矫正的阶段目标，这样可以使干预更具有针对性。

2. 选择代币

代币是具有象征意义的事物，直接代表刺激物。因此，要根据儿童的年龄来调整它和真实刺激物之间的可获得距离。比如，两者之间的数量应该是系数关系，儿童可以通过代币计算自己可以获得的刺激物。应当注意，代币的获得和携带要方便，且儿童不能自行复制。否则，就会像案例中出现的那样，当儿童得不到它，就会想办法制造，降低了它对儿童的吸引力。

3. 确定逆向强化物

所谓逆向强化物，是指代币所代表的刺激物。儿童在取得了代币以后，第一个思考的问题就是"我可以用它换取什么好处"。逆向强化物应当是儿童最感兴趣、最需要的东西，同强化法中的正强化物类似。在这里，需要注意的是，提供的逆向强化物类别要多样，一开始最好是很快就消耗完的事物，如消费性刺激物，这样可以不断激发儿童要改善行为的动力。随着儿童控制能力的提高，可提供一些比较昂贵、需要多个代币才能替换的事物，为儿童摆脱外在督促做准备。

4. 制定代币交换系统

要制定代币和逆向强化物之间的兑换，包括兑换比率、时间和地点。如儿童某个具体的改进行为可获得几个代币，多少个代币可以兑换一个强化物，不同强化物之间的币值差应该是多少，都是本环节应该完成的任务。具体可以由成人依据儿童行为本身对预期行为的价值、儿童对刺激物的渴望程度来定，也可以跟儿童一起来制定。需要注意的是，代币要在行为发出以后及时支付。

5. 严格执行

前期准备做好以后，就是严格执行代币制。一开始，可能会因为教师或儿童不熟练代币系统，出现操作混乱的局面，如教师手忙脚乱地给儿童发代币，没有得到的儿童会想捣乱，强行问老师要；或者不明确代币和强化物之间的关系，随意选择刺激物，甚至可能出现儿童毁坏或私造代币的情况。对此，教师要有心理准备，必须严格按照原有规定发放代币和兑换刺激物，否则将前功尽弃。

6. 逐步消除代币系统

使用代币的最终目标不是让儿童获得尽可能多的代币，而是能够慢慢消除外在动机，使正确行为成为一种自然自发的状态。所以，当儿童慢慢养成正确的行为习惯时，就可以把代币和刺激物之间的比值扩大，比如原来是 3 个代币换一次看动画片，现在是 10 个代币才能换一次看动画片，直至代币消失。

> **拓展阅读**
>
> ## 幼儿社会退缩性行为的干预和矫正方案
>
> ### （一）被矫正幼儿的情况分析
>
> #### 1. 幼儿的基本情况
>
> 黎黎，女，5 岁半，幼儿园大班。该幼儿自出生后一直由其奶奶抚养，一直到入园前不久才由其父母领回家中。
>
> #### 2. 问题行为的表现
>
> 该幼儿刚入园时比较胆小，性情比较孤僻，不合群。经过一段时间后，能在老师及同伴的带动和鼓励下参加一些活动。在语言方面，该幼儿基础较好，对音乐也较感兴趣。但是，近来该幼儿经常哭泣或不肯来园，有时不知在想些什么，坐在座位上一动也不动。
>
> #### 3. 可能的原因
>
> （1）该幼儿出生后一直和奶奶生活在一起，母亲不太关心自己的女儿。据调查，该幼儿自小到大，一直由奶奶带在家里，极少出去玩，很少与其他幼儿交朋友。现在虽然和父母住在一起，但是父母关系不和，母亲经常在外，父亲比较孤僻，不太爱讲话。这样造成家庭气氛沉闷，缺少轻松、愉快的氛围。
>
> （2）由于幼儿是插班生，和其他小朋友也不太熟，有时想加入到他们的游戏行列，但是没有人主动地邀请她。每一次都是在老师的帮助下加入游戏，比较被动，所以不能很好地投入游戏。
>
> （3）只要该幼儿不顺她母亲的意，她妈妈就又打又骂，造成幼儿心理紧张。

(二) 矫正前准备

1. 设计编制教育内容

故事:《亮亮和默默》《兰兰哭了》《兰兰懂事了》。

游戏活动:击鼓传手帕,谁念得好,找朋友。

2. 取得家长的支持和配合

在矫治前,教师将矫治计划、方案告诉家长,使家长明确干预的目的和手段,并积极支持配合教师进行矫治。

(三) 矫正过程

1. 第一阶段(第一周至第三周)

通过谈心和故事《亮亮和默默》等启发引导幼儿,使幼儿能模仿故事中的默默,勇敢、主动地和小朋友一起玩。在此基础上,教师时刻和她保持亲密的关系,并让其他幼儿感觉到,从而使其他幼儿产生与该幼儿交朋友的愿望。私下里,教师发动几个能力强的幼儿和该幼儿做好朋友,带她一起做游戏。经过三周的努力,该幼儿变得活泼多了,也开口说话了,有时能主动和别人一起做游戏。

2. 第二阶段(第四周至第八周)

通过游戏活动"击鼓传手帕""谁念得好""找朋友",激发该幼儿在集体面前大胆表演的欲望,充分发挥她的语言、音乐才能,增强其自信心。经过多次活动,该幼儿的脸上终于出现了笑容,也能主动要求去幼儿园了。为了稳定幼儿的情绪,教师又一次和家长取得联系,要求家长配合,协同教育。

3. 第三阶段(第九周至第十三周)

在日常生活中,让该幼儿多做一些工作,诸如午餐汇报员、检查员、值日生等,给她一些锻炼的机会。在讲故事比赛中,该幼儿有声有色的讲述赢得了第一名,从而奠定了她在其他幼儿心目中的地位。

4. 第四阶段(第十四周至学期结束)

教师在教育过程中逐渐巩固良好的行为,使该幼儿在自然情境中自由地和其他幼儿交往,并教育家长努力克制自己,改变教育方法,从而使幼儿形成活泼开朗的性格,并乐于和同伴交往。

(四) 矫正结果

经过一个学期的教育、矫正,黎黎基本上改变了孤僻的性格。现在,她情绪稳定,乐观积极,能主动来幼儿园,乐于和同伴交往,在同伴中也有一定的地位。家长反映,现在孩子活泼开朗多了,各方面的能力提高得很快。

主要参考书目

1. 伍新春,胡佩诚.行为矫正[M].北京:高等教育出版社,2005.
2. [美]米尔腾伯格尔.行为矫正:原理与方法(第三版)[M].石林,等,译.北京:中国轻工业出版社,2004.

 案例分析

  5岁的小男孩嘉豪,家里有一个比他大5岁的姐姐。嘉豪的父母经营着海鲜生意。父母的性格都比较内向,不善表达。嘉豪每天到幼儿园后低首不语,神情沮丧,一副事不关己的漠然神情。在区域活动时,小朋友有的玩过家家,有的玩时装表演,还有的玩"开超市"。大家都玩得不亦乐乎,唯独嘉豪一个人呆呆地坐着,不加入同伴们的游戏。有时候,小朋友经过他的身边时,不小心踩了他的脚,他抬手就打。开学两周了,嘉豪的头始终是低垂着,投向教师的目光仍是木然的。

 本章练习题

1. 简述学前儿童问题行为的表现特征及其成因。
2. 简述矫正学前儿童问题行为的方法,并举例说明。
3. 简述模仿法的定义及使用步骤。

附录 1

《幼儿园教育指导纲要(试行)》

第一部分 总则

一、为贯彻《中华人民共和国教育法》、《幼儿园管理条例》和《幼儿园工作规程》,指导幼儿园深入实施素质教育,特制定本纲要。

二、幼儿园教育是基础教育的重要组成部分,是我国学校教育和终身教育的奠基阶段。城乡各类幼儿园都应从实际出发,因地制宜地实施素质教育,为幼儿一生的发展打好基础。

三、幼儿园应与家庭、社区密切合作,与小学相互衔接,综合利用各种教育资源,共同为幼儿的发展创造良好的条件。

四、幼儿园应为幼儿提供健康、丰富的生活和活动环境,满足他们多方面发展的需要,使他们在快乐的童年生活中获得有益于身心发展的经验。

五、幼儿园教育应尊重幼儿的人格和权利,尊重幼儿身心发展的规律和学习特点,以游戏为基本活动,保教并重,关注个别差异,促进每个幼儿富有个性的发展。

第二部分 教育内容与要求

幼儿园的教育内容是全面的、启蒙性的,可以相对划分为健康、语言、社会、科学、艺术等五个领域,也可作其它不同的划分。各领域的内容相互渗透,从不同的角度促进幼儿情感、态度、能力、知识、技能等方面的发展。

一、健康

(一) 目标

1. 身体健康,在集体生活中情绪安定、愉快;
2. 生活、卫生习惯良好,有基本的生活自理能力;

3. 知道必要的安全保健常识，学习保护自己；

4. 喜欢参加体育活动，动作协调、灵活。

(二) 内容与要求

1. 建立良好的师生、同伴关系，让幼儿在集体生活中感到温暖，心情愉快，形成安全感、信赖感。

2. 与家长配合，根据幼儿的需要建立科学的生活常规。培养幼儿良好的饮食、睡眠、盥洗、排泄等生活习惯和生活自理能力。

3. 教育幼儿爱清洁、讲卫生，注意保持个人和生活场所的整洁和卫生。

4. 密切结合幼儿的生活进行安全、营养和保健教育，提高幼儿的自我保护意识和能力。

5. 开展丰富多彩的户外游戏和体育活动，培养幼儿参加体育活动的兴趣和习惯，增强体质，提高对环境的适应能力。

6. 用幼儿感兴趣的方式发展基本动作，提高动作的协调性、灵活性。

7. 在体育活动中，培养幼儿坚强、勇敢、不怕困难的意志品质和主动、乐观、合作的态度。

(三) 指导要点

1. 幼儿园必须把保护幼儿的生命和促进幼儿的健康放在工作的首位。树立正确的健康观念，在重视幼儿身体健康的同时，要高度重视幼儿的心理健康。

2. 既要高度重视和满足幼儿受保护、受照顾的需要，又要尊重和满足他们不断增长的独立要求，避免过度保护和包办代替，鼓励并指导幼儿自理、自立的尝试。

3. 健康领域的活动要充分尊重幼儿生长发育的规律，严禁以任何名义进行有损幼儿健康的比赛、表演或训练等。

4. 培养幼儿对体育活动的兴趣是幼儿园体育的重要目标，要根据幼儿的特点组织生动有趣、形式多样的体育活动，吸引幼儿主动参与。

二、语言

(一) 目标

1. 乐意与人交谈，讲话礼貌；

2. 注意倾听对方讲话，能理解日常用语；

3. 能清楚地说出自己想说的事；

4. 喜欢听故事、看图书；

5. 能听懂和会说普通话。

(二) 内容与要求

1. 创造一个自由、宽松的语言交往环境，支持、鼓励、吸引幼儿与教师、同伴或其他人交谈，体验语言交流的乐趣，学习使用适当的、礼貌的语言交往。

2. 养成幼儿注意倾听的习惯，发展语言理解能力。

3. 鼓励幼儿大胆、清楚地表达自己的想法和感受，尝试说明、描述简单的事物或过程，发展语言表达能力和思维能力。

4. 引导幼儿接触优秀的儿童文学作品，使之感受语言的丰富和优美，并通过多种活动帮助幼儿加深对作品的体验和理解。

5. 培养幼儿对生活中常见的简单标记和文字符号的兴趣。

6. 利用图书、绘画和其他多种方式，引发幼儿对书籍、阅读和书写的兴趣，培养前阅读和前书写技能。

7. 提供普通话的语言环境，帮助幼儿熟悉、听懂并学说普通话。少数民族地区还应帮助幼儿学习本民族语言。

(三) 指导要点

1. 语言能力是在运用的过程中发展起来的，发展幼儿语言的关键是创设一个能使他们想说、敢说、喜欢说、有机会说并能得到积极应答的环境。

2. 幼儿语言的发展与其情感、经验、思维、社会交往能力等其它方面的发展密切相关，因此，发展幼儿语言的重要途径是通过互相渗透的各领域的教育，在丰富多彩的活动中去扩展幼儿的经验，提供促进语言发展的条件。

3. 幼儿的语言学习具有个别化的特点，教师与幼儿的个别交流、幼儿之间的自由交谈等，对幼儿语言发展具有特殊意义。

4. 对有语言障碍的儿童要给予特别关注，要与家长和有关方面密切配合，积极地帮助他们提高语言能力。

三、社会

(一) 目标

1. 能主动地参与各项活动，有自信心；

2. 乐意与人交往，学习互助、合作和分享，有同情心；

3. 理解并遵守日常生活中基本的社会行为规则；

4. 能努力做好力所能及的事，不怕困难，有初步的责任感；

5. 爱父母长辈、老师和同伴，爱集体、爱家乡、爱祖国。

(二) 内容与要求

1. 引导幼儿参加各种集体活动,体验与教师、同伴等共同生活的乐趣,帮助他们正确认识自己和他人,养成对他人、社会亲近、合作的态度,学习初步的人际交往技能。

2. 为每个幼儿提供表现自己长处和获得成功的机会,增强其自尊心和自信心。

3. 提供自由活动的机会,支持幼儿自主地选择、计划活动,鼓励他们通过多方面的努力解决问题,不轻易放弃克服困难的尝试。

4. 在共同的生活和活动中,以多种方式引导幼儿认识、体验并理解基本的社会行为规则,学习自律和尊重他人。

5. 教育幼儿爱护玩具和其他物品,爱护公物和公共环境。

6. 与家庭、社区合作,引导幼儿了解自己的亲人以及与自己生活有关的各行各业人们的劳动,培养其对劳动者的热爱和对劳动成果的尊重。

7. 充分利用社会资源,引导幼儿实际感受祖国文化的丰富与优秀,感受家乡的变化和发展,激发幼儿爱家乡、爱祖国的情感。

8. 适当向幼儿介绍我国各民族和世界其他国家、民族的文化,使其感知人类文化的多样性和差异性,培养理解、尊重、平等的态度。

(三) 指导要点

1. 社会领域的教育具有潜移默化的特点。幼儿社会态度和社会情感的培养尤应渗透在多种活动和一日生活的各个环节之中,要创设一个能使幼儿感受到接纳、关爱和支持的良好环境,避免单一呆板的言语说教。

2. 幼儿与成人、同伴之间的共同生活、交往、探索、游戏等,是其社会学习的重要途径。应为幼儿提供人际间相互交往和共同活动的机会和条件,并加以指导。

3. 社会学习是一个漫长的积累过程,需要幼儿园、家庭和社会密切合作,协调一致,共同促进幼儿良好社会性品质的形成。

四、科学

(一) 目标

1. 对周围的事物、现象感兴趣,有好奇心和求知欲;

2. 能运用各种感官,动手动脑,探究问题;

3. 能用适当的方式表达、交流探索的过程和结果;

4. 能从生活和游戏中感受事物的数量关系并体验到数学的重要和有趣;

5. 爱护动植物,关心周围环境,亲近大自然,珍惜自然资源,有初步的环保意识。

（二）内容与要求

1. 引导幼儿对身边常见事物和现象的特点、变化规律产生兴趣和探究的欲望。

2. 为幼儿的探究活动创造宽松的环境，让每个幼儿都有机会参与尝试，支持、鼓励他们大胆提出问题，发表不同意见，学会尊重别人的观点和经验。

3. 提供丰富的可操作的材料，为每个幼儿都能运用多种感官、多种方式进行探索提供活动的条件。

4. 通过引导幼儿积极参加小组讨论、探索等方式，培养幼儿合作学习的意识和能力，学习用多种方式表现、交流、分享探索的过程和结果。

5. 引导幼儿对周围环境中的数、量、形、时间和空间等现象产生兴趣，建构初步的数概念，并学习用简单的数学方法解决生活和游戏中某些简单的问题。

6. 从生活或媒体中幼儿熟悉的科技成果入手，引导幼儿感受科学技术对生活的影响，培养他们对科学的兴趣和对科学家的崇敬。

7. 在幼儿生活经验的基础上，帮助幼儿了解自然、环境与人类生活的关系。从身边的小事入手，培养初步的环保意识和行为。

（三）指导要点

1. 幼儿的科学教育是科学启蒙教育，重在激发幼儿的认识兴趣和探究欲望。

2. 要尽量创造条件让幼儿实际参加探究活动，使他们感受科学探究的过程和方法，体验发现的乐趣。

3. 科学教育应密切联系幼儿的实际生活进行，利用身边的事物与现象作为科学探索的对象。

五、艺 术

（一）目标

1. 能初步感受并喜爱环境、生活和艺术中的美；
2. 喜欢参加艺术活动，并能大胆地表现自己的情感和体验；
3. 能用自己喜欢的方式进行艺术表现活动。

（二）内容与要求

1. 引导幼儿接触周围环境和生活中美好的人、事、物，丰富他们的感性经验和审美情趣，激发他们表现美、创造美的情趣。

2. 在艺术活动中面向全体幼儿，要针对他们的不同特点和需要，让每个幼儿都得到美的熏陶和培养。对有艺术天赋的幼儿要注意发展他们的艺术潜能。

3. 提供自由表现的机会,鼓励幼儿用不同艺术形式大胆地表达自己的情感、理解和想象,尊重每个幼儿的想法和创造,肯定和接纳他们独特的审美感受和表现方式,分享他们创造的快乐。

4. 在支持、鼓励幼儿积极参加各种艺术活动并大胆表现的同时,帮助他们提高表现的技能和能力。

5. 指导幼儿利用身边的物品或废旧材料制作玩具、手工艺品等来美化自己的生活或开展其他活动。

6. 为幼儿创设展示自己作品的条件,引导幼儿相互交流、相互欣赏、共同提高。

(三) 指导要点

1. 艺术是实施美育的主要途径,应充分发挥艺术的情感教育功能,促进幼儿健全人格的形成。要避免仅仅重视表现技能或艺术活动的结果,而忽视幼儿在活动过程中的情感体验和态度的倾向。

2. 幼儿的创作过程和作品是他们表达自己的认识和情感的重要方式,应支持幼儿富有个性和创造性的表达,克服过分强调技能技巧和标准化要求的偏向。

3. 幼儿艺术活动的能力是在大胆表现的过程中逐渐发展起来的,教师的作用应主要在于激发幼儿感受美、表现美的情趣,丰富他们的审美经验,使之体验自由表达和创造的快乐。在此基础上,根据幼儿的发展状况和需要,对表现方式和技能技巧给予适时、适当的指导。

第三部分　组织与实施

一、幼儿园的教育是为所有在园幼儿的健康成长服务的,要为每一个儿童,包括有特殊需要的儿童提供积极的支持和帮助。

二、幼儿园的教育活动,是教师以多种形式有目的、有计划地引导幼儿生动、活泼、主动活动的教育过程。

三、教育活动的组织与实施过程是教师创造性地开展工作的过程。教师要根据本《纲要》,从本地、本国的条件出发,结合本班幼儿的实际情况,制定切实可行的工作计划并灵活地执行。

四、教育活动目标要以《幼儿园工作规程》和本《纲要》所提出的各领域目标为指导,结合本班幼儿的发展水平、经验和需要来确定。

五、教育活动内容的选择应遵照本《纲要》第二部分的有关条款进行,同时体现以下原则:

(一) 既适合幼儿的现有水平,又有一定的挑战性。

(二) 既符合幼儿的现实需要,又有利于其长远发展。

（三）既贴近幼儿的生活来选择幼儿感兴趣的事物和问题，又有助于拓展幼儿的经验和视野。

六、教育活动内容的组织应充分考虑幼儿的学习特点和认识规律，各领域的内容要有机联系，相互渗透，注重综合性、趣味性、活动性，寓教育于生活、游戏之中。

七、教育活动的组织形式应根据需要合理安排，因时、因地、因内容、因材料灵活地运用。

八、环境是重要的教育资源，应通过环境的创设和利用，有效地促进幼儿的发展。

（一）幼儿园的空间、设施、活动材料和常规要求等应有利于引发、支持幼儿的游戏和各种探索活动，有利于引发、支持幼儿与周围环境之间积极的相互作用。

（二）幼儿同伴群体及幼儿园教师集体是宝贵的教育资源，应充分发挥这一资源的作用。

（三）教师的态度和管理方式应有助于形成安全、温馨的心理环境；言行举止应成为幼儿学习的良好榜样。

（四）家庭是幼儿园重要的合作伙伴。应本着尊重、平等、合作的原则，争取家长的理解、支持和主动参与，并积极支持、帮助家长提高教育能力。

（五）充分利用自然环境和社区的教育资源，扩展幼儿生活和学习的空间。幼儿园同时应为社区的早期教育提供服务。

九、科学、合理地安排和组织一日生活。

（一）时间安排应有相对的稳定性与灵活性，既有利于形成秩序，又能满足幼儿的合理需要，照顾到个体差异。

（二）教师直接指导的活动和间接指导的活动相结合，保证幼儿每天有适当的自主选择和自由活动时间。教师直接指导的集体活动要能保证幼儿的积极参与，避免时间的隐性浪费。

（三）尽量减少不必要的集体行动和过渡环节，减少和消除消极等待现象。

（四）建立良好的常规，避免不必要的管理行为，逐步引导幼儿学习自我管理。

十、教师应成为幼儿学习活动的支持者、合作者、引导者。

（一）以关怀、接纳、尊重的态度与幼儿交往。耐心倾听，努力理解幼儿的想法与感受，支持、鼓励他们大胆探索与表达。

（二）善于发现幼儿感兴趣的事物、游戏和偶发事件中所隐含的教育价值，把握时机，积极引导。

（三）关注幼儿在活动中的表现和反应，敏感地察觉他们的需要，及时以适当的方式应答，形成合作探究式的师生互动。

（四）尊重幼儿在发展水平、能力、经验、学习方式等方面的个体差异，因人施教，努力使每一个幼儿都能获得满足和成功。

（五）关注幼儿的特殊需要，包括各种发展潜能和不同发展障碍，与家庭密切配合，共同促进幼儿健康成长。

十一、幼儿园教育要与0—3岁儿童的保育教育以及小学教育相互衔接。

第四部分　教育评价

一、教育评价是幼儿园教育工作的重要组成部分,是了解教育的适宜性、有效性,调整和改进工作,促进每一个幼儿发展,提高教育质量的必要手段。

二、管理人员、教师、幼儿及其家长均是幼儿园教育评价工作的参与者。评价过程是各方共同参与、相互支持与合作的过程。

三、评价的过程,是教师运用专业知识审视教育实践,发现、分析、研究、解决问题的过程,也是其自我成长的重要途径。

四、幼儿园教育工作评价实行以教师自评为主,园长以及有关管理人员、其他教师和家长等参与评价的制度。

五、评价应自然地伴随着整个教育过程进行。综合采用观察、谈话、作品分析等多种方法。

六、幼儿的行为表现和发展变化具有重要的评价意义,教师应视之为重要的评价信息和改进工作的依据。

七、教育工作评价宜重点考察以下方面：

（一）教育计划和教育活动的目标是否建立在了解本班幼儿现状的基础上。

（二）教育的内容、方式、策略、环境条件是否能调动幼儿学习的积极性。

（三）教育过程是否能为幼儿提供有益的学习经验,并符合其发展需要。

（四）教育内容、要求能否兼顾群体需要和个体差异,使每个幼儿都能得到发展,都有成功感。

（五）教师的指导是否有利于幼儿主动、有效地学习。

八、对幼儿发展状况的评估,要注意：

（一）明确评价的目的是了解幼儿的发展需要,以便提供更加适宜的帮助和指导。

（二）全面了解幼儿的发展状况,防止片面性,尤其要避免只重知识和技能,忽略情感、社会性和实际能力的倾向。

（三）在日常活动与教育教学过程中采用自然的方法进行。平时观察所获的具有典型意义的幼儿行为表现和所积累的各种作品等,是评价的重要依据。

（四）承认和关注幼儿的个体差异,避免用划一的标准评价不同的幼儿,在幼儿面前慎用横向的比较。

（五）以发展的眼光看待幼儿,既要了解现有水平,更要关注其发展的速度、特点和倾向等。

附录 2

《3—6 岁儿童学习与发展指南》
目　　录

说　明 …………………………………………………………………… 220
一、健康 ………………………………………………………………… 220
　　（一）身心状况 …………………………………………………… 221
　　（二）动作发展 …………………………………………………… 223
　　（三）生活习惯与生活能力 ……………………………………… 225
二、语言 ………………………………………………………………… 227
　　（一）倾听与表达 ………………………………………………… 228
　　（二）阅读与书写准备 …………………………………………… 230
三、社会 ………………………………………………………………… 232
　　（一）人际交往 …………………………………………………… 232
　　（二）社会适应 …………………………………………………… 236
四、科学 ………………………………………………………………… 238
　　（一）科学探究 …………………………………………………… 238
　　（二）数学认知 …………………………………………………… 241
五、艺术 ………………………………………………………………… 244
　　（一）感受与欣赏 ………………………………………………… 244
　　（二）表现与创造 ………………………………………………… 246

说　　明

一、为深入贯彻《国家中长期教育改革和发展规划纲要(2010—2020年)》和《国务院关于当前发展学前教育的若干意见》(国发〔2010〕41号),指导幼儿园和家庭实施科学的保育和教育,促进幼儿身心全面和谐发展,制定《3—6岁儿童学习与发展指南》(以下简称《指南》)。

二、《指南》以为幼儿后继学习和终身发展奠定良好素质基础为目标,以促进幼儿体、智、德、美各方面的协调发展为核心,通过提出3—6岁各年龄段儿童学习与发展目标和相应的教育建议,帮助幼儿园教师和家长了解3—6岁幼儿学习与发展的基本规律和特点,建立对幼儿发展的合理期望,实施科学的保育和教育,让幼儿度过快乐而有意义的童年。

三、《指南》从健康、语言、社会、科学、艺术五个领域描述幼儿的学习与发展。每个领域按照幼儿学习与发展最基本、最重要的内容划分为若干方面。每个方面由学习与发展目标和教育建议两部分组成。

目标部分分别对3—4岁、4—5岁、5—6岁三个年龄段末期幼儿应该知道什么、能做什么,大致可以达到什么发展水平提出了合理期望,指明了幼儿学习与发展的具体方向;教育建议部分列举了一些能够有效帮助和促进幼儿学习与发展的教育途径与方法。

四、实施《指南》应把握以下几个方面:

1. 关注幼儿学习与发展的整体性。儿童的发展是一个整体,要注重领域之间、目标之间的相互渗透和整合,促进幼儿身心全面协调发展,而不应片面追求某一方面或几方面的发展。

2. 尊重幼儿发展的个体差异。幼儿的发展是一个持续、渐进的过程,同时也表现出一定的阶段性特征。每个幼儿在沿着相似进程发展的过程中,各自的发展速度和到达某一水平的时间不完全相同。要充分理解和尊重幼儿发展进程中的个别差异,支持和引导他们从原有水平向更高水平发展,按照自身的速度和方式到达《指南》所呈现的发展"阶梯",切忌用一把"尺子"衡量所有幼儿。

3. 理解幼儿的学习方式和特点。幼儿的学习是以直接经验为基础,在游戏和日常生活中进行。要珍视游戏和生活的独特价值,创设丰富的教育环境,合理安排一日生活,最大限度地支持和满足幼儿通过直接感知、实际操作和亲身体验获取经验的需要,严禁"拔苗助长"式的超前教育和强化训练。

4. 重视幼儿的学习品质。幼儿在活动过程中表现出的积极态度和良好行为倾向是终身学习与发展所必需的宝贵品质。要充分尊重和保护幼儿的好奇心和学习兴趣,帮助幼儿逐步养成积极主动、认真专注、不怕困难、敢于探究和尝试、乐于想象和创造等良好学习品质。忽视幼儿学习品质培养,单纯追求知识技能学习的做法是短视而有害的。

一、健康

健康是指人在身体、心理和社会适应方面的良好状态。幼儿阶段是儿童身体发育和机能发展极为迅速的时期,也是形成安全感和乐观态度的重要阶段。发育良好的身体、愉快的情绪、强健的体质、协调的动作、良好的生活习惯和基本生活能力是幼儿身心健康的重要标志,也是其他领域学习与发展的基础。

为有效促进幼儿身心健康发展,成人应为幼儿提供合理均衡的营养,保证充足的睡眠和适宜的锻炼,满足幼儿生长发育的需要;创设温馨的人际环境,让幼儿充分感受到亲情和关爱,形成积极稳定的情绪情感;帮助幼儿养成良好的生活与卫生习惯,提高自我保护能力,形成使其终身受益的生活能力和文明生活方式。

幼儿身心发育尚未成熟,需要成人的精心呵护和照顾,但不宜过度保护和包办代替,以免剥夺幼儿自主学习的机会,养成过于依赖的不良习惯,影响其主动性、独立性的发展。

(一) 身心状况

目标 1　具有健康的体态

3—4 岁	4—5 岁	5—6 岁
1. 身高和体重适宜。参考标准: 男孩: 身高:94.9—111.7 厘米 体重:12.7—21.2 公斤 女孩: 身高:94.1—111.3 厘米 体重:12.3—21.5 公斤 2. 在提醒下能自然坐直、站直。	1. 身高和体重适宜。参考标准: 男孩: 身高:100.7—119.2 厘米 体重:14.1—24.2 公斤 女孩: 身高:99.9—118.9 厘米 体重:13.7—24.9 公斤 2. 在提醒下能保持正确的站、坐和行走姿势。	1. 身高和体重适宜。参考标准: 男孩: 身高:106.1—125.8 厘米 体重:15.9—27.1 公斤 女孩: 身高:104.9—125.4 厘米 体重:15.3—27.8 公斤 2. 经常保持正确的站、坐和行走姿势。

注:身高和体重数据来源:《2006 年世界卫生组织儿童生长标准》4、5、6 周岁儿童身高和体重的参考数据。

教育建议:

1. 为幼儿提供营养丰富、健康的饮食。如:

■ 参照《中国孕期、哺乳期妇女和 0—6 岁儿童膳食指南》,为幼儿提供谷物、蔬菜、水果、肉、奶、蛋、豆制品等多样化的食物,均衡搭配。

■ 烹调方式要科学,尽量少煎炸、烧烤、腌制。

2. 保证幼儿每天睡 11—12 小时,其中午睡一般应达到 2 小时左右。午睡时间可根据幼儿的年龄、季节的变化和个体差异适当减少。

3. 注意幼儿的体态,帮助他们形成正确的姿势。如:

■ 提醒幼儿要保持正确的站、坐、走姿势;发现有八字脚、罗圈腿、驼背等骨骼发育异常的情况,应及时就医矫治。

■ 桌、椅和床要合适。椅子的高度以幼儿写画时双脚能自然着地、大腿基本保持水平状为宜;桌子的高度以写画时身体能坐直,不驼背、不耸肩为宜;床不宜过软。

4. 每年为幼儿进行健康检查。

目标 2 　情绪安定愉快

3—4岁	4—5岁	5—6岁
1. 情绪比较稳定,很少因一点小事哭闹不止。 2. 有比较强烈的情绪反应时,能在成人的安抚下逐渐平静下来。	1. 经常保持愉快的情绪,不高兴时能较快缓解。 2. 有比较强烈情绪反应时,能在成人提醒下逐渐平静下来。 3. 愿意把自己的情绪告诉亲近的人,一起分享快乐或求得安慰。	1. 经常保持愉快的情绪。知道引起自己某种情绪的原因,并努力缓解。 2. 表达情绪的方式比较适度,不乱发脾气。 3. 能随着活动的需要转换情绪和注意力。

教育建议:

1. 营造温暖、轻松的心理环境,让幼儿形成安全感和信赖感。如:

■ 保持良好的情绪状态,以积极、愉快的情绪影响幼儿。

■ 以欣赏的态度对待幼儿。注意发现幼儿的优点,接纳他们的个体差异,不简单与同伴做横向比较。

■ 幼儿做错事时要冷静处理,不厉声斥责,更不能打骂。

2. 帮助幼儿学会恰当表达和调控情绪。如:

■ 成人用恰当的方式表达情绪,为幼儿做出榜样。如:生气时不乱发脾气,不迁怒于人。

■ 成人和幼儿一起谈论自己高兴或生气的事,鼓励幼儿与人分享自己的情绪。

■ 允许幼儿表达自己的情绪,并给予适当的引导。如:幼儿发脾气时不硬性压制,等其平静后告诉他什么行为是可以接受的。

■ 发现幼儿不高兴时,主动询问情况,帮助他们化解消极情绪。

目标 3 　具有一定的适应能力

3—4岁	4—5岁	5—6岁
1. 能在较热或较冷的户外环境中活动。 2. 换新环境时情绪能较快稳定,睡眠、饮食基本正常。 3. 在帮助下能较快适应集体生活。	1. 能在较热或较冷的户外环境中连续活动半小时左右。 2. 换新环境时较少出现身体不适。 3. 能较快适应人际环境中发生的变化。如换了新老师能较快适应。	1. 能在较热或较冷的户外环境中连续活动半小时以上。 2. 天气变化时较少感冒,能适应车、船等交通工具造成的轻微颠簸。 3. 能较快融入新的人际关系环境。如换了新的幼儿园或班级能较快适应。

教育建议:

1. 保证幼儿的户外活动时间,提高幼儿适应季节变化的能力。

■ 幼儿每天的户外活动时间一般不少于2小时,其中体育活动时间不少于1小时,季节交替时要坚持。

■ 气温过热或过冷的季节或地区应因地制宜,选择温度适当的时间段开展户外活动,也可根据气温的变化和幼儿的个体差异,适当减少活动的时间。

2. 经常与幼儿玩拉手转圈、秋千、转椅等游戏活动,让幼儿适应轻微的摆动、颠簸、旋转,促进其平衡机能的发展。

3. 锻炼幼儿适应生活环境变化的能力。如:

■ 注意观察幼儿在新环境中的饮食、睡眠、游戏等方面的情况,采取相应的措施帮助他们尽快适应新环境。

■ 经常带幼儿接触不同的人际环境,如参加亲戚朋友聚会,多和不熟悉的小朋友玩,使幼儿较快适应新的人际关系。

(二) 动作发展

目标1　具有一定的平衡能力,动作协调、灵敏

3—4岁	4—5岁	5—6岁
1. 能沿地面直线或在较窄的低矮物体上走一段距离。 2. 能双脚灵活交替上下楼梯。 3. 能身体平稳地双脚连续向前跳。 4. 分散跑时能躲避他人的碰撞。 5. 能双手向上抛球。	1. 能在较窄的低矮物体上平稳地走一段距离。 2. 能以匍匐、膝盖悬空等多种方式钻爬。 3. 能助跑跨跳过一定距离,或助跑跨跳过一定高度的物体。 4. 能与他人玩追逐、躲闪跑的游戏。 5. 能连续自抛自接球。	1. 能在斜坡、荡桥和有一定间隔的物体上较平稳地行走。 2. 能以手脚并用的方式安全地爬攀登架、网等。 3. 能连续跳绳。 4. 能躲避他人滚过来的球或扔过来的沙包。 5. 能连续拍球。

教育建议:

1. 利用多种活动发展身体平衡和协调能力。如:

■ 走平衡木,或沿着地面直线、田埂行走。

■ 玩跳房子、踢毽子、蒙眼走路、踩小高跷等游戏活动。

2. 发展幼儿动作的协调性和灵活性。如:

■ 鼓励幼儿进行跑跳、钻爬、攀登、投掷、拍球等活动。

■ 玩跳竹竿、滚铁环等传统体育游戏。

3. 对于拍球、跳绳等技能性活动，不要过于要求数量，更不能机械训练。
4. 结合活动内容对幼儿进行安全教育，注重在活动中培养幼儿的自我保护能力。

目标 2　具有一定的力量和耐力

3—4 岁	4—5 岁	5—6 岁
1. 能双手抓杠悬空吊起 10 秒左右。 2. 能单手将沙包向前投掷 2 米左右。 3. 能单脚连续向前跳 2 米左右。 4. 能快跑 15 米左右。 5. 能行走 1 公里左右（途中可适当停歇）。	1. 能双手抓杠悬空吊起 15 秒左右。 2. 能单手将沙包向前投掷 4 米左右。 3. 能单脚连续向前跳 5 米左右。 4. 能快跑 20 米左右。 5. 能连续行走 1.5 公里左右（途中可适当停歇）。	1. 能双手抓杠悬空吊起 20 秒左右。 2. 能单手将沙包向前投掷 5 米左右。 3. 能单脚连续向前跳 8 米左右。 4. 能快跑 25 米左右。 5. 能连续行走 1.5 公里以上（途中可适当停歇）。

教育建议：

1. 开展丰富多样、适合幼儿年龄特点的各种身体活动，如走、跑、跳、攀、爬等，鼓励幼儿坚持下来，不怕累。
2. 日常生活中鼓励幼儿多走路、少坐车；自己上下楼梯、自己背包。

目标 3　手的动作灵活协调

3—4 岁	4—5 岁	5—6 岁
1. 能用笔涂涂画画。 2. 能熟练地用勺子吃饭。 3. 能用剪刀沿直线剪，边线基本吻合。	1. 能沿边线较直地画出简单图形，或能沿边线基本对齐地折纸。 2. 会用筷子吃饭。 3. 能沿轮廓线剪出由直线构成的简单图形，边线吻合。	1. 能根据需要画出图形，线条基本平滑。 2. 能熟练使用筷子。 3. 能沿轮廓线剪出由曲线构成的简单图形，边线吻合且平滑。 4. 能使用简单的劳动工具或用具。

教育建议：

1. 创造条件和机会，促进幼儿手的动作灵活协调。如：
   - 提供画笔、剪刀、纸张、泥团等工具和材料，或充分利用各种自然、废旧材料和常见物品，让幼儿进行画、剪、折、粘等美工活动。
   - 引导幼儿生活自理或参与家务劳动，发展其手的动作。如：练习自己用筷子吃饭、扣扣子，帮助家人择菜叶、做面食等。

■ 幼儿园在布置娃娃家、商店等活动区时,多提供原材料和半成品,让幼儿有更多机会参与制作活动。

2. 引导幼儿注意活动安全。如:

■ 为幼儿提供的塑料粒、珠子等活动材料要足够大,材质要安全,以免造成异物进入气管、铅中毒等伤害。提供幼儿用安全剪刀。
■ 为幼儿示范拿筷子、握笔的正确姿势以及使用剪刀、锤子等工具的方法。
■ 提醒幼儿不要拿剪刀等锋利工具玩耍,用完后要放回原处。

(三) 生活习惯与生活能力
目标1　具有良好的生活与卫生习惯

3—4岁	4—5岁	5—6岁
1. 在提醒下,按时睡觉和起床,并能坚持午睡。 2. 喜欢参加体育活动。 3. 在引导下,不偏食、挑食。喜欢吃瓜果、蔬菜等新鲜食品。 4. 愿意饮用白开水,不贪喝饮料。 5. 不用脏手揉眼睛,连续看电视等不超过15分钟。 6. 在提醒下,每天早晚刷牙、饭前便后洗手。	1. 每天按时睡觉和起床,并能坚持午睡。 2. 喜欢参加体育活动。 3. 不偏食、挑食,不暴饮暴食。喜欢吃瓜果、蔬菜等新鲜食品。 4. 常喝白开水,不贪喝饮料。 5. 知道保护眼睛,不在光线过强或过暗的地方看书,连续看电视等不超过20分钟。 6. 每天早晚刷牙、饭前便后洗手,方法基本正确。	1. 养成每天按时睡觉和起床的习惯。 2. 能主动参加体育活动。 3. 吃东西时细嚼慢咽。 4. 主动饮用白开水,不贪喝饮料。 5. 主动保护眼睛。不在光线过强或过暗的地方看书,连续看电视等不超过30分钟。 6. 每天早晚主动刷牙,饭前便后主动洗手,方法正确。

教育建议:

1. 让幼儿保持有规律的生活,养成良好的作息习惯。如:早睡早起、每天午睡、按时进餐、吃好早餐等。

2. 帮助幼儿养成良好的饮食习惯。如:

■ 合理安排餐点,帮助幼儿养成定点、定时、定量进餐的习惯。
■ 帮助幼儿了解食物的营养价值,引导他们不偏食不挑食、少吃或不吃不利于健康的食品;多喝白开水,少喝饮料。
■ 吃饭时不过分催促,提醒幼儿细嚼慢咽,不要边吃边玩。

3. 帮助幼儿养成良好的个人卫生习惯。如:

■ 早晚刷牙、饭后漱口。

- 勤为幼儿洗澡、换衣服、剪指甲。
- 提醒幼儿保护五官,如不乱挖耳朵、鼻孔,看电视时保持3米左右的距离等。

4. 激发幼儿参加体育活动的兴趣,养成锻炼的习惯。如:
- 为幼儿准备多种体育活动材料,鼓励他选择自己喜欢的材料开展活动。
- 经常和幼儿一起在户外运动和游戏,鼓励幼儿和同伴一起开展体育活动。
- 和幼儿一起观看体育比赛或有关体育赛事的电视节目,培养他对体育活动的兴趣。

目标2　具有基本的生活自理能力

3—4岁	4—5岁	5—6岁
1. 在帮助下能穿脱衣服或鞋袜。 2. 能将玩具和图书放回原处。	1. 能自己穿脱衣服、鞋袜、扣纽扣。 2. 能整理自己的物品。	1. 能知道根据冷热增减衣服。 2. 会自己系鞋带。 3. 能按类别整理好自己的物品。

教育建议:

1. 鼓励幼儿做力所能及的事情,对幼儿的尝试与努力给予肯定,不因做不好或做得慢而包办代替。

2. 指导幼儿学习和掌握生活自理的基本方法,如:穿脱衣服和鞋袜、洗手洗脸、擦鼻涕、擦屁股的正确方法。

3. 提供有利于幼儿生活自理的条件。如:
- 提供一些纸箱、盒子,供幼儿收拾和存放自己的玩具、图书或生活用品等。
- 幼儿的衣服、鞋子等要简单实用,便于自己穿脱。

目标3　具备基本的安全知识和自我保护能力

3—4岁	4—5岁	5—6岁
1. 不吃陌生人给的东西,不跟陌生人走。 2. 在提醒下能注意安全,不做危险的事。 3. 在公共场所走失时,能向警察或有关人员说出自己和家长的名字、电话号码等简单信息。	1. 知道在公共场合不远离成人的视线单独活动。 2. 认识常见的安全标志,能遵守安全规则。 3. 运动时能主动躲避危险。 4. 知道简单的求助方式。	1. 未经大人允许不给陌生人开门。 2. 能自觉遵守基本的安全规则和交通规则。 3. 运动时能注意安全,不给他人造成危险。 4. 知道一些基本的防灾知识。

教育建议：

1. 创设安全的生活环境，提供必要的保护措施。如：
- 要把热水瓶、药品、火柴、刀具等物品放到幼儿够不到的地方；阳台或窗台要有安全保护措施；要使用安全的电源插座等。
- 在公共场所要注意照看好幼儿；幼儿乘车、乘电梯时要有成人陪伴；不把幼儿单独留在家里或汽车里等。

2. 结合生活实际对幼儿进行安全教育。如：
- 外出时，提醒幼儿要紧跟成人，不远离成人的视线，不跟陌生人走，不吃陌生人给的东西；不在河边和马路边玩耍；要遵守交通规则等。
- 帮助幼儿了解周围环境中不安全的事物，不做危险的事。如：不动热水壶，不玩火柴或打火机，不摸电源插座，不攀爬窗户或阳台等。
- 帮助幼儿认识常见的安全标识，如：小心触电、小心有毒、禁止下河游泳、紧急出口等。
- 告诉幼儿不允许别人触摸自己的隐私部位。

3. 教给幼儿简单的自救和求救的方法。如：
- 记住自己家庭的住址、电话号码、父母的姓名和单位，一旦走失时知道向成人求助，并能提供必要信息。
- 遇到火灾或其他紧急情况时，知道要拨打110、120、119等求救电话。
- 可利用图书、音像等材料对幼儿进行逃生和求救方面的教育，并运用游戏方式模拟练习。
- 幼儿园应定期进行火灾、地震等自然灾害的逃生演习。

二、语言

语言是交流和思维的工具。幼儿期是语言发展，特别是口语发展的重要时期。幼儿语言的发展贯穿于各个领域，也对其他领域的学习与发展有着重要的影响：幼儿在运用语言进行交流的同时，也在发展着人际交往能力、理解他人和判断交往情境的能力、组织自己思想的能力。通过语言获取信息，幼儿的学习逐步超越个体的直接感知。

幼儿的语言能力是在交流和运用的过程中发展起来的。应为幼儿创设自由、宽松的语言交往环境，鼓励和支持幼儿与成人、同伴交流，让幼儿想说、敢说、喜欢说并能得到积极回应。为幼儿提供丰富、适宜的低幼读物，经常和幼儿一起看图书、讲故事，丰富其语言表达能力，培养阅读兴趣和良好的阅读习惯，进一步拓展学习经验。

幼儿的语言学习需要相应的社会经验支持，应通过多种活动扩展幼儿的生活经验，丰富语言的内容，增强理解和表达能力。应在生活情境和阅读活动中引导幼儿自然而然地产生对文字的兴趣，用机械记忆和强化训练的方式让幼儿过早识字不符合其学习特点和接受能力。

(一) 倾听与表达

目标 1　认真听并能听懂常用语言

3—4岁	4—5岁	5—6岁
1. 别人对自己说话时能注意听并做出回应。 2. 能听懂日常会话。	1. 在群体中能有意识地听与自己有关的信息。 2. 能结合情境感受到不同语气、语调所表达的不同意思。 3. 方言地区和少数民族幼儿能基本听懂普通话。	1. 在集体中能注意听老师或其他人讲话。 2. 听不懂或有疑问时能主动提问。 3. 能结合情境理解一些表示因果、假设等相对复杂的句子。

教育建议:

1. 多给幼儿提供倾听和交谈的机会。如:经常和幼儿一起谈论他感兴趣的话题,或一起看图书、讲故事。

2. 引导幼儿学会认真倾听。如:

- 成人要耐心倾听别人(包括幼儿)的讲话,等别人讲完再表达自己的观点。
- 与幼儿交谈时,要用幼儿能听得懂的语言。
- 对幼儿提要求和布置任务时要求他注意听,鼓励他主动提问。

3. 对幼儿讲话时,注意结合情境使用丰富的语言,以便于幼儿理解。如:

- 说话时注意语气、语调,让幼儿感受语气、语调的作用。如对幼儿的不合理要求以比较坚定的语气表示不同意;讲故事时,尽量把故事人物高兴、悲伤的心情用不同的语气、语调表现出来。
- 根据幼儿的理解水平有意识地使用一些反映因果、假设、条件等关系的句子。

目标 2　愿意讲话并能清楚地表达

3—4岁	4—5岁	5—6岁
1. 愿意在熟悉的人面前说话,能大方地与人打招呼。 2. 基本会说本民族或本地区的语言。 3. 愿意表达自己的需要和想法,必要时能配以手势动作。 4. 能口齿清楚地说儿歌、童谣或复述简短的故事。	1. 愿意与他人交谈,喜欢谈论自己感兴趣的话题。 2. 会说本民族或本地区的语言,基本会说普通话。少数民族聚居地区幼儿会用普通话进行日常会话。 3. 能基本完整地讲述自己的所见所闻和经历的事情。 4. 讲述比较连贯。	1. 愿意与他人讨论问题,敢在众人面前说话。 2. 会说本民族或本地区的语言和普通话,发音正确清晰。少数民族聚居地区幼儿基本会说普通话。 3. 能有序、连贯、清楚地讲述一件事情。 4. 讲述时能使用常见的形容词、同义词等,语言比较生动。

教育建议：

1. 为幼儿创造说话的机会并体验语言交往的乐趣。

- 每天有足够的时间与幼儿交谈。如谈论他感兴趣的话题，询问和听取他对自己事情的意见等。
- 尊重和接纳幼儿的说话方式，无论幼儿的表达水平如何，都应认真地倾听并给予积极的回应。
- 鼓励和支持幼儿与同伴一起玩耍、交谈，相互讲述见闻、趣事或看过的图书、动画片等。
- 方言和少数民族地区应积极为幼儿创设用普通话交流的语言环境。

2. 引导幼儿清楚地表达。如：

- 和幼儿讲话时，成人自身的语言要清楚、简洁。
- 当幼儿因为急于表达而说不清楚的时候，提醒他不要着急，慢慢说；同时要耐心倾听，给予必要的补充，帮助他理清思路并清晰地说出来。

目标3　具有文明的语言习惯

3—4岁	4—5岁	5—6岁
1. 与别人讲话时知道眼睛要看着对方。 2. 说话自然，声音大小适中。 3. 能在成人的提醒下使用恰当的礼貌用语。	1. 别人对自己讲话时能回应。 2. 能根据场合调节自己说话声音的大小。 3. 能主动使用礼貌用语，不说脏话、粗话。	1. 别人讲话时能积极主动地回应。 2. 能根据谈话对象和需要，调整说话的语气。 3. 懂得按次序轮流讲话，不随意打断别人。 4. 能依据所处情境使用恰当的语言。如在别人难过时会用恰当的语言表示安慰。

教育建议：

1. 成人注意语言文明，为幼儿做出表率。如：

- 与他人交谈时，认真倾听，使用礼貌用语。
- 在公共场合不大声说话，不说脏话、粗话。
- 幼儿表达意见时，成人可蹲下来，眼睛平视幼儿，耐心听他把话说完。

2. 帮助幼儿养成良好的语言行为习惯。如：

- 结合情境提醒幼儿一些必要的交流礼节。如：对长辈说话要有礼貌，客人来访时要打招呼，得到帮助时要说"谢谢"等。
- 提醒幼儿遵守集体生活的语言规则，如：轮流发言，不随意打断别人讲话等。
- 提醒幼儿注意公共场所的语言文明，如不大声喧哗。

(二) 阅读与书写准备

目标 1　喜欢听故事,看图书

3—4 岁	4—5 岁	5—6 岁
1. 主动要求成人讲故事、读图书。 2. 喜欢跟读韵律感强的儿歌、童谣。 3. 爱护图书,不乱撕、乱扔。	1. 反复看自己喜欢的图书。 2. 喜欢把听过的故事或看过的图书讲给别人听。 3. 对生活中常见的标识、符号感兴趣,知道它们表示一定的意义。	1. 专注地阅读图书。 2. 喜欢与他人一起谈论图书和故事的有关内容。 3. 对图书和生活情境中的文字符号感兴趣,知道文字表示一定的意义。

教育建议:

1. 为幼儿提供良好的阅读环境和条件。如:

■ 提供一定数量、符合幼儿年龄特点、富有童趣的图画书。

■ 提供相对安静的地方,尽量减少干扰,保证幼儿自主阅读。

2. 激发幼儿的阅读兴趣,培养阅读习惯。如:

■ 经常抽时间与幼儿一起看图书、讲故事。

■ 提供童谣、故事和诗歌等不同体裁的儿童文学作品,让幼儿自主选择和阅读。

■ 当幼儿遇到感兴趣的事物或问题时,和他一起查阅图书资料,让他感受图书的作用,体会通过阅读获取信息的乐趣。

3. 引导幼儿体会标识、文字符号的用途。如:

■ 向幼儿介绍医院、公用电话等生活中的常见标识,让他知道标识可以代表具体事物。

■ 结合生活实际,帮助幼儿体会文字的用途。如:买来新玩具时,把说明书上的文字念给幼儿听,了解玩具的玩法。

目标 2　具有初步的阅读理解能力

3—4 岁	4—5 岁	5—6 岁
1. 能听懂短小的儿歌或故事。 2. 会看画面,能根据画面说出图中有什么,发生了什么事等。 3. 能理解图书上的文字是和画面对应的,是用来表达画面意义的。	1. 能大体讲出所听故事的主要内容。 2. 能根据连续画面提供的信息,大致说出故事的情节。 3. 能随着作品的展开产生喜悦、担忧等相应的情绪反应,体会作品所表达的情绪情感。	1. 能说出所阅读的幼儿文学作品的主要内容。 2. 能根据故事的部分情节或图书画面的线索猜想故事情节的发展,或续编、创编故事。 3. 对看过的图书、听过的故事能说出自己的看法。 4. 能初步感受文学语言的美。

教育建议:

1. 经常和幼儿一起阅读,引导他以自己的经验为基础理解图书的内容。如:

- 引导幼儿仔细观察画面,结合画面讨论故事内容,学习建立画面与故事内容的联系。
- 和幼儿一起讨论或回忆书中的故事情节,引导他有条理地说出故事的大致内容。
- 在给幼儿读书或讲故事时,可先不告诉名字,让幼儿听完后自己命名,并说出这样命名的理由。
- 鼓励幼儿自主阅读,并与他人讨论自己在阅读中的发现、体会和想法。

2. 在阅读中发展幼儿的想象和创造能力。如:

- 鼓励幼儿依据画面线索讲述故事,大胆推测、想象故事情节的发展,改编故事部分情节或续编故事结尾。
- 鼓励幼儿用故事表演、绘画等不同的方式表达自己对图书和故事的理解。
- 鼓励和支持幼儿自编故事,并为自编的故事配上图画,制成图画书。

3. 引导幼儿感受文学作品的美。如:

- 有意识地引导幼儿欣赏或模仿文学作品的语言节奏和韵律。
- 给幼儿读书时,通过表情、动作和抑扬顿挫的声音传达书中的情绪情感,让幼儿体会作品的感染力和表现力。

目标3 具有书面表达的愿望和初步技能

3—4岁	4—5岁	5—6岁
1. 喜欢用涂涂画画表达一定的意思。	1. 愿意用图画和符号表达自己的愿望和想法。 2. 在成人提醒下,写写画画时姿势正确。	1. 愿意用图画和符号表现事物或故事。 2. 会正确书写自己的名字。 3. 写画时姿势正确。

教育建议:

1. 让幼儿在写写画画的过程中体验文字符号的功能,培养书写兴趣。如:

- 准备供幼儿随时取放的纸、笔等材料,也可利用沙地、树枝等自然材料,满足幼儿自由涂画的需要。
- 鼓励幼儿将自己感兴趣的事情或故事画下来并讲给别人听,让幼儿体会写写画画的方式可以表达自己的想法和情感。
- 把幼儿讲过的事情用文字记录下来,并念给他听,使幼儿知道说的话可以用文字记录下来，从中体会文字的用途。

2. 在绘画和游戏中做必要的书写准备，如：
- 通过把虚线画出的图形轮廓连成实线等游戏，促进手眼协调，同时帮助幼儿学习由上至下、由左至右的运笔技能。
- 鼓励幼儿学习书写自己的名字。
- 提醒幼儿写画时保持正确姿势。

三、社会

幼儿社会领域的学习与发展过程是其社会性不断完善并奠定健全人格基础的过程。人际交往和社会适应是幼儿社会学习的主要内容，也是其社会性发展的基本途径。幼儿在与成人和同伴交往的过程中，不仅学习如何与人友好相处，也在学习如何看待自己、对待他人，不断发展适应社会生活的能力。良好的社会性发展对幼儿身心健康和其他各方面的发展都具有重要影响。

家庭、幼儿园和社会应共同努力，为幼儿创设温暖、关爱、平等的家庭和集体生活氛围，建立良好的亲子关系、师生关系和同伴关系，让幼儿在积极健康的人际关系中获得安全感和信任感，发展自信和自尊，在良好的社会环境及文化的熏陶中学会遵守规则，形成基本的认同感和归属感。

幼儿的社会性主要是在日常生活和游戏中通过观察和模仿潜移默化地发展起来的。成人应注重自己言行的榜样作用，避免简单生硬的说教。

（一）人际交往

目标1　愿意与人交往

3—4岁	4—5岁	5—6岁
1. 愿意和小朋友一起游戏。 2. 愿意与熟悉的长辈一起活动。	1. 喜欢和小朋友一起游戏，有经常一起玩的小伙伴。 2. 喜欢和长辈交谈，有事愿意告诉长辈。	1. 有自己的好朋友，也喜欢结交新朋友。 2. 有问题愿意向别人请教。 3. 有高兴的或有趣的事愿意与大家分享。

教育建议：

1. 主动亲近和关心幼儿，经常和他一起游戏或活动，让幼儿感受到与成人交往的快乐，建立亲密的亲子关系和师生关系。

2. 创造交往的机会,让幼儿体会交往的乐趣。如:
- 利用走亲戚、到朋友家做客或有客人来访的时机,鼓励幼儿与他人接触和交谈。
- 鼓励幼儿参加小朋友的游戏,邀请小朋友到家里玩,感受有朋友一起玩的快乐。
- 幼儿园应多为幼儿提供自由交往和游戏的机会,鼓励他们自主选择、自由结伴开展活动。

目标 2　能与同伴友好相处

3—4岁	4—5岁	5—6岁
1. 想加入同伴的游戏时,能友好地提出请求。 2. 在成人指导下,不争抢、不独霸玩具。 3. 与同伴发生冲突时,能听从成人的劝解。	1. 会运用介绍自己、交换玩具等简单技巧加入同伴游戏。 2. 对大家都喜欢的东西能够一起分享。 3. 与同伴发生冲突时,能在他人帮助下和平解决。 4. 活动时愿意接受同伴的意见和建议。 5. 不欺负弱小。	1. 能想办法吸引同伴和自己一起游戏。 2. 活动时能与同伴分工合作,遇到困难能一起克服。 3. 与同伴发生冲突时能自己协商解决。 4. 知道别人的想法有时和自己不一样,能倾听和接受别人的意见,不能接受时会说明理由。 5. 不欺负别人,也不允许别人欺负自己。

教育建议:

1. 结合具体情境,指导幼儿学习交往的基本规则和技能。如:
- 当幼儿不知怎样加入同伴游戏,或提出的请求不被接受时,建议他拿出玩具邀请大家一起玩;或者扮成某个角色加入同伴的游戏。
- 对幼儿与别人分享玩具、图书等行为给予肯定,让他对自己的表现感到高兴和满足。
- 当幼儿与同伴发生矛盾或冲突时,指导他尝试用协商、交换、轮流玩、合作等方式解决冲突。
- 利用相关的图书、故事,结合幼儿的交往经验,和他讨论什么样的行为受大家欢迎,想要得到别人的接纳应该怎样做。
- 幼儿园应多为幼儿提供需要大家齐心协力才能完成的活动,让幼儿在具体活动中体会合作的重要性,学习分工合作。

2. 结合具体情境,引导幼儿换位思考,学习理解别人。如:
- 幼儿有争抢玩具等不友好行为时,引导他们想想"假如你是那个小朋友,你有什么感受?"让幼儿学习理解别人的想法和感受。

3. 和幼儿一起谈谈他的好朋友,说说喜欢这个朋友的原因,引导他多发现同伴的优点、长处。

目标3　具有自尊、自信、自主的表现

3—4岁	4—5岁	5—6岁
1. 能根据自己的兴趣选择游戏或其他活动。 2. 为自己的好行为或活动成果感到高兴。 3. 自己能做的事情愿意自己做。 4. 喜欢承担一些小任务。	1. 能按自己的想法进行游戏或其他活动。 2. 知道自己的一些优点和长处,并对此感到满意。 3. 自己的事情尽量自己做,不愿意依赖别人。 4. 敢于尝试有一定难度的活动和任务。	1. 能主动发起活动或在活动中出主意、想办法。 2. 做了好事或取得了成功后还想做得更好。 3. 自己的事情自己做,不会的愿意学。 4. 主动承担任务,遇到困难能够坚持而不轻易求助。 5. 与别人的看法不同时,敢于坚持自己的意见并说出理由。

教育建议:

1. 关注幼儿的感受,保护其自尊心和自信心。如:

■ 能以平等的态度对待幼儿,使幼儿切实感受到自己被尊重。

■ 对幼儿好的行为表现多给予具体、有针对性的肯定和表扬,让他对自己优点和长处有所认识并感到满足和自豪。

■ 不要拿幼儿的不足与其他幼儿的优点作比较。

2. 鼓励幼儿自主决定,独立做事,增强其自尊心和自信心。如:

■ 与幼儿有关的事情要征求他的意见,即使他的意见与成人不同,也要认真倾听,接受他的合理要求。

■ 在保证安全的情况下,支持幼儿按自己的想法做事;或提供必要的条件,帮助他实现自己的想法。

■ 幼儿自己的事情尽量放手让他自己做,即使做得不够好,也应鼓励并给予一定的指导,让他在做事中树立自尊和自信。

■ 鼓励幼儿尝试有一定难度的任务,并注意调整难度,让他感受经过努力获得的成就感。

目标4　关心尊重他人

3—4岁	4—5岁	5—6岁
1. 长辈讲话时能认真听，并能听从长辈的要求。 2. 身边的人生病或不开心时表示同情。 3. 在提醒下能做到不打扰别人。	1. 会用礼貌的方式向长辈表达自己的要求和想法。 2. 能注意到别人的情绪，并有关心、体贴的表现。 3. 知道父母的职业，能体会到父母为养育自己所付出的辛劳。	1. 能有礼貌地与人交往。 2. 能关注别人的情绪和需要，并能给予力所能及的帮助。 3. 尊重为大家提供服务的人，珍惜他们的劳动成果。 4. 接纳、尊重与自己的生活方式或习惯不同的人。

教育建议：

1. 成人以身作则，以尊重、关心的态度对待自己的父母、长辈和其他人。如：
- 经常问候父母，主动做家务。
- 礼貌地对待老年人，如坐车时主动为老人让座。
- 看到别人有困难能主动关心并给予一定的帮助。

2. 引导幼儿尊重、关心长辈和身边的人，尊重他人劳动及成果。如：
- 提醒幼儿关心身边的人，如妈妈累了，知道让她安静休息一会儿。
- 借助故事、图书等给幼儿讲讲父母抚育孩子成长的经历，让幼儿理解和体会父爱与母爱。
- 结合实际情境，提醒幼儿注意别人的情绪，了解他们的需要，给予适当的关心和帮助。
- 利用生活机会和角色游戏，帮助幼儿了解与自己关系密切的社会服务机构及其工作，如商场、邮局、医院等，体会这些机构给大家提供的便利和服务，懂得尊重工作人员的劳动，珍惜劳动成果。

3. 引导幼儿学习用平等、接纳和尊重的态度对待差异。如：
- 了解每个人都有自己的兴趣、爱好和特长，可以相互学习。
- 利用民间游戏、传统节日等，适当向幼儿介绍我国主要民族和世界其他国家和民族的文化，帮助幼儿感知文化的多样性和差异性，理解人们之间是平等的，应该互相尊重，友好相处。

(二) 社会适应

目标1 喜欢并适应群体生活

3—4岁	4—5岁	5—6岁
1. 对群体活动有兴趣。 2. 对幼儿园的生活好奇,喜欢上幼儿园。	1. 愿意并主动参加群体活动。 2. 愿意与家长一起参加社区的一些群体活动。	1. 在群体活动中积极、快乐。 2. 对小学生活有好奇和向往。

教育建议:

1. 经常和幼儿一起参加一些群体性的活动,让幼儿体会群体活动的乐趣。如:参加亲戚、朋友和同事间的聚会以及适合幼儿参加的社区活动等,支持幼儿和不同群体的同伴一起游戏,丰富其群体活动的经验。

2. 幼儿园组织活动时,可以经常打破班级的界限,让幼儿有更多机会参加不同群体的活动。

3. 带领大班幼儿参观小学,讲讲小学有趣的活动,唤起他们对小学生活的好奇和向往,为入学做好心理准备。

目标2 遵守基本的行为规范

3—4岁	4—5岁	5—6岁
1. 在提醒下,能遵守游戏和公共场所的规则。 2. 知道不经允许不能拿别人的东西,借别人的东西要归还。 3. 在成人提醒下,爱护玩具和其他物品。	1. 感受规则的意义,并能基本遵守规则。 2. 不私自拿不属于自己的东西。 3. 知道说谎是不对的。 4. 知道接受了的任务要努力完成。 5. 在提醒下,能节约粮食、水电等。	1. 理解规则的意义,能与同伴协商制定游戏和活动规则。 2. 爱惜物品,用别人的东西时也知道爱护。 3. 做了错事敢于承认,不说谎。 4. 能认真负责地完成自己所接受的任务。 5. 爱护身边的环境,注意节约资源。

教育建议:

1. 成人要遵守社会行为规则,为幼儿树立良好的榜样。如:答应幼儿的事一定要做到、尊老爱幼、爱护公共环境,节约水电等。

2. 结合社会生活实际,帮助幼儿了解基本行为规则或其他游戏规则,体会规则的重要性,学习自觉遵守规则。如:

- 经常和幼儿玩带有规则的游戏,遵守共同约定的游戏规则。
- 利用实际生活情境和图书故事,向幼儿介绍一些必要的社会行为规则,以及为什么要遵守这些规则。
- 在幼儿园的区域活动中,创设情境,让幼儿体会没有规则的不方便,鼓励他们讨论制定规则并自觉遵守。
- 对幼儿表现出的遵守规则的行为要及时肯定,对违规行为给予纠正。如:幼儿主动为老人让座时要表扬;幼儿损害别人的物品或公共物品时要及时制止并主动赔偿。

3. 教育幼儿要诚实守信。如:
- 对幼儿诚实守信的行为要及时肯定。
- 允许幼儿犯错误,告诉他改了就好。不要打骂幼儿,以免他因害怕惩罚而说谎。
- 低龄年龄幼儿经常分不清想象和现实,成人不要误认为他是在说谎。
- 发现幼儿说谎时,要反思是否是因自己对幼儿的要求过高过严造成的。如果是,要及时调整自己的行为,同时要严肃地告诉幼儿说谎是不对的。
- 经常给幼儿分配一些力所能及的任务,要求他完成并及时给予表扬,培养他的责任感和认真负责的态度。

目标3 具有初步的归属感

3—4岁	4—5岁	5—6岁
1. 知道和自己一起生活的家庭成员及与自己的关系,体会到自己是家庭的一员。 2. 能感受到家庭生活的温暖,爱父母,亲近与信赖长辈。 3. 能说出自己家所在街道、小区(乡镇、村)的名称。 4. 认识国旗,知道国歌。	1. 喜欢自己所在的幼儿园和班级,积极参加集体活动。 2. 能说出自己家所在地的省、市、县(区)名称,知道当地有代表性的物产或景观。 3. 知道自己是中国人。 4. 奏国歌、升国旗时能自动站好。	1. 愿意为集体做事,为集体的成绩感到高兴。 2. 能感受到家乡的发展变化并为此感到高兴。 3. 知道自己的民族,知道中国是一个多民族的大家庭,各民族之间要互相尊重,团结友爱。 4. 知道国家一些重大成就,爱祖国,为自己是中国人感到自豪。

教育建议:

1. 亲切地对待幼儿,关心幼儿,让他感到长辈是可亲、可近、可信赖的,家庭和幼儿园是温暖的。如:
- 多和孩子一起游戏、谈笑,尽量在家庭和班级中营造温馨的氛围。
- 通过和幼儿一起翻阅照片、讲幼儿成长的故事等,让幼儿感受到家庭和幼儿园的温暖,老师的和蔼可亲,对养育自己的人产生感激之情。

2. 吸引和鼓励幼儿参加集体活动,萌发集体意识。如:
- 幼儿园和班级里的重大事情和计划,请幼儿集体讨论决定。
- 幼儿园应经常组织多种形式的集体活动,萌发幼儿的集体荣誉感。

3. 运用幼儿喜闻乐见和能够理解的方式激发幼儿爱家乡、爱祖国的情感。如:
- 和幼儿说一说或在地图上找一找自己家所在的省、市、县(区)名称。
- 和幼儿一起外出游玩,一起看有关的电视节目或画报等;和他们一起收集有关家乡、祖国各地的风景名胜、著名的建筑、独特物产的图片等,在观看和欣赏的过程中激发幼儿的自豪感和热爱之情。
- 利用电视节目或参加升旗等活动,向幼儿介绍国旗、国歌以及观看升旗、奏国歌的礼仪。
- 向幼儿介绍反映中国人聪明才智的发明和创造,激发幼儿的民族自豪感。

四、科学

幼儿的科学学习是在探究具体事物和解决实际问题中,尝试发现事物间的异同和联系的过程。幼儿在对自然事物的探究和运用数学解决实际生活问题的过程中,不仅获得丰富的感性经验,充分发展形象思维,而且初步尝试归类、排序、判断、推理,逐步发展逻辑思维能力,为其他领域的深入学习奠定基础。

幼儿科学学习的核心是激发探究兴趣,体验探究过程,发展初步的探究能力。成人要善于发现和保护幼儿的好奇心,充分利用自然和实际生活机会,引导幼儿通过观察、比较、操作、实验等方法,学习发现问题、分析问题和解决问题;帮助幼儿不断积累经验,并运用于新的学习活动,形成受益终身的学习态度和能力。

幼儿的思维特点是以具体形象思维为主,应注重引导幼儿通过直接感知、亲身体验和实际操作进行科学学习,不应为追求知识和技能的掌握,对幼儿进行灌输和强化训练。

(一) 科学探究

目标1 亲近自然,喜欢探究

3—4岁	4—5岁	5—6岁
1. 喜欢接触大自然,对周围的很多事物和现象感兴趣。 2. 经常问各种问题,或好奇地摆弄物品。	1. 喜欢接触新事物,经常问一些与新事物有关的问题。 2. 常常动手动脑探索物体和材料,并乐在其中。	1. 对自己感兴趣的问题总是刨根问底。 2. 能经常动手动脑寻找问题的答案。 3. 探索中有所发现时感到兴奋和满足。

教育建议：

1. 经常带幼儿接触大自然，激发其好奇心与探究欲望。如：

- 为幼儿提供一些有趣的探究工具，用自己的好奇心和探究积极性感染和带动幼儿。
- 和幼儿一起发现并分享周围新奇、有趣的事物或现象，一起寻找问题的答案。
- 通过拍照和画图等方式保留和积累有趣的探索与发现。

2. 真诚地接纳、多方面支持和鼓励幼儿的探索行为。如：

- 认真对待幼儿的问题，引导他们猜一猜、想一想，有条件时和幼儿一起做一些简易的调查或有趣的小实验。
- 容忍幼儿因探究而弄脏、弄乱、甚至破坏物品的行为，引导他们活动后做好收拾整理。
- 多为幼儿选择一些能操作、多变化、多功能的玩具材料或废旧材料，在保证安全的前提下，鼓励幼儿拆装或动手自制玩具。

目标2 具有初步的探究能力

3—4岁	4—5岁	5—6岁
1. 对感兴趣的事物能仔细观察，发现其明显特征。 2. 能用多种感官或动作去探索物体，关注动作所产生的结果。	1. 能对事物或现象进行观察比较，发现其相同与不同。 2. 能根据观察结果提出问题，并大胆猜测答案。 3. 能通过简单的调查收集信息。 4. 能用图画或其他符号进行记录。	1. 能通过观察、比较与分析，发现并描述不同种类物体的特征或某个事物前后的变化。 2. 能用一定的方法验证自己的猜测。 3. 在成人的帮助下能制定简单的调查计划并执行。 4. 能用数字、图画、图表或其他符号记录。 5. 探究中能与他人合作与交流。

教育建议：

1. 有意识地引导幼儿观察周围事物，学习观察的基本方法，培养观察与分类能力。如：

- 支持幼儿自发的观察活动，对其发现表示赞赏。
- 通过提问等方式引导幼儿思考并对事物进行比较观察和连续观察。
- 引导幼儿在观察和探索的基础上，尝试进行简单的分类、概括。如：根据运动方式给动物分类，根据生长环境给植物分类，根据外部特征给物体分类等等。

2. 支持和鼓励幼儿在探究的过程中积极动手动脑寻找答案或解决问题。如：

- 鼓励幼儿根据观察或发现提出值得继续探究的问题，或成人提出有探究意义且能激发幼儿兴趣的问题。如：皮球、轮胎、竹筒等物体滚动时都走直线吗？怎样让橡皮泥球浮在水面上？
- 支持和鼓励幼儿大胆联想、猜测问题的答案，并设法验证。如：玩风车时，鼓励幼儿猜测风车转动方向及速度快慢的原因和条件,并实际去验证。
- 支持、引导幼儿学习用适宜的方法探究和解决问题,或为自己的想法收集证据。如:想知道院子里有多少种植物,可以进行实地调查;想知道球在平地上还是在斜坡上滚得快,可以动手试一试;想证明影子的方向与太阳的位置有关,可以做个小实验进行验证等。

3. 鼓励和引导幼儿学习做简单的计划和记录,并与他人交流分享。如:
- 和幼儿共同制定调查计划,讨论调查对象、步骤和方法等,也可以和幼儿一起设法用图画、箭头等标识呈现计划。
- 鼓励幼儿用绘画、照相、做标本等办法记录观察和探究的过程与结果,注意要让记录有意义,通过记录帮助幼儿丰富观察经验、建立事物之间的联系和分享发现。
- 支持幼儿与同伴合作探究与分享交流,引导他们在交流中尝试整理、概括自己探究的成果,体验合作探究和发现的乐趣。如一起讨论和分享自己的问题与发现,一起想办法收集资料和验证猜测。

4. 帮助幼儿回顾自己探究过程,讨论自己做了什么,怎么做的,结果与计划目标是否一致,分析一下原因以及下一步要怎样做等。

目标3 在探究中认识周围事物和现象

3—4岁	4—5岁	5—6岁
1. 认识常见的动植物,能注意并发现周围的动植物是多种多样的。 2. 能感知和发现物体和材料的软硬、光滑和粗糙等特性。 3. 能感知和体验天气对自己生活和活动的影响。 4. 初步了解和体会动植物和人们生活的关系。	1. 能感知和发现动植物的生长变化及其基本条件。 2. 能感知和发现常见材料的溶解、传热等性质或用途。 3. 能感知和发现简单的物理现象,如物体形态或位置变化等。 4. 能感知和发现不同季节的特点,体验季节对动植物和人的影响。 5. 初步感知常用科技产品与自己生活的关系,知道科技产品有利也有弊。	1. 能察觉到动植物的外形特征、习性与生存环境的适应关系。 2. 能发现常见物体的结构与功能之间的关系。 3. 能探索并发现常见的物理现象产生的条件或影响因素,如影子、沉浮等。 4. 感知并了解季节变化的周期性,知道变化的顺序。 5. 初步了解人们的生活与自然环境的密切关系,知道尊重和珍惜生命,保护环境。

教育建议:

1. 支持幼儿在接触自然、生活事物和现象中积累有益的直接经验和感性认识。如:
- 和幼儿一起通过户外活动、参观考察、种植和饲养活动,感知生物的多样性和独特性,以及生长发育、繁殖和死亡的过程。
- 给幼儿提供丰富的材料和适宜的工具,支持幼儿在游戏过程中探索并感知常见物质、材料的特性和物体的结构特点。

2. 引导幼儿在探究中思考,尝试进行简单的推理和分析,发现事物之间明显的关联。如:

- 引导5岁以上幼儿关注和思考动植物的外部特征、习性与生活环境对动植物生存的意义。如兔子的长耳朵具有自我保护的作用;植物种子的形状有助于其传播等。
- 引导幼儿根据常见物质、材料的特性和物体的结构特点,推测和证实它们的用途。如:带轮子的物体方便移动;不同用途的车辆有不同的结构等。

3. 引导幼儿关注和了解自然、科技产品与人们生活的密切关系,逐渐懂得热爱、尊重、保护自然。如:

- 结合幼儿的生活需要,引导他们体会人与自然、动植物的依赖关系。如:动植物、季节变化与人们生活的关系、常见灾害性天气给人们生产和生活带来的影响等。
- 和幼儿一起讨论常见科技产品的用途和弊端,如:汽车等交通工具给生活带来的方便和对环境的污染等。

(二) 数学认知

目标1 初步感知生活中数学的有用和有趣

3—4岁	4—5岁	5—6岁
1. 感知和发现周围物体的形状是多种多样的,对不同的形状感兴趣。 2. 体验和发现生活中很多地方都用到数。	1. 在指导下,感知和体会有些事物可以用形状来描述。 2. 在指导下,感知和体会有些事物可以用数来描述,对环境中各种数字的含义有进一步探究的兴趣。	1. 能发现事物简单的排列规律,并尝试创造新的排列规律。 2. 能发现生活中许多问题都可以用数学的方法来解决,体验解决问题的乐趣。

教育建议:

1. 引导幼儿注意事物的形状特征,尝试用表示形状的词来描述事物,体会描述的生动形象性和趣味性。如:

- 参观游览后,和幼儿一起谈论所看到的事物的形状,鼓励幼儿产生联想,并用自己的语言进行描述。如:熊猫的身体圆圆的,全身好像是一个个的圆形组成的。
- 和幼儿交谈或读书讲故事时,适当地运用一些有关形状的词汇来描述事物,如看图片时,和幼儿讨论奥运会场馆的形状,体会为什么有的场馆叫"水立方",有的叫"鸟巢"。

2. 引导幼儿感知和体会生活中很多地方都用到数,关注周围与自己生活密切相关的数的信息,体会数可以代表不同的意义。如:

- 和幼儿一起寻找发现生活中用数字作标识的事物,如电话号码、时钟、日历和商品的价签等。
- 引导幼儿了解和感受数用在不同的地方,表示的意义是不一样的。如:天气预报中表示气温的数代表冷热状况,钟表上的数表明时间的早晚等。
- 鼓励幼儿尝试使用数的信息进行一些简单的推理。如:知道今天是星期五,能推断明天是星期六,爸爸妈妈休息。

3. 引导幼儿观察发现按照一定规律排列的事物,体会其中的排列特点与规律,并尝试自己创造出新的排列规律。如:
- 和幼儿一起发现和体会按一定顺序排列的队形整齐有序。
- 提供具有重复性旋律和词语的音乐、儿歌和故事,或利用环境中有序排列的图案(如按颜色间隔排列的瓷砖、按形状间隔排列的珠帘等),鼓励幼儿发现和感受其中的规律。
- 鼓励幼儿尝试自己设计有规律的花边图案、创编有一定规律的动作,或者按某种规律进行搭建活动。
- 引导幼儿体会生活中很多事情都是有一定顺序和规律的,如一周七天的顺序是从周一到周日,一年四季按照春夏秋冬轮回等。

4. 鼓励和支持幼儿发现、尝试解决日常生活中需要用到数学的问题,体会数学的用处。如:
- 拍球、跳绳、跳远或投沙包时,可通过数数、测量的方法确定名次。
- 讨论春游去哪里玩时,让幼儿商量想去哪里玩?每个想去的地方有多少人?根据统计结果做出决定。
- 滑滑梯时,按照"先来先玩"的规则有序地排队玩。

目标2 感知和理解数、量及数量关系

3—4岁	4—5岁	5—6岁
1. 能感知和区分物体的大小、多少、高矮长短等量方面的特点,并能用相应的词表示。 2. 能通过一一对应的方法比较两组物体的多少。 3. 能手口一致地点数5个以内的物体,并能说出总数。能按数取物。 4. 能用数词描述事物或动作。如:我有4本图书。	1. 能感知和区分物体的粗细、厚薄、轻重等量方面的特点,并能用相应的词语描述。 2. 能通过数数比较两组物体的多少。 3. 能通过实际操作理解数与数之间的关系,如:5比4多1,2和3合在一起是5。 4. 会用数词描述事物的排列顺序和位置。	1. 初步理解量的相对性。 2. 借助实际情境和操作(如合并或拿取)理解"加"和"减"的实际意义。 3. 能通过实物操作或其他方法进行10以内的加减运算。 4. 能用简单的记录表、统计图等表示简单的数量关系。

教育建议:

1. 引导幼儿感知和理解事物"量"的特征。如:
- 感知常见事物的大小、多少、高矮、粗细等量的特征,学习使用相应的词汇描述这些特征。
- 结合具体事物让幼儿通过多次比较逐渐理解"量"是相对的。如:小亮比小明高,但比

小强矮。
- 收拾物品时,根据情况,鼓励幼儿按照物体量的特征分类整理。如:整理图书时按照大小摆放。

2. 结合日常生活,指导幼儿学习通过对应或数数的方式比较物体的多少。如:
- 鼓励幼儿在一对一配对的过程中发现两组物体的多少。如:在给桌子上的每个碗配上勺子时,发现碗和勺多少的不同。
- 鼓励幼儿通过数数比较两样东西的多少。如:数一数有多少个苹果,多少个梨,判断苹果和梨哪个多,哪个少。

3. 利用生活和游戏中的实际情境,引导幼儿理解数概念。如:
- 结合生活需要,和幼儿一起手口一致点数物体,得出物体的总数。
- 通过点数的方式让幼儿体会物体的数量不会因排列形式、空间位置的不同而发生变化。如:鼓励幼儿将一定数量的扣子以不同的形式摆放,体会扣子的数量是不变的。
- 结合日常生活,为幼儿提供"按数取物"的机会,如:游戏时,请幼儿按要求拿出几个球。

4. 通过实物操作引导幼儿理解数与数之间的关系,并用"加"或"减"的办法来解决问题。如:
- 游戏中遇到让4个小动物住进两间房子的问题,或生活中遇到将5块饼干分给两个小朋友问题时,让幼儿尝试不同的分法。
- 鼓励幼儿尝试自己解决生活中的数学问题。如:家里来了5位客人,桌子上只有3个杯子,还需要几个杯子等。
- 购少量物品时,有意识地鼓励幼儿参与计算和付款的过程等。

目标3　感知形状与空间关系

3—4岁	4—5岁	5—6岁
1. 能注意物体较明显的形状特征,并能用自己的语言描述。 2. 能感知物体基本的空间位置与方位,理解上下、前后、里外等方位词。	1. 能感知物体的形体结构特征,画出或拼搭出该物体的造型。 2. 能感知和发现常见几何图形的基本特征,并能进行分类。 3. 能使用上下、前后、里外、中间、旁边等方位词描述物体的位置和运动方向。	1. 能用常见的几何形体有创意地拼搭和画出物体的造型。 2. 能按语言指示或根据简单示意图正确取放物品。 3. 能辨别自己的左右。

教育建议:

1. 用多种方法帮助幼儿在物体与几何形体之间建立联系。如:
- 引导幼儿感受生活中各种物品的形状特征,并尝试识别和描述。如感受和识别盘子、桌子、车轮、地砖等物品的形状特征。

- 鼓励和支持幼儿用积木、纸盒、拼板等各种形状材料进行建构游戏或制作活动。如用长方形的纸盒加两个圆形瓶盖制作"汽车"。
- 收拾整理积木时,引导幼儿体验图形之间的转换。如:两个三角形可组合成一个正方形,两个正方形可组合成一个长方形。
- 引导幼儿注意观察生活物品的图形特征,鼓励他们按形状分类整理物品。

2. 丰富幼儿空间方位识别的经验,引导幼儿运用空间方位经验解决问题。如:

- 请幼儿取放物体时,使用他能够理解的方位词,如:把桌子下面的东西放到窗台上,把花盆放在大树旁边等。
- 和幼儿一起识别熟悉场所的位置。如:超市在家的旁边,邮局在幼儿园的前面。
- 在体育、音乐和舞蹈活动中,引导幼儿感受空间方位和运动方向。
- 和幼儿玩按指令找宝的游戏。对年龄小的幼儿要求按语言指令寻找,对年龄大些的幼儿可要求按照简单的示意图寻找。

五、艺术

艺术是人类感受美、表现美和创造美的重要形式,也是表达自己对周围世界的认识和情绪态度的独特方式。

每个幼儿心里都有一颗美的种子。幼儿艺术领域学习的关键在于充分创造条件和机会,在大自然和社会文化生活中萌发幼儿对美的感受和体验,丰富其想象力和创造力,引导幼儿学会用心灵去感受和发现美,用自己的方式去表现和创造美。

幼儿对事物的感受和理解不同于成人,他们表达自己认识和情感的方式也有别于成人。幼儿独特的笔触、动作和语言往往蕴含着丰富的想象和情感,成人应对幼儿的艺术表现给予充分的理解和尊重,不能用自己的审美标准去评判幼儿,更不能为追求结果的"完美"而对幼儿进行千篇一律的训练,以免扼杀其想象与创造的萌芽。

(一)感受与欣赏

目标1 喜欢自然界与生活中美的事物

3—4岁	4—5岁	5—6岁
1. 喜欢观看花草树木、日月星空等大自然中美的事物。 2. 容易被自然界中的鸟鸣、风声、雨声等好听的声音所吸引。	1. 在欣赏自然界和生活环境中美的事物时,关注其色彩、形态等特征。 2. 喜欢倾听各种好听的声音,感知声音的高低、长短、强弱等变化。	1. 乐于收集美的物品或向别人介绍所发现的美的事物。 2. 乐于模仿自然界和生活环境中有特点的声音,并产生相应的联想。

教育建议:

1. 和幼儿一起感受、发现和欣赏自然环境和人文景观中美的事物。如:

- 让幼儿多接触大自然,感受和欣赏美丽的景色和好听的声音。
- 经常带幼儿参观园林、名胜古迹等人文景观,讲讲有关的历史故事、传说,与幼儿一起讨论和交流对美的感受。

2. 和幼儿一起发现美的事物的特征,感受和欣赏美。如:

- 让幼儿观察常见动植物以及其他物体,引导幼儿用自己的语言、动作等描述它们美的方面,如颜色、形状、形态等。
- 让幼儿倾听和分辨各种声响,引导幼儿用自己的方式来表达他对音色、强弱、快慢的感受。
- 支持幼儿收集喜欢的物品并和他一起欣赏。

目标2 喜欢欣赏多种多样的艺术形式和作品

3—4岁	4—5岁	5—6岁
1. 喜欢听音乐或观看舞蹈、戏剧等表演。 2. 乐于观看绘画、泥塑或其他艺术形式的作品。	1. 能够专心地观看自己喜欢的文艺演出或艺术品,有模仿和参与的愿望。 2. 欣赏艺术作品时会产生相应的联想和情绪反应。	1. 艺术欣赏时常常用表情、动作、语言等方式表达自己的理解。 2. 愿意和别人分享、交流自己喜爱的艺术作品和美感体验。

教育建议:

1. 创造条件让幼儿接触多种艺术形式和作品。如:

- 经常让幼儿接触适宜的、各种形式的音乐作品,丰富幼儿对音乐的感受和体验。
- 和幼儿一起用图画、手工制品等装饰和美化环境。
- 带幼儿观看或共同参与传统民间艺术和地方民俗文化活动,如皮影戏、剪纸和捏面人等。
- 有条件的情况下,带幼儿去剧院、美术馆、博物馆等欣赏文艺表演和艺术作品。

2. 尊重幼儿的兴趣和独特感受,理解他们欣赏时的行为。如:

- 理解和尊重幼儿在欣赏艺术作品时的手舞足蹈、即兴模仿等行为。
- 当幼儿主动介绍自己喜爱的舞蹈、戏曲、绘画或工艺品时,要耐心倾听并给予积极回应和鼓励。

(二) 表现与创造

目标1　喜欢进行艺术活动并大胆表现

3—4岁	4—5岁	5—6岁
1. 经常自哼自唱或模仿有趣的动作、表情和声调。 2. 经常涂涂画画、粘粘贴贴并乐在其中。	1. 经常唱唱跳跳，愿意参加歌唱、律动、舞蹈、表演等活动。 2. 经常用绘画、捏泥、手工制作等多种方式表现自己的所见所想。	1. 积极参与艺术活动，有自己比较喜欢的活动形式。 2. 能用多种工具、材料或不同的表现手法表达自己的感受和想象。 3. 艺术活动中能与他人相互配合，也能独立表现。

教育建议：

1. 创造机会和条件，支持幼儿自发的艺术表现和创造。
 - 提供丰富的便于幼儿取放的材料、工具或物品，支持幼儿进行自主绘画、手工、歌唱、表演等艺术活动。
 - 经常和幼儿一起唱歌、表演、绘画、制作，共同分享艺术活动的乐趣。
2. 营造安全的心理氛围，让幼儿敢于并乐于表达表现。如：
 - 欣赏和回应幼儿的哼哼唱唱、模仿表演等自发的艺术活动，赞赏他独特的表现方式。
 - 在幼儿自主表达创作过程中，不做过多干预或把自己的意愿强加给幼儿，在幼儿需要时再给予具体的帮助。
 - 了解并倾听幼儿艺术表现的想法或感受，领会并尊重幼儿的创作意图，不简单用"像不像"、"好不好"等成人标准来评价。
 - 展示幼儿的作品，鼓励幼儿用自己的作品或艺术品布置环境。

目标2　具有初步的艺术表现与创造能力

3—4岁	4—5岁	5—6岁
1. 能模仿学唱短小歌曲。 2. 能跟随熟悉的音乐做身体动作。 3. 能用声音、动作、姿态模拟自然界的事物和生活情景。 4. 能用简单的线条和色彩大体画出自己想画的人或事物。	1. 能用自然的、音量适中的声音基本准确地唱歌。 2. 能通过即兴哼唱、即兴表演或给熟悉的歌曲编词来表达自己的心情。 3. 能用拍手、踏脚等身体动作或可敲击的物品敲打节拍和基本节奏。 4. 能运用绘画、手工制作等表现自己观察到或想象的事物。	1. 能用基本准确的节奏和音调唱歌。 2. 能用律动或简单的舞蹈动作表现自己的情绪或自然界的情景。 3. 能自编自演故事，并为表演选择和搭配简单的服饰、道具或布景。 4. 能用自己制作的美术作品布置环境、美化生活。

教育建议：

尊重幼儿自发的表现和创造，并给予适当的指导。如：

- 鼓励幼儿在生活中细心观察、体验，为艺术活动积累经验与素材。如，观察不同树种的形态、色彩等。
- 提供丰富的材料，如图书、照片、绘画或音乐作品等，让幼儿自主选择，用自己喜欢的方式去模仿或创作，成人不做过多要求。
- 根据幼儿的生活经验，与幼儿共同确定艺术表达表现的主题，引导幼儿围绕主题展开想象，进行艺术表现。
- 幼儿绘画时，不宜提供范画，特别不应要求幼儿完全按照范画来画。
- 肯定幼儿作品的优点，用表达自己感受的方式引导其提高。如："你的画用了这么多红颜色，感觉就像过年一样喜庆""你扮演的大灰狼声音真像，要是表情再凶一点就更好了"等。

后 记

随着《幼儿园教育指导纲要(试行)》的全面贯彻及《3—6岁儿童学习与发展指南》的颁布(以下简称《纲要》和《指南》),为了顺应《指南》的新精神和新要求、适应我国学前儿童社会教育改革和发展的需要,我们对"学前儿童社会教育"这一课程的教材及时进行了修订,力求全面系统地反映《纲要》的精神,与《指南》的目标与内容一致,使教材体现时代性、科学性和实践性的特点。

党的二十大报告提出,要办好人民满意的教育;同时,对发展素质教育,强化学前教育普惠发展等提出了要求。本教材聚焦学前儿童社会教育,注重幼儿社会性的培养,肯定幼儿社会性发展的重要性,符合素质教育的内涵与要求。党的二十大报告还指出,要大力发展社会主义先进文化,加强理想信念教育,传承中华文明,促进物的全面丰富和人的全面发展。本教材也因此重点阐述了幼儿亲社会行为和归属感的发展,在学前阶段培养幼儿的理想信念感,促使其形成对中华民族、中华文化的认同感和自豪感。

在修订中,我们仔细研究和学习《纲要》和《指南》的先进理念与精神,力求与《指南》社会领域的目标和内容保持高度统一,对社会教育的目标和内容结合《指南》进行了修改,对教材结构进行了全面的调整和完善。根据《指南》中社会领域的两大子领域——人际交往和社会适应中的一些具体目标和内容,我们梳理出一些核心经验,如自我意识、人际交往能力、亲社会行为、社会认知和归属感,并围绕这五个核心经验阐述儿童社会性发展的特点,在社会教育活动设计中增加了亲社会行为和归属感教育活动的内容,根据《指南》的要求把儿童依恋行为的发展和教育纳入归属感教育活动中。教材保留内容全面、结构合理、贴近幼儿园社会教育实践等特点,同时删减了一些过时、陈旧的观点,补充提供了丰富详实的拓展,增加了更多的幼儿园社会教育活动的教学案例,反映了学前儿童社会教育的最新研究成果。

该教材修订的主旨在于帮助教师在课堂中使学生加强对《纲要》和《指南》的学习与把握,提高学习"学前儿童社会教育"课程的兴趣,增强理论联系实际的能力,便于学生掌握学前儿童社会性发展与教育的规律以及设计、实施幼儿园社会教育活动的基本技能。帮助广大教师和学生拥有全面完善的理论知识,及时了解与掌握社会教育的最新、最前沿、最科学的研究成果。

全书由张明红编著,夏志凤、后娟、王春燕参与了编写工作,张婷、汤轶琴、陈菲菲、冯霞、王珏等参与了资料收集、筛选和结构讨论工作,权莹参与了教材修订工作。

本书在编写过程中,得到了华东师范大学学前教育系和华东师范大学出版社领导的大力支持和帮助;华东师范大学出版社高教与职教分社余思洋编辑为本书的出版倾注了大量的精力和心血;全国幼教界的同行们也给予了关心和鼓励;教材中还引用了国内外同行的一些研究成果,在此一并表示衷心的感谢。由于本人学识水平和能力有限,本书如有不妥之处,敬请批评指正,以便不断修改完善。

张明红

2023 年 5 月

于华东师范大学田家炳教育书院